ZDTh

Zeitschrift für Dialektische Theologie

Heft 82 · Jahrgang 41 · Nummer 2/2025

Spiegelungen von Humanität

Christliche Existenz heute

EVANGELISCHE VERLAGSANSTALT
Leipzig

Zeitschrift für Dialektische Theologie **ISSN 0169-7536**
Journal of Dialectical Theology

Redaktionsanschrift
Universität Siegen
Prof. Dr. Georg Plasger
D - 57068 Siegen
zdth@uni-siegen.de

Abonnementskosten:
Preise inkl. MwSt.: Einzelheft & Einzelheft zur Fortsetzung: € 25,00, Rabatt für Mitglieder der Karl Barth-Gesellschaft e.V. & für Studierende: 25 %, jeweils zzgl. Versandkosten (Nachweis erforderlich). Die Fortsetzung läuft immer unbefristet, ist aber jederzeit kündbar.

Bestellservice: Leipziger Kommissions- und Großbuchhandelsgesellschaft (LKG)
An der Südspitze 1-12, 04571 Rötha
Tel. +49 34206 65-282, E-Mail: service@agorando.com

Das Buch wurde auf alterungsbeständigem Papier gedruckt.

Bei Fragen zur Produktsicherheit wenden Sie sich bitte an info@eva-leipzig.de.

Cover: Kai-Michael Gustmann, Leipzig
Satz: Anna Lena Schwarz, Siegen
Drucken und Binden: Beltz Grafische Betriebe GmbH, Bad Langensalza
ISBN 978-3-374-07965-0
www.eva-leipzig.de

Inhalt / Content

Vorwort

Liebe Leserin, lieber Leser,

die Ausgabe 2/2025 (bereits die 82. Ausgabe der Zeitschrift für Dialektische Theologie) enthält zunächst die Vorträge der 54. Internationalen Karl Barth-Tagung, die auf St. Chrischona in Bettingen bei Basel stattfand. Das Thema der Tagung, das auch den Titel dieser Ausgabe bildet, lautete: „Spiegelungen von Humanität. Christliche Existenz heute". Zugrunde lag der Tagung der eher übersehene Paragraph 18 der Kirchlichen Dogmatik Karl Barths – und Sie finden in dieser Ausgabe die Beiträge von Matthias Wüthrich (Zürich), Gregor Etzelmüller (Osnabrück), Lisanne Teuchert (Erlangen), Ralph Lunz (Zürich) und William Schweiker (Chicago).

Weitere vier Aufsätze haben wir in dieses Heft aufgenommen. Frank Pritzke (Göttingen) widmet sich der ekklesiologischen Frage nach dem Verhältnis von Kirche und Reich Gottes bei Iwand, Geyer und Barth. Kai-Ole Eberhardt untersucht im Nicäa-Jubiläumsjahr die Auslegung des Nicänums von Heinrich Vogel. David Colombo untersucht Barths anspruchsvolles und herausforderndes Predigtverständnis, und schließlich folgt ein Vortrag von mir zu Barths Bekenntnisverständnis, den ich bei der Mitgliederversammlung der Karl Barth-Gesellschaft e.V. gehalten habe. Zwei ausführliche Rezensionen beschließen diese Ausgabe.

Allen Leserinnen und Lesern wünsche ich im Namen des Herausgeberteams eine fruchtbare Lektüre,

Georg Plasger

Matthias D. Wüthrich

Spiegelungen von Humanität. Christliche Existenz heute

Einleitung zur 54. Internationalen Karl Barth-Tagung

Die diesjährige Barthtagung widmet sich einem Text aus der Kirchlichen Dogmatik, der – soweit ich sehe – bisher nicht allzu viel Aufmerksamkeit gefunden hat, auch nicht auf unseren früheren Barthtagungen: KD I/2, §18, überschrieben mit „Das Leben der Kinder Gottes". Doch dieser Paragraph verdient durchaus Beachtung! Ich nenne hier nur zwei Gründe dafür:

1. Wir haben uns im Vorbereitungskreis entschieden, diese Tagung unter das Thema *„Spiegelungen von Humanität. Christliche Existenz heute"* zu stellen. Das war gelinde gesagt eine mutige Entscheidung! Denn der Begriff der Humanität ist traditionell umstritten, und in den letzten Jahren haben sich zusätzliche Problemfelder aufgetan. Ich skizziere kurz ein paar dieser Probleme – denn aus dieser Skizze ergibt sich dann der erste Grund, warum §18 Beachtung verdient:

Der lateinische Ausdruck „humanitas" lässt sich nicht nur, aber vielleicht am besten mit „Menschlichkeit" übersetzen. Humanität bezeichnet – so könnte man vereinfacht sagen – eine Idealvorstellung von geistigen Normen und sittlichen Praktiken der Menschenfreundlichkeit, die als dem Menschen potentiell innewohnend durch Erziehung und Bildung kultiviert wird. Worin genauerhin diese Humanität bestehen soll, wird jedoch kontrovers debattiert. Um welche Menschlichkeit des Menschen soll es denn gehen, wie sieht die damit verbundene Freiheit, Sittlichkeit und Freundlichkeit aus und wie wird sie im Menschen ausgebildet? Die Umstrittenheit des Humanitätsverständnisses hat wesentlich mit der Schwierigkeit zu tun, überhaupt zu definieren, was und wer der *Mensch* ist, um dessen Menschlichkeit es in der Humanität geht.

a) Fragt man auf einer *deskriptiven* Ebene, was den Menschen ausmacht, so ergeben sich erhebliche Abgrenzungsprobleme, sowohl im Blick auf Natur als auch auf Technik. Naturwissenschaftlich betrachtet unterscheiden sich *Mensch und Tier* zwar durchaus, doch der Unterschied ist nur gradueller und nicht kategorialer Art. Die moderne evolutionstheoretische Verflüssigung der Grenzbestimmungen von Mensch und Tier spiegelt sich populär in den Diskursen um Tierrechte und Würdeprädikate für Tiere und in den Debatten um Vegetarismus und Veganismus.

Doch auch in der Verhältnisbestimmung zwischen *Mensch und Technik* lässt sich eine zunehmende Verflüssigung der Grenzbestimmungen beobachten: Im Zuge der Digitalisierung haben sich die Amalgamierungen zwischen Mensch und Technik bzw. Mensch und Maschine unglaublich intensiviert. Nicht nur starren wir den ganzen Tag auf unser Handy und in Bildschirme. Die Technik rückt uns buchstäblich auf den Leib und geht uns unter die Haut: bei medizinischen Operationen, bei Befruchtungstechniken oder bei Hirnimplantaten (vgl. Elon Musks Neuralink-Projekt, das bei Patienten einen Chip im Gehirn implantiert und mit dem Computer vernetzt) usw. Es verwundert darum auch nicht, dass fiktionale Visionen wie die des Trans- oder Posthumanismus sich immer mehr in unsere Wirklichkeitsverständnisse einzunisten beginnen. So sehr, dass wir nicht einmal mehr merken, dass die Rede von der Artificial *Intelligence* metaphorischen Charakter hat.

Es ist also schon richtig: Wer aus einer empirisch-deskriptiven Sicht versucht zu definieren, was der Mensch ist, gerät unweigerlich in Abgrenzungsprobleme.

b) Diese Probleme lassen sich eigentlich nur umgehen, wenn man ein bestimmtes „Wesen“ des Menschen setzt, voraus-„setzt“. Wer eine solche Wesensdefinition des Menschen vornimmt, fragt in einem *normativen* Sinne: Was ist der Mensch? Oder sogar: Wer sind wir, die so fragen? Mit einer normativen Wesensdefinition des Menschen hat man zwar keine Probleme, den Menschen vom Affen oder von einem humanoiden Roboter abzugrenzen. Doch eine solche Wesensdefinition provoziert neue, kritische Rückfragen:

- Zum einen die Frage, ob damit nicht einer alten Metaphysik gefrönt wird, die Wesen und Eigenschaften des Menschen *essentialistisch* festzuschreiben versucht. So wird etwa gefragt, ob eine solche Wesensdefinition nicht einer doktrinalen „Einhegung ‚des‘ Menschen“[1] gleichkäme.
- Zum anderen wird der Vorwurf erhoben, eine solche Wesensbestimmung des Menschen würde einem ökologisch längst angezählten Anthropozentrismus Vorschub leisten. Ja mehr noch: Solche Wesens-

1 Janina Loh, *Trans- und Posthumanismus zur Einführung*, Hamburg 2018, 182.

definitionen des Menschen führten zu einem „Speziesismus“, der Tiere aufgrund ihres Nicht-Menschseins diskriminiere.

- Der vielleicht schärfste Vorwurf betrifft aber die Frage nach der Deutehoheit: Wer kann und darf sich anmaßen, ein solches Wesen des Menschen zu definieren? Es gibt nicht nur einen technologischen Posthumanismus, der die Menschheit überwinden will. Es gibt auch den philosophischen Ansatz des kritischen Posthumanismus[2], der sich gegen die Voraussetzungen eines Humanismus wehrt. Dieser kritische Posthumanismus macht geltend, dass jede Sicht auf den Menschen kulturell und kontextuell überformt ist und er bringt u. a. postkoloniale und gendertheoretische Gründe gegen eine Wesensdefinition des Menschen vor. Das Projekt einer Wesensdefinition gleicht aus dieser Sicht einem untauglichen androzentrisch-eurozentrischen Bemächtigungsversuch. Kurz: Eine Wesensdefinition des Menschen sei letztlich nicht diversitätstauglich.

Natürlich stellt sich dann auch die Gegenfrage: Geht es denn ohne? Können wir denn vom Menschen denken und reden, ohne doch so etwas wie ein „Wesen“, eine „Natur“ des Menschen wenigstens in einem heuristischen Sinne vorauszusetzen? Müssen wir das nicht gerade auch aus ethischen Gründen tun, wenn wir noch von Menschenwürde, Menschenrechten etc. reden wollen?

Ich habe hier nur ganz kurz und reichlich grob skizziert, wie schwierig es aktuell ist, genauer zu definieren, was Humanität, was Menschlichkeit ist, weil schon nur umstritten ist, auf welches Bild des Menschen sich diese Menschlichkeit abstützen soll. Wer von Humanität und also in hohem Ton vom Menschen spricht, lädt sich etliche Schwierigkeiten auf.[3] – Und trotzdem haben wir unsere Tagung mit dem Obertitel *„Spiegelungen von Humanität“* genannt. Warum nur? Barth hat sich selber ja durchaus kritisch gegenüber dem Humanitätsgedanken geäußert.[4] Sollte uns für diese schwierigen Debatten zur Humanität ausgerechnet *Karl Barth* neue Impulse verlei-

2 Vgl. dazu: A.a.O., 130–183.

3 Für eine gründliche Analyse und Aufarbeitung der hier nur angedeuteten Problemfelder vgl. Ingolf U. Dalferth, *We. Humanity, Community, and the Right to be Different* (RPT 131), Tübingen 2024. Dalferth rät diesbezüglich, ganz auf Definitionen zu verzichten: „Rather, we can use an open network of questions to dynamically explore und circle around the problem area ‚human being‘ in order to examine it from different angles without limiting the number of questions and excluding new questions.“ A.a.O., 101.

4 Vgl. im Kontext des §18 KD I/2, 400.444f.

hen können? Warum ausgerechnet Barth, dessen zeitbedingt patriarchaler Sprachgestus in §18 nur männliche Nächste und Brüder kennt und so schon nur in der Performanz der Darstellung Diversität unterläuft?

Ich gebe gerne zu: Barth macht es uns heutigen Lesenden mit seinem Schreibstil nicht leicht. Doch was er in §18 zum Humanitätsgedanken *sachlich* ausführt, verdient dessen ungeachtet theologische Aufmerksamkeit: Barth akzeptiert nämlich trotz normativer Bestimmung gerade keine Wesensdefinition des Menschen und seiner Menschlichkeit. Es gibt, ich zitiere: „keine in sich selbst begründete Humanität“[5]. Es gibt freilich für Barth einen „christlichen Humanitätsgedanken“, einen den „natürlichen Menschen“ betreffenden, „in letzter Gewissheit gegründeten Humanitätsgedanken“[6], der sogar „dem Menschen als solchem“ einen spezifischen „*character indelebilis*“ zuschreibt[7]. Doch dieser Charakter und der Humanitätsgedanke selbst basieren nicht auf irgendwelchen natürlichen und universalen Wesenseigenschaften des Menschen oder der Menschlichkeit, sondern vielmehr auf einer ganz besonderen im Raume der Kirche konstituierten und von ihr ausgehenden Verheißung: Der Verheißung nämlich, dass potentiell jeder Mensch (in und außerhalb der Kirche) meine Nächste[8] werden kann.[9] Der Begriff des Nächsten bildet in §18 die hermeneutische Schlüsselfigur zum Verständnis von Barths Humanitätsgedanken. Barth weigert sich freilich, diese Nächste genauer zu definieren. Der Nächste ist nicht allgemein jeder Mensch der Menschheit, die Nächste ist vielmehr ein ganz konkretes, situatives zwischenmenschliches „Ereignis“![10] Den Nächsten „gibt“ es nicht einfach so, die Nächste wird mir je und je geschenkt, sie ist ein nur im Glauben erfassbares, starkes und widerständiges Gegenüber, mehr noch: „Mein Nächster ist der in der Funktion als mein *Wohltäter* an mir handelnde Mitmensch.“[11] Diese irritierende und heilsame Umkehr diakonischer Asymmetrie wird bei Barth christologisch begründet. Der Nächste ist nämlich insofern mein Wohltäter, „als er mir kraft besonderen Auftrags und besonderer Vollmacht jetzt und

5 KD I/2, 445.

6 KD I/2, 467.

7 KD I/2, 466, vgl. 467.

8 Im Folgenden soll durch den sprachlichen Wechsel des Geschlechts eine dynamische Inklusion angezeigt werden, die auch nonbinäre Personen umfasst.

9 Vgl. KD I/2, 466f.

10 KD I/2, 462f., et passim.

11 KD I/2, 463.

hier, mitten in dieser Welt *Jesus Christus* verkündigt und vor Augen hält".[12] Humanität im Sinne Barths basiert auf dem über Jesus Christus vermittelten und in ihm begründeten Ereignis des konkreten *Werdens* der Nächsten. Und seine universale Dimension erhält dieser christliche Humanitätsgedanke eben durch die Verheißung, dass das Werden dieses Nächsten immer und überall je wieder geschehen kann und Ereignis wird.[13] Barth nimmt hier also eine sehr steile, prägnante christologische Reformulierung des Humanitätsgedankens über den Begriff der Nächsten vor! Doch Barth war noch nie gut für seichte Vermittlungspositionen.

Ungeachtet der kritischen und teilweise berechtigten Anfragen an Barths theologische Anthropologie verdient seine Reformulierung des Humanitätsgedankens in §18 gerade heute Beachtung, weil es ihr gelingt, ein normatives Verständnis des Menschen zu entwickeln, ohne dabei auf spezifisch inhärente Wesenseigenschaften oder ein vorgängig definiertes Wesen des Menschen zu rekurrieren. Vielmehr baut Barth ein dynamisches Moment kritischer Entzogenheit in den Bestimmungsprozess von Humanität ein, das auch in den gegenwärtigen Debatten fruchtbar gemacht werden kann. – Das war der erste Grund, warum §18 unsere Aufmerksamkeit verdient. Ich nenne noch einen weiteren Grund:

2. Was bei der Lektüre von KD I/2, §18 ins Auge sticht, sind die vielen theologisch gewichtigen Themen, die Barth in spezifischer Bezogenheit behandelt und ineinander webt: Offenbarung, Gottesliebe und Menschenliebe, Gotteslob und Gebet, Evangelium und Gesetz bzw. Gebot, Zeugnis, christliches Leben, Diakonie und Ethik… Es ist diese eigentümliche Themendichte, die den zweiten Grund dafür bildet, dass diesem Paragraphen Beachtung geschenkt werden muss.

Würden die Themen der gesamten Kirchlichen Dogmatik grafisch in einem Verlaufsschema dargestellt und Korrespondenzen mit Pfeilen markiert, so gäbe es vom §18 aus einige Pfeile nach hinten zum ersten Band der Prolegomena. Es gäbe aber insbesondere auffällig viele Pfeile, die den §18 mit dem Spätwerk Barths verbinden. Man könnte sagen, dass in §18 eine *antizipatorische Verdichtung* von Themen vorliegt, die Barth dann in späten Teilen der KD entfalten wird. Ich gebe ein paar Beispiele:

a) Dass die Dogmatik auch die Ethik nicht nur impliziert, sondern die Ethik in der Dogmatik entfaltet wird, ist für die ganze Kirchliche Dogma-

12 KD I/2, 464.

13 Vgl. KD I/2, 466f.502f.

tik konstitutiv. In §18 beschäftigt sich Barth auch „in einem ersten und allgemeinen Umriß" mit dem „Problem der theologischen Ethik" bzw. „des christlichen Lebens" und demonstriert eine materiale Durchführung der engen Verwobenheit von Dogmatik und Ethik.[14]

b) Der Zeugnisbegriff ist für Barths späte Theologie absolut zentral, besonders für seine Christologie und Ekklesiologie in KD IV/3. Wie in anderen Zusammenhängen der Prolegomena, so exploriert Barth auch in §18 wichtige Elemente seines Zeugnisbegriffes und versieht ihn mit theologischem Gewicht, indem er die Nächstenliebe als Zeugendienst in Wort, Tat und Haltung entfaltet.[15]

c) Es wurde bereits erwähnt: Barths Auslegung des Gebotes der Nächstenliebe in §18 widerstreitet jeder diakonischen Asymmetrie, die den Nächsten in die Rolle eines passiven Hilfsempfängers drängt. Barth kehrt dieses Gefälle zunächst um: die Nächste ist gerade die Wohltäterin, die *mir* Barmherzigkeit erweist. Und diese Nächste findet sich nicht nur in der Kirche, sondern auch außerhalb der Kirche. Das Spiegelbild Jesu Christi begegnet uns auch *extra muros ecclesiae* in unseren Nächsten[16]. Hier zeigt sich eine Denkfigur, die Barth später in seiner sog. Lichterlehre in KD IV/3 ausführlich entfalten wird. Er unterstreicht dort: Auch in der profanen Welt gibt es prophetische Selbstbezeugungen Jesu Christi. Auch in der profanen Welt gibt es wahre Worte, Lichter und Wahrheiten – als Selbstbezeugungen Jesu Christi.[17] Es fällt jedoch auf, dass es in §18 erst der zeichenhafte „Widerschein" Jesu Christi ist, der uns in der Nächsten begegnet[18], noch nicht der sich selbst in seinem prophetischen Amt bezeugende auferstandene Jesus Christus.

d) Nächstenliebe ist Lob Gottes. Barth unternimmt eine doxologische Auslegung des 2. Gebotes. Und er schließt seinen Argumentationsgang ganz am Ende von §18 mit der „Anrufung Gottes im Gebet".[19] Denn, so Barth: „Das Gebet ist die subjektive Bestimmung des Vertrauens, in welchem wir den Nächsten lieben dürfen"[20]. Wie genau Ethik und Gebet, Nächstenliebe,

14 KD I/2, 403, vgl. 408, und dann später in KD I/2 den Abschnitt §22.3.

15 KD I/2, 487–499, vgl. 454–457.

16 KD I/2, 465–470.

17 Vgl. KD IV/3, 122–153; für eine umfassender Analyse der Thematik in Barths Theologie: Michael Pfenninger, *Die Welt ist Gottes. Karl Barths Theologie der Welt im Kontext der Säkularisierung* (Theologische Bibliothek Töpelmann 208), Berlin/Boston 2023.

18 KD I/2, 467.

19 KD I/2, 503 (Hervorhebung gelöscht, MW).

20 KD I/2, 503.

dieses Gotteslob und jene Anrufung Gottes systematisch-theologisch verbunden sind, wird in §18 noch nicht recht deutlich – es wird aber schon ansatzweise klar, *dass* sie aufeinander bezogen sind. – Genau diese sachliche Bezogenheit von Gebet und Ethik wird später im nachgelassenen Band KD IV/4 unter dem Titel „Das christliche Leben" entfaltet. Die Anrufung Gottes bildet dort „den Grundsinn alle(n) göttlichen *Gebietens*" und „alle(n) menschlichen *Gehorsams*"[21] – die barthsche Ethik wird im Gebet begründet.

Ich breche hier ab. Es gäbe noch weitere Themen, anhand derer die antizipatorische Verdichtung in §18 beschrieben werden könnte. Warum sind diese werkimmanenten Bezüge so stark? Eines scheint zumindest evident: Die späteren Entfaltungen und Präzisierungen, zeigen an, wie wichtig Barth die in §18 explorierten Themen sind, auch wenn er später an der einen oder anderen Stelle die Sachzusammenhänge dieser Themen etwas anders formatiert.

Die zwei genannten Gründe machen es deutlich: Es lohnt sich, dem §18 – über meine wenigen Andeutungen hinaus – genauere theologische Aufmerksamkeit zu schenken. Genau diesem Ziel widmet sich die 54. Internationale Karl Barth-Tagung. Die Referate folgen der üblichen „Barth-Tagungsliturgie": So wird Gregor Etzelmüller in seinem Eingangsreferat einen sachlichen, aber auch mit historischen Bezügen versehenen *Überblick* über §18 vermitteln, während der Vortrag von Lisanne Teuchert einen *Tiefenblick* darauf anhand einer Analyse des Zeugnisbegriffes gewährt, Ralph Kunz bietet mit Bezug auf den Gottesdienst einen praktisch-theologischen *Seitenblick* und der Ethiker William Schweiker aus Chicago wird in einem *Ausblick* zur Zukunft des Humanismus sprechen. Schließlich ist – neben spannenden Arbeitsgruppen – auch noch auf den Abendvortrag der Kunsthistorikerin Silvia Volkart-Baumann hinzuweisen, der Barths Bezug zu den „Futuristen" beleuchten wird. Wir dürfen sehr gespannt sein, wie in diesen vier „Blicken" Barths christologische Spiegelungen von Humanität „reflektiert" werden.

---

21 Karl Barth, *Das christliche Leben. Die Kirchliche Dogmatik IV/4, Fragmente aus dem Nachlaß, Vorlesungen 1959–1961* (GA II), hg. von Hans-Anton Drewes und Eberhard Jüngel, Zürich 1976, 69.

Gregor Etzelmüller

Humanität als Werk des Heiligen Geistes

Die Rettung der Theologie in finsteren Zeiten[1]

Der zweite Halbband der Kirchlichen Dogmatik, KD I/2, wurde 1938 publiziert. Er erschien in wahrhaft finsteren Zeiten.[2] Weil Karl Barth kritisch und detailliert wahrgenommen hat, was sich in Deutschland zwischen 1933 und 1937 ereignet hat, rechnet er nicht mit einem baldigen Ende dieser Finsternis, sondern eher mit einer weiteren Verfinsterung der Welt.

In dieser Zeit stellt sich auf besondere Weise die Frage: „Was sollen wir tun?" Barth wendet sich dabei nicht an eine universale Diskursgemeinschaft, sondern sucht die innerkirchliche Verständigung: „[W]as sollen wir tun, wir, die wir damit rechnen, Gottes Wort gehört zu haben und zu glauben?"[3] Wie Barth diese Frage methodisch bearbeitet und inhaltlich beantwortet, ist für Barths Theologie charakteristisch.

Die Antwort auf die Frage nach unserem notwendenden Tun geben weder Gesetz noch Gebot, weder Moral noch Sitte, sondern das Evangelium. Im Leitsatz von §18 heißt es: „Gottes Offenbarung schafft […] Menschen, die ohne Gott in Jesus Christus zu suchen nicht mehr da sein und die es nicht lassen können, zu bezeugen, daß er sie gefunden hat." (397) Das Leben der Kinder Gottes, die christliche Existenz, ist nicht von uns hervorzubringen, sondern immer schon von Gott her verwirklicht. Den Glaubenden wandelt

1 Der Titel ist inspiriert durch Wolfram Eilenberger, *Feuer der Freiheit. Die Rettung der Philosophie in finsteren Zeiten (1933-1943)*, Stuttgart 2020. Wie den dort dargestellten Philosophinnen geht es auch Barth um die Rettung der Freiheit (dazu s.u. 1.2; vgl. Michael Weinrich, *Karl Barth. Leben – Werk – Wirkung*, Göttingen 2019, 36–38.).

2 Zum Begriff vgl. Hannah Arendt, Gedanken zu Lessing. Von der Menschlichkeit in finsteren Zeiten, in: dies., *Menschen in finsteren Zeiten*, hg. von Ursula Ludz, München/Zürich [2]1989, 41; dies., *Freundschaft in finsteren Zeiten. Mit Erinnerungen von Mary McCarthy, Alfred Kazin, Jerome Kohn und Richard Bernstein*, hg. von Matthias Bormuth, Berlin [3]2018.

3 Karl Barth, *Die Kirchliche Dogmatik. Erster Band. Die Lehre vom Wort Gottes. Zweiter Halbband* (KD I/2), Zürich 1938, 408. Zitate aus KD I/2 werden im Folgenden im Fließtext durch Seitenzahlen nachgewiesen.

sich deshalb das Gebot: „Du sollst lieben!" in die frohe Botschaft: „Du wirst lieben! Lieben wird ein selbstverständliches, ein notwendiges Tun der Geliebten, des hörenden Israel sein!" (420) Gottes Handeln im Heiligen Geist ist die Antwort auf „das Problem der theologischen Ethik" (403). Von der Kirche und den Glaubenden ist nur dies gefordert, dass sie dem rettenden, heilschaffendem Handeln Gottes in dieser Welt nicht im Wege stehen. „Du sollst deiner Zukunft nicht [...] ausweichen und entrinnen wollen!" (425)

Was das aber konkret bedeutet, haben sich die Kirche und die Glaubenden von der Schrift sagen zu lassen. Das ist das methodische Spezifikum von Barths Theologie! Barth wendet sich dem Problem der theologischen Ethik in Auslegung des Doppelgebotes der Liebe zu, in welchem nicht nur Altes und Neues Testament zusammenkommen, sondern auch jüdische Weisheit und Christuswort. Im Markusevangelium begegnet das Doppelgebot sowohl als Wort Jesu als auch in der Zusammenfassung eines jüdischen Schriftgelehrten, dem Jesus bekundet: Du bist nicht fern vom Reich Gottes! Im Lukasevangelium formuliert allein der jüdische Toragelehrte das Doppelgebot. Das Doppelgebot der Liebe ist „ein Erzeugnis des israelitischen oder sagen wir es gleich deutlicher: des jüdischen Geistes." (566)

Barth entfaltet in §18 der Kirchlichen Dogmatik – unter der Überschrift: Das Leben der Kinder Gottes – die These: Im Heiligen Geist bringt Gott Menschen hervor, die Gott lieben und loben. Sie werden Gott lieben, indem sie ihn in seinem Wort immer neu suchen,[4] und sie werden ihn loben, indem sie ihren Nächsten lieben wie sich selbst.

Ich möchte im Folgenden §18 der Kirchlichen Dogmatik zunächst in drei Kontexte einordnen (vgl. 1.) und dann dessen Verständnis von Gottes-, Nächsten- und Selbstliebe durchbuchstabieren (vgl. 2.). Der Aufsatz schließt mit drei Perspektiven auf Barths theologische Ethik (vgl. 3.1), die Unanschaulichkeit der Gottesliebe (vgl. 3.2) und das den Christinnen und Christen gebotene Zeugnis des Wortes (vgl. 3.3).

4 Vgl. a.a.O., 434: „Wer das Wort Gottes an den Menschen, so wie es lautet, gerne hört, der liebt Gott."

1. Drei Kontexte

1.1 Der literarische Kontext von §18: Barths Offenbarungslehre

Barths Ausführungen zum Leben der Kinder Gottes schließen seine Offenbarungslehre ab. Das bedeutet erstens: Gottes Offenbarung zielt darauf, dass es in der Welt eine Kirche und in dieser das Leben der Kinder Gottes gibt. Zugleich bedeutet das aber: In §18 wird viel vorausgesetzt, was in diesem Paragraphen nicht wiederholt wird. Zwei Sachverhalte scheinen mir von besonderer Bedeutung:

1. In § 16 führt Barth aus: Wenn Gott sich wirklich den Menschen offenbaren will, dann kann er sich nicht damit begnügen, sich dem Menschen bekannt zu machen. Gott muss dafür sorgen, dass die Offenbarung beim Menschen ankommt – und zwar so ankommt, dass Menschen zu Hörerinnen und Tätern des Wortes Gottes werden.[5] Dieses Werden aber vollzieht sich nach Barth im Raum der Kirche: „Ist Gott gewiß an die Kirche so wenig gebunden wie an die Synagoge, so sind es doch die Empfänger seiner Offenbarung: Sie sind, was sie sind, indem Kirche ist und indem sie in der Kirche sind" (230). Die christliche Existenz verdankt sich Gottes Wort und Geist. Gottes Wort und Geist kommen zu den Menschen aber durch „Predigt, Taufe und Abendmahl" (248). Das christliche Leben ist beständig auf seine Erneuerung durch Wort und Geist angewiesen und deshalb bleibend an den Raum der Kirche gebunden.[6] Das mag unangenehm partikular klingen, war aber eine notwendige Voraussetzung für die Rettung der Theologie in finsteren Zeiten.

5 Vgl. a.a.O., 235: „Ist es wirklich geschehen, daß in Jesus Christus menschliche Art und Natur an- und aufgenommen wurde in die Einheit des Seins mit dem Sohne Gottes, und ist dieses Geschehen nicht müßig und umsonst, dann folgt diesem Geschehen das andere: es gibt nun unter den Menschen, deren Art und Natur das in Jesus Christus widerfahren ist, solche, die in diesem An- und Aufgenommensein leben, Kinder Gottes, weil gerechtfertigt und geheiligt trotz der Sündigkeit ihrer Art und Natur, durch das, was ihrer Art und Natur in Jesus Christus widerfahren ist. Dieses Leben der Kinder Gottes um Jesu Christi willen ist die Wirklichkeit der Kirche, die subjektive Wirklichkeit der Offenbarung."

6 Vgl. a.a.O., 236: „Dieses Regiment der Gnade unter Menschen, unausbleiblich, wo die Menschen um Christi willen Kinder Gottes sind, das Hangen dieser Menschen an dem Worte, aus dem sie neu geboren sind – das ist die Wirklichkeit der Kirche, die subjektive Wirklichkeit der Offenbarung. Und im Blick auf sie gilt und muß gelten: extra ecclesiam nulla salus. Es gibt keine Offenbarungswirklichkeit außerhalb dieses Hangens am Worte."

2. Wo Gottes Werk beim Menschen ankommt, da kommt es als Gericht, als Krisis, als Kritik. Diese Einsicht des frühen Barth prägt auch noch die Kirchliche Dogmatik. Das verdeutlicht insbesondere § 17, Barths berühmte Religionskritik: Gottes Offenbarung bewirkt, wo sie beim Menschen ankommt, zunächst die Kritik derjenigen Wirklichkeit, mit der man das Leben der Kinder Gottes allzu leicht verwechseln kann. Es kommt zur Kritik der Religion – und zwar insbesondere und zu allererst der christlichen Religion.[7] Sie ist wie „alle Religion Götzendienst und Werkgerechtigkeit" (387).[8]

Weil der Heilige Geist die Kritik der Religion aber im Namen Jesu Christi vollzieht, deshalb geht es in der Krise der Religion von Gott her nicht nur um deren Ende, sondern immer auch um deren Erneuerung. Barth setzt dabei einen reformierten Akzent, indem er betont: Im Heiligen Geist komme es nicht nur zur Rechtfertigung, sondern auch zur Heiligung der Religion. Sie empfängt nicht nur eine „Vergebung, die sie nicht verdient" hat (391), sondern die Religion wird im Heiligen Geist neu „geformt und gestaltet" (393). Durch die Heiligung der christlichen Religion schafft Gott sich im Heiligen Geist zum einen die Kirche als einen Raum, in dem Gott durch Wort und Sakrament „fort und fort redet", und zum anderen „Menschen, die diesen Gott in seiner Offenbarung fort und fort reden hören." (394f.) Wie die Befreiung aus Ägypten durch die Gabe des Gesetzes die Sozialgestalt Israels geschaffen

---

7 Barth bringt so die biblische Einsicht, dass das Gericht beim Hause Gottes beginnt (vgl. 1. Petr 4,17; dazu Friedrich-Wilhelm Marquardt, *Was dürfen wir hoffen, wenn wir hoffen dürften? Eine Eschatologie. Bd. 3*, Gütersloh 1996, 236 –257), in seiner Theologie zum Ausdruck. Zu Barths Religionskritik vgl. Wolf Krötke, *Der Mensch und die Religion nach Karl Barth* (ThSt 125), Zürich 1981; Tom Greggs, *Theology against Religion. Constructive Dialogues with Bonhoeffer and Barth*, London 2011, 15–38; Michael Weinrich, *Religion und Religionskritik. Ein Arbeitsbuch*, Göttingen ²2012, 264–272; Cornelis van der Kooi, Religion und Glaube, in: Michael Beintker (Hg.), *Barth Handbuch*, Tübingen 2016, 282–288; Reinhold Bernhardt, Religion als Götzendienst? Barth und die Religionstheologie, in: Susanne Hennecke (Hg.), *Karl Barth und die Religion(en). Erkundungen in den Weltreligionen und in der Ökumene* (Kirche – Konfession – Religion 74), Göttingen 2018, 89–106. Sowohl in der Barth-Rezeption als auch in der Barth-Forschung stand §18 stets im Schatten des viel diskutierten § 17.

8 Vgl. KD I/2 (Anm. 3), 327: „Dieser Satz [Religion ist Unglaube] kann nach dem Vorangehenden nichts zu tun haben mit einem negativen Werturteil. [...] Er soll nicht nur irgendwelche andere mit ihrer Religion, sondern er soll auch und vor allem uns selbst als Angehörige der christlichen Religion treffen. [...] Er bedeutet, gerade weil er nur das Urteil Gottes wiedergeben wollen kann, kein menschliches Absprechen über menschliche Werte, keine Bestreitung des Wahren, Guten und Schönen, das wir bei näherem Zusehen in fast allen Religionen entdecken können".

hat, so schafft die Offenbarung Jesu Christi im Heiligen Geist die Sozialgestalt der Kirche und das Leben der Kinder Gottes. Zwei Missverständnisse sind durch diese Kontextualisierung ausgeschlossen:

1. Da das im engeren Sinne gottesdienstliche, das liturgische Leben in §18 kaum thematisiert wird, könnte man meinen, Barth stelle hier von Gottesdienst auf Nächstenliebe um.[9] Wer aber §18 im Licht von § 16 liest, weiß: Es gäbe überhaupt keine christliche Existenz ohne Wortverkündigung und Gemeindegottesdienst.

2. Man könnte die Abfolge von § 17 „Die Aufhebung der Religion" und §18 „Das Leben der Kinder Gottes" im Sinne von Dietrich Bonhoeffers These eines kommenden religionslosen Christentums[10] lesen. An die Stelle eines als Religion verstandenen und praktizierten Christentums treten in Zukunft – und im Heiligen Geist gleichermaßen – Gebet und Nächstenliebe.[11] Nach Barth aber löst das Leben der Kinder Gottes die christliche Religion nicht einfach ab, sondern gewinnt Gestalt in deren Heiligung. Eben deshalb spricht Barth von Gottes Offenbarung nicht als Verdrängung, sondern als „Aufhebung der Religion" (324). Das Leben der Kinder Gottes wird sich in einer empirischen Perspektive immer als Religion darstellen.

---

9 Vgl. aber a.a.O., 479: „Das kann doch wohl nur schon darum nicht richtig sein, weil damit der Gemeinde wie dem Einzelnen nicht nur alle meditative, kontemplative und sakrifizielle Betätigung, sondern schließlich ganz einfach das Gebet, die gottesdienstliche Liturgie und der Sonntag als Tag des Herrn verboten wären. Zwischen der Liebe zu Gott und der Liebe zum Nächsten besteht nicht dieses Verhältnis, daß die Nächstenliebe als die einzig mögliche Gestalt der Gottesliebe diese sozusagen resorbieren bzw. in die Unsichtbarkeit verdrängen würde."

10 Dietrich Bonhoeffer ging davon aus, dass wir „einer völlig religionslosen Zeit" entgegengehen; „die Menschen können einfach, so wie sie nun einmal sind, nicht mehr religiös sein. Auch diejenigen, die sich ehrlich als ‚religiös' bezeichnen, praktizieren das in keiner Weise; sie meinen vermutlich mit ‚religiös' etwas ganz anderes." (Dietrich Bonhoeffer, *Widerstand und Ergebung. Briefe und Aufzeichnungen aus der Haft* [DBW 8], hg. von Chrisitan Gremmels u.a., Gütersloh 1998, 403: Brief an Eberhard Bethge vom 30. April 1944).

11 Vgl. a.a.O., 435f.: „[U]nser Christsein wird heute nur in zweierlei bestehen: im Beten und im Tun des Gerechten unter den Menschen. Alles Denken, Reden und Organisieren in den Dingen des Christentums muß neu geboren werden aus diesem Beten und diesem Tun." Zu Bonhoeffers Unterscheidung von Christsein und Religion vgl. Wolfgang Huber, *Dietrich Bonhoeffer. Auf dem Weg zur Freiheit. Ein Portrait*, München 2019, 233–256.

1.2 Der geistesgeschichtliche Kontext: Das Ringen um Freiheit und Humanität

Barths Ausführungen zum Leben der Kinder Gottes sind zweitens in jenem geistesgeschichtlichen Kontext zu verorten, den Wolfram Eilenberger in seinem Buch „Feuer der Freiheit. Die Rettung der Philosophie in finsteren Zeiten 1933–1943" eindrucksvoll nachgezeichnet hat.[12] Angesichts der Erfahrung des Totalitarismus fragen die von Eilenberger portraitierten Philosophinnen: Wie sind Freiheit und Humanität denkbar und möglich? Barths Theologie der Jahre 1935–1942 gehört in das damalige polyphone Ringen um Freiheit und Humanität.

Angesichts des „zeitgenössischen Autoritarismus" fordert Barth in KD I/2: Die Kirche sollte „die Freistätte der heute in der Welt zu kurz kommenden [...] Wahrheit des Freiheitsgedankens" sein (745). Er warnt die Kirche davor, „sich an der säkularen Hetze gegen den säkularen Liberalismus" zu beteiligen (ebd.).[13] Vor diesem Hintergrund ist es sprechend, dass Barth in KD I/2 in der Darstellung sowohl der Fleischwerdung des Sohnes als auch der Ausgießung des Heiligen Geistes jeweils mit einem Paragraphen zur Freiheitsproblematik einsetzt. § 13 trägt die Überschrift: *Gottes Freiheit für den Menschen* – und § 16: *Die Freiheit des Menschen für Gott.* Gottes Offenbarungshandeln zielt auf die „im Heiligen Geist verwirklichte Freiheit des Menschen für Gott" (228). Daran erinnert zu haben, war nach Barth das berechtigte Anliegen des Neuprotestantismus,[14] die Freiheit des Menschen vom Wirken des Heiligen Geistes gelöst zu haben, sein Versagen.[15]

---

12 Eilenberger, *Feuer der Freiheit* (Anm. 1).

13 Zu Barths Einstellung zum Liberalismus vgl. Karl Barth, Liberale Theologie (Ein Interview), in: ders., *Letzte Zeugnisse*, Zürich 1969, 33–47.

14 Vgl. KD I/2 (Anm. 3), 228: „Es hat fast etwas Tragikomisches, wie der Neuprotestantismus, dessen Anliegen es doch gerade war, das Problem des Menschen in seinem Verhältnis zu Gott zur Geltung zu bringen, mit seiner Polemik gegen Paulus, ohne es zu bemerken, den Ast absägte, auf dem allein er mit Ehren hätte sitzen können. Das Anliegen war und ist ja zweifellos ein legitimes: in relativem Unterschied zu dem des trinitarischen und christologischen Dogmas der alten Kirche nicht nur Gott in seinem Verhältnis zum Menschen, sondern auch den Menschen in seinem Verhältnis zu Gott zu sehen und zu verstehen."

15 Vgl. ebd.: „Und hier hat der ganze Neuprotestantismus versagt. Unter dem Anspruch und mit dem Anschein weiterer Pflege des reformatorischen Anliegens interessierte er sich in der Weise für die Freiheit des Menschen, daß er die Gottheit des Heiligen Geistes vergaß und also auf eine ‚Freiheit vom Menschen her' herauskam".

§18 bringt innerhalb der Kirchlichen Dogmatik das berechtigte „Anliegen“ des Neuprotestantismus (404) zur Geltung. Barth verdeutlicht das auch dadurch, dass er als Überschrift des Paragrafen eine Formulierung Adolf von Harnacks aufgreift: *Das Leben der Kinder Gottes.* Barth selbst schreibt: „Ich verdanke diesen Titel A. v. Harnack. 1925 hatte ich ein letztes ausführliches Gespräch mit ihm: über die Möglichkeit und Aufgabe einer evangelischen Dogmatik. Er sagte mir, daß er sie, wenn er selbst eine solche zu schreiben hätte, unter diese Überschrift stellen würde.“ (403) Harnack, so unterstellt Barth, hätte unter diesem Titel „an die Stelle der Dogmatik im alten Sinn des Begriffs ein durch die Geschichte des Christentums zentral bestimmtes persönliches Lebensbekenntnis des in gewissen letzten Überzeugungen und geistigen Gewißheiten reif und ruhig gewordenen Menschen“ treten lassen (404). So gehe es natürlich nicht, der Christ als solcher verdiene keineswegs eine solche „Würde und Bedeutung“ (ebd.), das heiße aber keineswegs, dass das Anliegen des Neuprotestantismus „unter den Tisch“ fallen müsse. „Im Rahmen der Lehre vom Heiligen Geist hat es seinen legitimen Ort.“ (ebd.)[16] Im Heiligen Geist kommt Gottes freiheitsschaffendes Wirken bei den Menschen an.

Wie Gottes Freiheit aber darin besteht, frei für den Menschen zu sein, so kommt auch des Menschen Freiheit für Gott dem Mitmenschen zugute. Denn der Mensch wird im Heiligen Geist dazu befreit, den Nächsten zu lieben. Deshalb kann Barth mit Calvin behaupten: „Ubi ergo cognoscitur Deus, etiam colitur humanitas“ (458; CR 38,388: Komm. Jer. 22,16). Soll heißen: Wo Gott erkannt wird, wird auch die Menschlichkeit, die Humanitas, in Ehren gehalten.

Der Zusammenhang von Gotteserkenntnis und Humanität verweist auf Barths spezifischen Beitrag zur damaligen geistesgeschichtlichen Konstellation. Im Ringen um Freiheit und Humanität lenkt er den Blick auf Gott und Gottes Wirken.

In §18 verdeutlicht Barth, dass die Frage nach einer in Freiheit begründeten Humanität, also das Problem der Ethik, immer schon durch Gottes

16 Wer unter Absehung dieser neuen Rahmung des alten Themas meint, Barth sage nur in anderem Gewand dasselbe, was die liberale Theologie auch sagen wollte, verkennt Barths theologischen Grundansatz – und die argumentative Leistung, die in den Prolegomena der Kirchlichen Dogmatik erbracht wird. Vom Leben der Kinder Gottes kann eben nicht am Anfang der Lehre von der Offenbarung Gottes, sondern erst an deren Ende die Rede sein – und wird deshalb auch anders gesprochen werden müssen, als dort, wo man meint, auf diese Rahmung verzichten zu können.

Handeln in Wort und Geist bearbeitet und beantwortet ist. Wir dürfen darauf hoffen, dass es auch in Zukunft eine in Freiheit begründete Humanität gibt, dass sich auch in Zukunft Menschen selbst dazu bestimmen werden, gerne für den anderen da zu sein, weil Gott selbst im Heiligen Geist solche Menschen auf den Plan führt und das Wunder der Nächstenliebe bewirkt. Im bangen Fragen nach der Zukunft von Freiheit und Humanität vertrauen Christinnen und Christen weder auf ihr eigenes Tun noch auf die Potentiale der Menschheit, sondern auf Gott und sein Wirken im Heiligen Geist. Das gilt sowohl im Blick auf die Menschheit als auch auf das je eigene Handeln: Menschen dürfen und müssen sich „ganz und gar darauf […] verlassen, daß eben der, der uns – uns, den Lieblosen, befiehlt, daß wir lieben sollen, dafür sorgen wird, daß unser Tun wirkliches Lieben sein wird. Es kann keine Frage sein: wir müssen uns […] auf die freie Gnade Gottes verlassen: daß sie gut mache, was wir nach unserer eigenen Voraussicht nur schlecht machen können." (502)

Die christliche Existenz ist deshalb davor bewahrt, sich selbst zu übernehmen: Im Letzten sind nicht wir dafür verantwortlich, dass es Freiheit und Humanität auch in Zukunft geben wird. Auch dort, wo wir von Gott dazu aufgerufen sind, seinem Gebot gehorsam zu sein und also Gott und den Nächsten zu lieben, sind wir nicht von Gott allein gelassen. „Das Wort Gottes hat gerade darum Befehlsgewalt ohne Grenzen, weil es uns nicht etwa eine neue, letzte, fürchterliche, weil unendliche Verantwortlichkeit aufbürdet, sondern unser Antworten, unser Wollen und Handeln, die Leistung, die es allerdings von uns verlangt, in Anspruch nimmt nicht als unser selbständiges Werk, für dessen Gelingen wir nun einzustehen hätten, sondern als Dienst, in dessen Vollzug wir getragen und gedeckt sind durch das Werk, das [Gott] selber tut." (299) Wo Gottes Wirken im Heiligen Geist in den Blick kommt, da relativiert sich die Frage, ob das, was wir leisten, genügen wird. Da gewinnt man aber zugleich die Hoffnung, dass es auch in Zukunft Freiheit und Humanität geben wird.

1.3 Die Jahre 1935–1937

Barths Ausführungen haben auch einen konkreten zeitgeschichtlichen Kontext, die Jahre 1935 bis 1937. Barth schließt die Arbeit an KD I/2 1937 ab, 1938 wird der Band publiziert. Das bedeutet zum einen, KD I/2 erscheint noch vor dem Einmarsch der deutschen Wehrmachtstruppen in Österreich, noch vor der sogenannten Sudentenkrise und noch vor der Reichspogromnacht. Das alles kann hier noch nicht im Blick sein. Was Barth in den Jahren 1935 bis 1937 aber schon deutlich wahrgenommen hat, waren „die Aufhebung des Rechtes (Recht ist, was Deutschland nützt!), […] die Unterdrückung der Presse […], die Judenverfolgung, [… die] Konzentrationslager."[17] Angesichts dieser Ereignisse ermahnt Barth im Advent 1937 die schweizerischen Pfarrer, ihrer Arbeit nicht mehr nachzugehen, „als wäre nichts geschehen, als ob unseres Nachbars Haus nicht in Flammen stünde".[18]

Der Text selbst verbirgt diesen Kontext – und er tut dies aus gutem Grund. Die kirchliche Dogmatik will als Dogmatik keine Zeitansage sein, sondern die Kirche über verschiedene Kontexte und Zeiten hinweg orientieren. Barths Zeitansagen fanden anderswo ihren Ort und werden heute in der Gesamtausgabe in Abteilung III „Vorträge und kleinere Arbeiten" publiziert. Man kann dem Text aber seinen zeitgeschichtlichen Kontext durchaus abspüren.

Gegenüber allen Tendenzen zur Vergötterung von Staat, Nation, Volk und Führer arbeitet Barth heraus, dass das Gebot der Gottesliebe den ganzen Menschen fordere. Man könne dem Gebot nicht so gerecht werden, dass man einerseits Gott, andererseits aber auch widergöttliche Mächte liebe, am Sonntag den Gott der Liebe und Gerechtigkeit, im Alltag aber den das Recht brechenden deutschen Staat. Barth hält exegetisch treffend fest: „Eine Teilung" der Liebe „kommt nicht in Betracht." (434) Der Herr unser Gott ist ein einziger Gott, der keine anderen Götter neben sich duldet – und er will von uns „ohne Teilung, Vorbehalt und Ausnahme geliebt" werden (435).

Eine besondere Pointe setzt Barth bei der Auslegung des Doppelgebotes der Liebe, indem er sich an dessen markinischer Fassung orientiert. Nur im Markusevangelium ist das „Höre Israel" aus Dtn 6,4 in das Doppelgebot der Liebe aufgenommen. Indem Barth an die markinische Fassung anschließt, kann er verdeutlichen: Das Gebot richtet sich an Israel – und diejenigen, die sich diesem Gebot verpflichtet wissen, müssen sich Israel zurechnen und sich den Namen Israel als Ehrentitel gefallen lassen. Das Doppelgebot der

---

17 Karl Barth, Die bekennende Kirche im heutigen Deutschland (1936), in: ders., *Vorträge und kleinere Arbeiten 1935–1937* (GA III), hg. von Lucius Kratzert und Peter Zocher, Zürich 2021, 334–376, 371.

18 Ders., Memorandum an die Pfarrer der reformierten Kirchen der Schweiz (1937), in: ders., *Offene Briefe 1935–1942* (GA V), hg. Diether Koch, Zürich 2001, 61–73, 71; vgl. Christiane Tietz, *Karl Barth. Ein Leben im Widerspruch*, München 2018, 294–297: Kirchenkampf und Flüchtlingshilfe.

Liebe mutet uns zu, „in einem gewissen, aber letztlich geradezu entscheidenden Sinn selbst Juden zu werden" (566).

Barth war seit 1935, vom Basler Regierungsrat dazu ernannt, Leiter eines „Hilfswerks für deutsche Gelehrte".[19] Man muss seine Ausführungen auch vor diesem Hintergrund lesen. Im Blick auf die Frage, wie viele Flüchtlinge die Schweiz aufnehmen könne, betont Barth: Der Nächste – das sind auch die „Fremdlinge, die als solche den Kindern des Hauses Wichtigstes und Dringlichstes zu sagen haben" (469).

2. Christliche Existenz: Gottes- und Nächstenliebe als überwundene Selbstbezogenheit

Barth bestimmt die christliche Existenz zuallererst als eine liebende. „Mit der Liebe fängt das christliche Leben an" (408). Das Leben der Kinder Gottes vollzieht sich in der zweifach-einen Gestalt der Gottes- und der Nächstenliebe.

Um zu verstehen, was damit gemeint ist, darf man nach Barth nicht zunächst nach einem allgemeinen Begriff der Liebe fragen und dann den so gewonnenen Begriff der Liebe univok auf Gottes Liebe zu uns, unsere Liebe zu Gott und unsere Liebe zum Nächsten beziehen. Barth betont: „Um zu wissen, was Liebe ist, werden wir vielmehr zuerst nach der einen und einzigartigen Liebe Gottes zu uns zu fragen haben. Was aber unser Lieben ist, das wird sich ergeben müssen an Hand der Frage: wie unsere Antwort auf diese Liebe Gottes zu uns [...] beschaffen sein muß." (413) Das Zitat besagt zweierlei. Erstens: Um zu verstehen, was Liebe ist, müssen wir von Gottes Liebe ausgehen. Dabei ist aber zweitens zu bedenken: Zwischen Gottes Liebe und unserer Liebe – Barth unterscheidet terminologisch zwischen Gottes Liebe und unserem Lieben – besteht eine Differenz. Das menschliche Lieben ist nicht mit Gottes Liebe identisch, sondern als Antwort auf diese Liebe zu verstehen.

Was Gottes Liebe zu uns ausmacht und bedeutet, das erschließt sich in der „einzigartigen Geschichte" Israels (428) – und innerhalb dieser Geschichte in der „Selbsthingabe Gottes in seinem Sohn" (416). In dieser Geschichte sage Gott uns – und Barth fasst das Evangelium mit einem alttestamentli-

19 Eberhard Busch, *Unter dem Bogen des einen Bundes. Karl Barth und die Juden 1933–1945*, Neukirchen 1996, 269; vgl. Karl Barth, Basler Hilfswerk für deutsche Gelehrte (1935), in: ders., *Vorträge und kleinere Arbeiten 1935–1937* (Anm. 17), 236–243.

chen Vers zusammen: „Ich habe dich lieb, … so fürchte dich nun nicht; denn ich bin bei dir" (Jes 43,4f.). Gottes Liebe ist ausgesprochen in dem „Namen Jesus Christus" (417), Immanuel, Gott mit uns.

Von Gottes Liebe ist aber unser Lieben – Gott sei Dank! – unterschieden. Zum einen besteht zwischen Gottes Liebe und unserem Lieben „eine unumkehrbare Ordnung" (414), in der Gottes Liebe unserem Sein und Handeln immer wieder so vorausgeht, dass es zum Wunder menschlichen Liebens kommt. Hier waltet eine biblisch gut begründete, rechtfertigungstheologische Figur: Wir sind davor bewahrt, durch unser Lieben Gottes Liebe zu uns erwecken oder auch nur erhalten zu müssen.[20] Barth kann den Gedanken auch schöpfungstheologisch wenden (vgl. 416f.): Weil Gott die Welt aus Liebe schafft, sind wir von der Überforderung befreit, durch unser Lieben die Liebe in die Welt zu bringen bzw. die Liebe in der Welt gegenwärtig zu halten.[21]

Zum anderen können und müssen wir nicht wiederholen, was Gott in seiner Liebe getan hat, nämlich sich selbst in Jesus Christus der Welt so hinzugeben, dass der Hass der ganzen Welt ihn selbst trifft und er so vom Hass der Welt getroffen für diese Welt einsteht. Wie immer man das Kreuzesgeschehen theologisch deuten will (mit dem Begriff der Selbsthingabe, wie Barth es in unserem Text tut, mit dem Begriff des Opfers oder auch dem des Risikos), immer muss deutlich werden, dass es nicht unsere Aufgabe ist, das zu wiederholen, was Christus getan hat. Nach dem Zweiten Weltkrieg hat Barth diese Einsicht noch deutlicher formuliert: „Ein totales Sein für den Mitmenschen kann als Bestimmung des Seins eines anderen Menschen als Jesus nicht in Frage kommen. [… Zur] Humanität jedes anderen Mitmenschen gehört notwendig die Reziprozität" (KD III/2, 291).

---

20 Vgl. KD I/2 (Anm. 3), 414: „‚Nicht, daß wir ihn geliebt haben, sondern daß er uns liebte' (1. Joh. 4, 10) – so geht es da zu".

21 Vgl. a.a.O., 416: „Es ist vielleicht gut, an dieser Stelle ausdrücklich anzumerken: Die Liebe Gottes zu uns ist – wie sollte es anders sein? – die Liebe unseres Schöpfers. Indem er in jener Tatsache spricht: Ich habe dich lieb, spricht der, dem wir unsere Existenz verdanken, ohne den wir nicht und ohne den nichts existierte, spricht der, der Himmel und Erde gemacht hat. Hören wir diese Tatsache, dann hören wir also, daß der Schöpfer aller Dinge uns liebt, mit anderen Worten: Wir können uns dann auch angesichts und inmitten seiner Schöpfung, angesichts unserer Existenz als solcher in ihrem Zusammenhang mit dem ganzen natürlichen und geschichtlichen Kosmos, der ‚unsere Welt' ist, nicht mehr ungeliebt oder nur teilweise geliebt wissen. Ein Akt der Liebe Gottes zu uns war und ist auch der Akt der Schöpfung."

Gottes Lieben geht unserem Lieben voraus, weshalb unser Lieben weder Gottes Liebe erwecken noch die Liebe in der Welt erhalten muss. Gottes Liebe vollzieht sich in seiner radikalen Selbsthingabe an die Welt, die von unserem Lieben nicht gefordert ist. Wir tun gut daran, mit Barth unser Lieben allein „als Antwort auf die Liebe Gottes zu uns zu verstehen" (418).

2.1 Gottesliebe

Was heißt es aber nun, Gott zu lieben? – Gott zu lieben, wie es nach Barth nicht der Menschheit, sondern Israel und der Kirche als den beiden Gestalten der einen Gemeinde Jesu Christi aufgetragen ist?

Gott zu lieben, heißt erstens, sich, indem man das Gebot hört, in den Kreis der von Gott Angeredeten und damit unter Gottes Verheißung zu stellen. Wer das Gebot so hört, der hört es zuallererst als Evangelium: „Du wirst lieben!" (420) Nicht unser Tun, sondern Gottes Verheißung, seine Liebe zu uns, lässt uns der Erfüllung des Gebotes entgegengehen. Weil Gott ist, werden wir Liebende sein!

Gott lieben heißt zweitens, sich diesen Gott allein zum Herrn zu wählen. Das ist eine Wahl, die alle weltlichen Ordnungen und Bindungen relativiert – und deshalb bedeutet diese Wahl Freiheitsgewinn. „Lieben heißt werden, was wir als die von ihm Geliebten schon sind" (429): freie Kinder Gottes.

Drittens wäre alles missverstanden, wenn wir die Gottesliebe als eine seelische Stimmung ohne konkretes Gegenüber verstehen würden. Den Menschen ist gerade dadurch geholfen, dass sie, weil Gott ihnen sich zugesellt, nun eben nicht mehr „mit sich selbst allein gelassen sind" (427). Wir starren auf die Katastrophen der Welt – zu Barths Zeiten ebenso wie in unseren Zeiten – oft so, als wären wir mit diesen Katastrophen allein gelassen. Wenn wir selbst es allein richten müssten, dann lägen Extremismus, Kompromiss und Resignation nah. Gott lieben, heißt demgegenüber, damit zu rechnen, dass wir nicht allein gelassen sind, sondern einen „echten Partner" (427) an unserer Seite haben. „Wer an Gott glaubt, der glaubt eben damit an eine in sein und aller Menschen Leben hineingetretene und immer neu hineintretende göttliche Hilfe."[22]

22 Karl Barth, Kirche oder Gruppe? (1936), in: ders., *Vorträge und kleinere Arbeiten 1935–1937* (Anm. 17), 448–470, 465.

Gott lieben heißt viertens, in aller Demut einzugestehen, dass wir auch als Liebende und in unserem Lieben „Gott gegenüber nicht gerecht, sondern […] Sünder" sind (429). Die Gott Liebenden lieben ja jenen Gott, der in seiner Liebe zu uns, in seiner Barmherzigkeit, „unser Elend offenbar macht": in der Befreiung aus Ägypten die Versklavung seines Volkes, in der Rückführung aus dem Exil Israels Schuld und Not, in seiner Selbsthingabe in Jesus Christus unsere Gottes- und Menschenfeindlichkeit. Das „Licht, das hier in unsere Finsternis hineinfällt", schreibt Barth, „ist den Kindern Gottes nicht bitter, sondern süß – […] nicht zu fliehen, sondern mit höchstem Eifer aufzusuchen" (433).

Eben deshalb, weil wir wissen, dass es mit unserem Lieben nicht getan ist, weil wir nicht das Heilmittel für die Probleme dieser Welt und unseres eigenen Lebens haben, deshalb heißt Gott lieben (fünftens), Gott von neuem in seinem Wort zu suchen. „Daß wir ihn Suchende seien und immer wieder werden, das ist's, was das Liebesgebot uns gebietet" (432). Gott suchen heißt zunächst, in aller Not Zuflucht suchen in Gottes Wort: „Ich habe dich lieb, so fürchte dich nun nicht; denn ich bin bei dir"! Die so Getrösteten suchen sodann Gott auch in seinem Gebot. Weil wir nicht wissen, was wir tun sollen, gilt es, immer wieder neu zu fragen, was Gott hier und jetzt von uns will.

2.2 Nächstenliebe

Wie Gottes Liebe zu uns und unser Lieben Gottes unterschieden werden müssen, so auch menschliche Gottesliebe und Nächstenliebe. Gott zu lieben, heißt, Gott zum alleinigen Herrn zu wählen. Dieser Anspruch, alleiniger Herr meines Lebens zu sein, kommt aber weder der Idee des Menschen noch einem konkreten Nächsten zu. Wir würden ansonsten eine Ideologie oder einen konkreten Menschen vergöttern – und folglich unsere Freiheit verlieren.[23]

Was es heißt, den Nächsten zu lieben, entfaltet Barth in Auslegung der lukanischen Erzählung vom Barmherzigen Samariter. Lk 10 verdeutlicht zunächst, was das Markusevangelium durch die Zitation des alttestament-

23 Vgl. KD I/2 (Anm. 3), 455: „Eine Verwechslung oder Vermischung dieser zwei Forderungen, ein Verhalten dem Mitmenschen gegenüber, das bedeuten würde, daß wir an ihn glauben, das also dem gleich wäre, das wir Gott schuldig sind – ein solches Verhalten würde uns vielmehr zur Erfüllung dessen, was uns ihm gegenüber geboten ist, unfähig machen."

lichen *Höre Israel!* zum Ausdruck bringt: Um das Doppelgebot der Liebe als Bestimmung des menschlichen Lebens weiß der Mensch nicht von sich aus, es muss dem Menschen gesagt werden. Vom Doppelgebot der Liebe weiß der, der in der Hebräischen Bibel zuhause ist und deshalb auf Jesu Frage: „Was steht im Gesetz geschrieben?" sachangemessen antworten kann: „Du sollst den Herrn, deinen Gott, lieben mit deinem ganzen Herzen und mit deiner ganzen Seele und mit all deiner Kraft und mit deinem ganzen Verstand, und deinen Nächsten wie dich selbst" (Lk 10,27).

Auf die Rückfrage des Schriftgelehrten hin, wer denn sein Nächster sei, antwortet Jesus mit der Erzählung vom barmherzigen Samariter, um den Schriftgelehrten anschließend zu fragen, „Wer von diesen dreien, meinst du, ist dem, der unter die Räuber fiel, der Nächste geworden?" (Lk 10,36). Damit ist die für Barths Auslegung entscheidende Einsicht vorbereitet: Der Nächste ist mein Wohltäter, ist der „als mein Wohltäter an mir handelnde Mensch" (463). Der Nächste ist nicht der Hilflose, der auf meine Hilfe angewiesen ist, sondern derjenige, der mir in meiner Not hilft. Indem Lukas so erzählt – und Barth so deutet, werden eingespielte Machthierarchien revolutioniert: Im Gegenüber zum Nächsten bin ich nicht mehr derjenige, der sich frei dazu entscheiden kann, dem anderen Gutes zu tun, und der deshalb Macht über den anderen hat. Indem mein Nächster jener Wohltäter ist, der mir geholfen hat, drehen sich freilich nicht einfach die Machtverhältnisse um. Denn ich erkenne mich zwar als vom anderen abhängig – aber zugleich, dass mein Nächster diese Abhängigkeit nicht ausgenutzt hat, sondern mir durch meinen Nächsten aufgeholfen worden ist.

Indem Jesus auf die Antwort des Schriftgelehrten: „Derjenige, der ihm Barmherzigkeit erwiesen hat" erwidert: „Geh auch du und handle ebenso!", wird deutlich, was es zu allererst heißt, den Nächsten zu lieben: Ich soll den Nächsten lieben, aber eben so, dass ich in ihm, dem Hilflosen, der auf meine Hilfe angewiesen ist, meinen Wohltäter erkenne. Das ist der entscheidende Perspektivenwechsel: Der Nächste ist mein Wohltäter, den ich gerade im hilflosen Menschen zu erkennen habe.

Dieser Perspektivwechsel gewinnt in der zeitgeschichtlichen Situation unseres Textes unmittelbar Relevanz: Der deutsche Jude, der – seiner Ehre, seiner Arbeit und seines Vermögens beraubt[24] – an der Schweizer Grenze steht, ist eben nicht der Bittsteller, demgegenüber man frei entscheiden

24 Vgl. Barth, Basler Hilfswerk (Anm. 19), 238.

könnte, was man ihm gewähren will, sondern er ist der Schweiz ein Wohltäter.

Worin besteht aber seine oder ihre Wohltat? Barth betont zunächst ganz schlicht: Er oder sie gibt uns die Möglichkeit, Gott so zu loben, wie Gott es will, nämlich in der Gestalt der Nächstenliebe. Die „mir durch den Nächsten widerfahrende[ ] Wohltat […] besteht darin, daß ich durch den Nächsten in die Ordnung gewiesen werde, in der ich Gott, den ich liebe, weil er mich zuerst geliebt hat, mein Lob, jenes schlechterdings notwendige Lob so darbringen darf und soll, wie es ihm angemessen und wohlgefällig ist." (463) Zweitens offenbart mir mein Nächster, dass ich in der Welt weder „allein" (465) noch mir „selbst überlassen" (464) bin. Ich muss mein Leben nicht aus meinen eigenen Möglichkeiten heraus meistern, ich kann und darf mit anderen zusammenleben. Wer in den dreißiger Jahren als Schweizerin oder Schweizer gefragt hat, was können wir denn gegen den übermächtigen Nachbarn tun, der wird durch die Emigranten daran erinnert, dass die Schweiz – weder in ihrer Bedrohung noch in ihrem Widerstand – allein ist. Drittens aber offenbart mir der elende Mitmensch „in seiner Existenz ganz einfach mein eigenes Elend!" (476) Er erinnert mich daran, dass ich mein Leben ebenso wenig meistere wie er. Dabei überführt er mich zugleich meiner Schuld. Normalerweise geht der Sünder, auch der Christenmensch davon aus, dass er sein Leben eigentlich ganz anständig lebe. Diesen Selbstbetrug hebt der Nächste in seinem Elend auf.[25] Wir haben eben nicht so gelebt, dass wir seinem Elend schon aufgeholfen hätten. Der Nächste ruft mich „heraus aus der Privatexistenz, die ich mir vielleicht glaubte leisten zu dürfen. Er stellt mir vor Augen, daß es eine Gemeinschaft der Sünde und des Elends gibt: einen Ort, wo es zwischen Menschen konkret wahr wird: wir haben uns gegenseitig nichts vorzuhalten; wir haben gegenseitig keine Vorzüge […]; wir müssen vielmehr gemeinsam unseren Bankerott anmelden." (482) Ich bin nicht besser als der Geflüchtete vor meiner Tür – und das gilt nicht deshalb, weil der Geflüchtete ein besonders guter Mensch ist,[26] sondern weil auch ich ein Sünder bin. Für

25 Vgl. KD I/2 (Anm. 3), 477: „Der elende Nächste aber deckt auf, daß auch sie und gerade sie selber elend, Sünder sind wie er."

26 Vgl. Barths Warnung vor einer falschen Romantisierung der Armen und Nächsten in seiner Predigt zu Lk 16,19-31: „Daß man nur ja nicht geheime Tugenden in diesen Lazarus hineindichtet! Er ist ganz und gar ein armer, ein ärmster Lazarus. Es mag heute sehr peinlich in unseren Ohren klingen, aber es ist nicht zu ändern, daß Luther unter der im Gleichnis angedeuteten Krankheit des Lazarus die Syphilis verstanden hat [vgl. WA 10/III, 186,4–7]. Wer ihn schlecht machen will, seinen Lazarus, […] der mache

Barth gilt – man kann das in Barths Römerbriefkommentar von 1922 genauso lesen wie in der Versöhnungslehre der Kirchlichen Dogmatik: Erst dort, wo sich die Menschen nichts mehr vorzuwerfen haben, wo sie also nicht mehr übereinander richten, kann Neues werden.[27] Erst hier bildet sich der Raum, in dem es zum Ereignis der Nächstenliebe kommen kann.

Das Ereignis der Nächstenliebe ist also höchst voraussetzungsreich. Ich darf – Barth betont: ich bin am Werden dieses Ereignisses „beteiligt" (463) – den anderen nicht als Empfänger meiner Hilfe verobjektivieren, sondern muss ihn als Mitmenschen entdecken, der mich aus meiner selbstgewählten Isolation herausruft und mir mein eigenes Elend und meine eigene Schuld aufdeckt, wodurch mir meine vermeintliche Überlegenheit genommen wird und es so dazu kommen kann, dass ich meinen Nächsten „nicht mehr sich selbst überlasse" (483).

---

ihn nur schlecht" (Karl Barth, Der arme Lazarus. Lukas 16,19-31 [Predigt, gehalten im Universitätsgottesdienst in der Schloßkirche Bonn am 7. Juni 1931], in: ders., *Predigten 1921–1935* [GA I], hg. von Holger Finze-Michaelsen, Zürich 1998, 241–252, 250f.).

27 Nach Barths Auslegung des Römerbriefs beendet Gottes Gericht in Jesus Christus die Geschichte als Kampf der Guten mit den Bösen: „Geschichte ist das Spiel der vermeintlichen Vorzüge des Geistes und der Kraft der einen Menschen vor den andern, der durch die Ideologie von Recht und Freiheit heuchlerisch verhüllte Kampf ums Dasein [...]. Das Gericht Gottes ist das Ende der Geschichte. [...] Am Maßstab Gottes gemessen verlieren die Vorzüge der Menschen ihre Höhe, ihren Ernst, ihre Tragweite, sie werden verhältnismäßig. [...] Der ‚Kampf der Guten mit den Bösen' ist aus. Die Menschen treten in eine Linie." (Karl Barth, *Der Römerbrief [Zweite Fassung] 1922* [GA II], hg. von Katja Tolstaja und Cornelis van der Kooi, Zürich, 2010, 111); vgl. aber auch noch KD IV/1, 501: „Denn [...] in Gemeinschaft untereinander könnten wir gerade nur dann leben, wenn [...] wir uns unter das Recht beugen würden, das [...] als das Recht Gottes in der Höhe über [...] uns ist [...]. Indem uns – mit der Schlange von Gen. 3 zu reden – die Augen aufgehen für die Möglichkeit unserer eigenen Gerichtshoheit, werden wir in Wahrheit blind für Recht und Unrecht. Es beginnt dann die ganze Misere [...] des moralischen Kampfes Aller gegen Alle, in welchem wir uns, wo wir uns auch hinstellen, welche Partei wir auch ergreifen, welcher Fahne wir uns auch anschließen, über unsere Freunde ebenso täuschen wie über unsere Feinde, und jenen mit unserem Ja ebenso Unrecht tun wie diesen mit unserem Nein, in welchem wir als Kinder des Unfriedens immer nur Unfrieden säen und ernten werden. Der Krieg – immer der heilige, der gerechte, der notwendige Krieg, immer der Krieg unter dem Zeichen des so verheißungsvollen Halbmonds oder der so natürlichen Sichel und des so brauchbaren Hammers oder auch unter dem des heiligen Kreuzes, der blutige oder (von Gott her gesehen wahrscheinlich noch schrecklicher und infamer!) der kalte Krieg – wird dann nach jenem scheußlichen Heidenwort tatsächlich der ‚Vater aller Dinge'."

Der von Barth theologisch erkannte Voraussetzungsreichtum der Nächstenliebe lässt sich auch phänomenologisch einholen: Es macht eben einen Unterscheid, ob ich als Schülerin in der Schule oder als Patient beim Arzt als ein Objekt wahrgenommen werde, das Hilfe benötigt, oder als Mitmensch, der als solcher wahrgenommen werden will, ob hierarchisch oder aus Solidarität gehandelt wird.

Indem Barth den Voraussetzungsreichtum des Ereignisses der Nächstenliebe herausstellt, verdeutlicht er zum einen: Nächstenliebe ist von anderen Formen, in denen Menschen einander helfen, zu unterscheiden.[28] Nächstenliebe ist etwas anderes als routinisierte Barmherzigkeit und Fürsorge. Gewiss, wir sollen auch für diese Formen und ihr segensreiches Wirken dankbar sein. Wir dürfen uns aber hinter diesen Formen nicht verstecken, wenn es um unser Gotteslob geht. Wir dürfen uns hinter unserer allgemeinen Menschenliebe, unserer sozialdemokratischen Haltung, unserer Einrichtung eines Armenkastens und unserem Einsatz für den Sozialstaat, hinter Kollekte und Steuer nicht verstecken, wenn es darum geht, jenen konkreten Mitmenschen, den Gott uns in den Weg stellt, zu lieben.

Indem Barth den Voraussetzungsreichtum des Ereignisses der Nächstenliebe herausstellt, verdeutlicht er zum anderen: Wir können gar nicht alle Hilfeleistungen auf Nächstenliebe umstellen. Barth betont: „Mein Nächster im biblischen Sinn des Begriffs ist durchaus nicht jeder meiner Mitmenschen als solcher, so daß es für mich nur darauf ankäme, mir sagen zu lassen und bewußt zu werden, daß die ganze Menschheit als solche aus lauter Individuen besteht, die alle meine Nächsten sind." (462) Das Gebot der Nächstenliebe besage nicht, dass wir jeden Menschen lieben sollen – das Gebot wäre dann ein nicht erfüllbares Ideal, dem man sich leicht entziehen könnte. Wir sollen aber unseren Nächsten lieben, den Menschen, der uns als unser Wohltäter von Gott „gesetzt ist" (458), damit es in dieser Begegnung zu einem Gleichnis des Himmelreiches kommt. Es soll schon hier und jetzt sichtbar werden, wie es ist, wenn Menschen so miteinander leben, wie es ihrem Sein als Kinder Gottes entspricht.

Warum aber sind diese Gleichnisse des Himmelreiches, die vielleicht so rar gesäten Ereignisse der Nächstenliebe, von so großer Bedeutung, dass Gott den Seinen gebietet, sie geschehen zu lassen? Auch hier gilt es zunächst

28 Vgl. dazu instruktiv und von Barth inspiriert Günter Thomas, *Chaos und Erbarmen. Gesundheit und Krankheit in Karl Barths Theologie*, Zürich 2023, 115–120: Erbarmen in einer Welt von Verträgen.

zwei schlichte Antworten zu geben: 1. Weil hier zwei Menschen in ihrer Schuld und ihrem Elend real geholfen wird. Dem unter die Räuber Gefallenen sind die Wunden verarztet – und der Samariter ist aus seiner Einsamkeit befreit einem anderen zum Nächsten geworden. 2. Weil Gott es so will – weil Gott nicht nur eine soziale Ordnung will, die es Menschen erlaubt, in Notsituationen mit Hilfe rechnen zu können, sondern weil Gott auch das Außerordentliche will, nämlich, dass das Sein der Kinder Gottes in dieser Welt sichtbare Gestalt gewinnt. Unsere Welt wäre eine ärmere Welt ohne diese Ereignisse. Und nun vielleicht auch: 3. Weil die außerordentlichen Ereignisse der Nächstenliebe uns in unseren sozialen Routinen daran erinnern, dass mehr möglich wäre als das, was ist. Damit werden die sozialen Routinen einerseits einem beständigen Optimierungsprozess ausgesetzt. Andererseits aber werden die sozialen Routinen nicht überfordert, weil bewusst gehalten wird, dass die Nächstenliebe ein außerordentliches Ereignis, ein Werk des Heiligen Geistes ist, das man nicht einfach routinisieren kann.

Im Blick auf die Erzählung vom barmherzigen Samariter gesprochen: Der Wirt, heute wohl die Mitarbeitenden eines Krankenhauses, müssen und sollen nicht das tun, was der barmherzige Samariter getan hat. Aber in der Erinnerung daran, was der barmherzige Samariter getan hat, werden sie das, was sie routiniert tun, ein wenig anders tun wollen[29] – und damit rechnen, dass auch unter ihren Patienten sich jener Nächste finden kann, der sie aus ihrer Routine herausruft und ihnen die Möglichkeit gibt, Gott zu loben.[30] Zugleich aber sensibilisieren Barths Ausführungen dafür, die (oft tief empfundene) Schuld und das Elend des Pflegepersonals nicht zu verdrängen,

29 Vgl. a.a.O., 119: „Die professionellen, routinisierten und schließlich auch bezahlten Zuwendungen [im Gesundheitswesen] sind gerahmt und getragen von einem Ethos des Erbarmens [...]. Daran erinnert auf indirekte Weise die christologisch grundierte Theologie der Krankheit Karl Barths. Ohne diesen Aspekt des Erbarmens wäre die ärztliche Arbeit nur die Bereitstellung einer zu kaufenden körperbezogenen Dienstleistung. Doch damit würden die offensichtlichen Unterschiede zwischen einem Pizzaservice, einem Fliesenleger und einem Fitnesstrainer auf der einen Seite und einem Arzt, einer Hebamme oder eines Pflegenden auf der anderen Seite eingeebnet. Die berufsethischen und letztlich identitätsbildenden und motivationsschaffenden Pointen eines krankheitsbezogenen Engagements werden damit übersehen."

30 Dem Menschen ist zwar nicht geboten, jeden Menschen als seinen Nächsten zu lieben wie sich selbst, wohl aber den Nächsten „in jedem Menschen zu erwarten." (468) Ein jeder Mensch kann mir zum Nächsten werden. Deshalb „müssen wir offenbar darauf gefaßt und dafür bereit sein, daß der Mensch, der Mitmensch überhaupt uns [...] zum Nächsten werden [...] und uns damit Barmherzigkeit erweisen kann, weil er uns damit zum Lobe Gottes aufruft." (469).

sondern so zu rezipieren, dass dadurch der Gesellschaft als ganzer ihre Not und ihre Schuld aufgedeckt wird. Wir haben eben in unserer Gesamtheit noch keine Lösung für die Frage gefunden, wie wir mit Menschen mit Behinderung, chronisch und terminal Kranken menschenfreundlich umgehen können und wollen.

2.3 Befreit vom Zwang zur Selbstliebe

In gegenwärtiger kirchlicher Verkündigung fällt das Gewicht der Auslegung des Doppelgebotes der Liebe oftmals auf das „wie dich selbst". Sich selbst zu lieben, falle heutzutage vielen schwer – sei aber Voraussetzung, überhaupt andere lieben zu können. Barth optiert hier eindeutig anders: Gegen die Tradition, etwa eines Augustinus, aber im Einklang mit der Exegese seiner Zeit, konkret mit Rudolf Bultmann,[31] betont Barth zweierlei: 1. Das Gebot der Nächstenliebe setze voraus, dass der Mensch sich selbst liebe. Es versteht den Menschen als einen, der immer nach dem sucht, was für ihn das Beste zu sein scheint. 2. Das Gebot zielt darauf, diese Selbstbezüglichkeit zu überwinden.

Wenn es bei aller Differenz zwischen Gottes Liebe zu uns, unserer Gottesliebe und der menschlichen Nächstenliebe eine Ähnlichkeit zwischen diesen verschiedenen Formen gibt, dann liegt sie nach Barth darin, dass ein Liebender in einer lebensförderlichen Weise auf ein reales Gegenüber so bezogen ist, dass er sich in seinem Lebensvollzug von diesem Gegenüber bestimmen lässt. Liebe hat nach Barth immer ein echtes Gegenüber, das von einem selbst unterschieden ist. Die Rede von der Selbstliebe verkennt nach Barth diese Struktur der Liebe. Weil die Selbstliebe den anderen nicht kenne, weil sie selbstbezüglich sei, verdiene sie nicht den Ehrentitel der Liebe. Schlimmer noch: Die Selbstliebe sei der Versuch des Menschen, mit sich selbst ins Reine zu kommen, ohne sich für ein Gegenüber zu öffnen.

Trotzdem möchte ich die Frage stellen: Täuscht uns unsere Intuition, dass so etwas wie Selbstannahme Voraussetzung allen liebenden Verhaltens sei? Ich meine, auch Barth hätte das nicht bestritten. Um das zu erkennen, muss man sich nochmals einen Grundzug von Barths Auslegung des Doppelgebotes der Liebe verdeutlichen: Das Gebot richtet sich zunächst an Israel, dann

---

31 Vgl. Rudolf Bultmann, *Jesus (1926)*, Gütersloh ³1977, 82: „Selbstliebe ist also vorausgesetzt […] als die Haltung des natürlichen Menschen, die es eben zu überwinden gilt."

auch an die Kirche, also an die eine Gemeinde Jesu Christi und damit an eine Gemeinschaft, deren Glieder sich aufgrund von Gottes Verheißung und Handeln als von Gott „geliebt wissen" (416) dürfen. Weil Gott selbst für die Menschen eintritt, ist ihnen die Sorge um die eigene Selbstannahme „aus der Hand genommen" (424). Glaubende dürfen sich, trotz allem Wissens um die eigene Unannehmbarkeit, als radikal angenommen wissen.

Das Gebot der Nächstenliebe ruft dazu auf, die vermeintliche Selbstliebe, das Trachten nach dem vermeintlich für mich Lebensförderlichen, so zu transzendieren, dass ich nach dem frage und suche, was dem Nächsten lebensförderlich ist. Aber das Gebot ruft solche Menschen dazu auf, die sich als von Gott geliebt wissen dürfen und die sich deshalb um den Sinn des eigenen Lebens nicht mehr sorgen müssen.[32]

3. Drei Perspektiven

3.1 §18 und Barths theologische Ethik

Weil das Problem der theologischen Ethik durch Gott und sein Wirken im Heiligen Geist immer schon bearbeitet und beantwortet ist, deshalb gehört nach Barth die Ethik in die Dogmatik. Weil aber die Geschichte Gottes mit den Menschen auf das Leben der Kinder Gottes zielt, deshalb ist die Ethik ein unverzichtbarer Bestandteil der Dogmatik. Es gibt nach Barth keine Dogmatik ohne Ethik – und deshalb muss das ethische Problem auch schon in den Prolegomena, in den „grundlegenden Überlegungen" (408) zur Dogmatik, aufgegriffen werden. Genau das geschieht in §18. Insofern liegen hier auch Barths grundlegende Überlegungen zur Ethik vor.

Wie finden wir Antwort auf die Frage, was wir konkret tun sollen? In der Barth-Forschung gibt es hierzu zwei grundverschiedene Perspektiven: Die einen betonen im Anschluss an Barths Ethik der Gotteslehre das streng aktualistische Gebieten Gottes. Christinnen und Christen müssten sich dafür

32 Vgl. KD I/2 (Anm. 3), 501: „Wir müssen dafür, für die Rechtfertigung unseres Tuns, für die Annehmbarkeit des bißchen Lobes, das wir Gott darbringen, für die Wahrheit der Liebe, die wir dem Nächsten zuwenden, wirklich Gott sorgen lassen. Daß wir das dürfen, daß wir, indem uns die Liebe geboten wird, eben dazu eingeladen werden, unsere Sorge hinsichtlich der Erfüllung dieses Gebotes ganz auf Gott zu werfen, das ist noch einmal und nun auch in diesem Zusammenhang das Evangelium in diesem Gebot."

offenhalten, je neu zu hören, was Gott jetzt von ihnen will.[33] Dadurch werde aber, so die Kritiker dieser Deutung, die theologische Ethik dem vernünftigen Diskurs entzogen. Das christliche Leben liefe letztlich auf eine Praxis frommer Willkür hinaus.[34] Deshalb betonen die Kritiker des aktualistischen Ansatzes – nun im Anschluss an Barths Schöpfungsethik–, dass man nach Barth sehr wohl bestimmen könne, was Gott von uns wolle.[35] Denn Gott habe bestimmte dynamische Ordnungen aufgerichtet, wie etwa die von Mann und Frau, Eltern und Kindern, den Nahen und den Fernen.[36]

Was lässt sich von §18 aus zu dieser Diskussion sagen? Wenn Barth betont: „Mein Nächster […] ist durchaus nicht jeder meiner Mitmenschen als solcher" (462), sondern „ein in der Existenz eines bestimmten und in dieser

---

33 So Paul T. Nimmo, *Being in Action. The Theological Shape of Barth's Ethical Vision*, Edinburgh 2007, 65f.; vgl. David Clough, *Ethics in Crisis. Interpreting Barth's Ethics*, Aldershot, UK/Burlington, USA 2005, 107 u.ö.; dazu die feine und von Barths Erwählungslehre herkommende behutsame kritische Darstellung dieser Position bei Alexander Maßmann, *Bürgerrecht im Himmel und auf Erden. Karl Barths Ethik* (ÖTh 27), Leipzig 2011, 16–20. Elisabeth Gebhardt zeigt, dass Barths aktuale Ethik individuelle Freiheitsgewinne ermögliche. Indem Sie Barths Ethik im Horizont von Ulrich Becks Individualisierungsthese liest, arbeitet sie heraus, „dass Barth zwar eine zunehmende Individualisierung skeptisch bewertet und ihr entgegenzuwirken versucht – unter anderem indem er das Eingebundensein des Einzelnen in die Gemeinde und die Stetigkeit des Gebotenen betont –, dass er aber durch sein Ethikkonzept Individualisierung dennoch unbeabsichtigt fördert, da er aufgrund der geschichtlich deutlich gewordenen Gefahren einer Unterordnung des Einzelnen unter fixierte Normen keine andere Möglichkeit sieht, als das Handeln des Einzelnen unmittelbar an das aktuale Gebot Gottes zu binden." (Elisabeth Gebhardt, *Riskante Freiheit[en]? Das Individuum in Karl Barths Ethik. Eine Relektüre anhand Ulrich Becks Individualisierungstheorem* [Christentum und Kultur 16], Zürich 2016, 14).

34 So Nigel Biggar, *The Hastening that Waits. Karl Barth's Ethics*, Oxford 1993, 20f.; vgl. ders., Barth's trinitarian ethic, in: John Webster (Hg.), *The Cambridge Companion to Karl Barth*, Cambridge 2000, 212–227, 214: In Barths früher aktualer Ethik, „moral life is accordingly understood as a response of the human individual to a unique command of God, and not as the conformity of human instances of rationality to the moral requirements of universal practical reason." Sie sei gekennzeichnet durch einen „apparent irrationalism" (a.a.O., 215).

35 Vgl. a.a.O., 216: „In giving a trinitarian structure to his ethic, Barth proposes that what human beings ought to do is basically determined by what sort of being they are and by the conditions of their existence."

36 Vgl. a.a.O., 217: „Nevertheless, in CD III/4 it becomes quite clear that, for Barth, God's will has a certain character that is expressed in the permanent structures with which he has created human nature, and that his commands, therefore, do have certain constant features." Zur Ethik der Schöpfungslehre in KD III/4 vgl. Maßmann, *Bürgerrecht* (Anm. 33), 199–254.

Bestimmtheit von anderen unterschiedenen Menschen sich vollziehendes Ereignis" (463), dann leuchtet hier der Aktualismus der Barth'schen Ethik auf. Dass einer mir zum Nächsten wird, ist ein konkretes Ereignis, das sich nicht vorhersagen lässt, mit dem ich aber stets neu zu rechnen habe. Ich weiß nicht vorweg, wer mir als mein Nächster begegnen wird. Aber ich habe mich dafür offen zu halten, dass mir ein jeder Mitmensch zum Nächsten werden kann. Wir haben, so Barth, „den Nächsten [...] in jedem Menschen zu erwarten." (468)

Diese Haltung widerspricht jeglicher Ordnungstheologie. Explizit kritisiert Barth in §18 die „bei Luther so oft begegnende Weisung, daß wir den Nächsten im Raum der Lebens- und Gemeinschaftsordnungen, in denen wir uns tatsächlich befinden, zu suchen hätten: also der Mann in seiner Frau, die Kinder in ihren Eltern [...], der Herr im Knecht, der Untergebene im Vorgesetzten [...], der Volksgenosse im Volksgenossen" (459). Zwar können mir auch meine Frau und mein Volksgenosse zum Nächsten werden, aber sie können dies nur genauso gut wie die „Fremdlinge, die, man weiß nicht, aus welcher Ferne, mitten" unter uns „auftauchen" (469).

Obwohl das Gebot der Nächstenliebe also fordert, sich je neu davon überraschen zu lassen, wer mir zum Nächsten wird, lässt es die Glaubenden im Blick auf den Inhalt des Gebotes keineswegs im Dunkeln. Insofern uns geboten ist, Gott mit ganzem Herzen zu lieben, ist ein für allemal ausgeschlossen, dass Gott uns gebieten wird, einen bestimmten Menschen zu unserem Gott zu machen. Wir sollen uns aber das Leid unseres Nächsten angehen lassen, ihn als unseren Wohltäter würdigen, uns mit ihm in unserem Elend und unserer Schuld verbunden wissen und das für ihn tun, was jetzt nottut. Insofern haben wir durch die Schrift eine klare Orientierung darüber, was Gott von uns will, wenn uns durch ihn ein bestimmter Mitmensch zum Nächsten wird.

Warum aber kommt es in der Situation, wo ein bestimmter Mensch einem anderen zum Nächsten wird, so selten unmittelbar zur notwendenden Tat und stattdessen so oft zur ethischen Diskussion? Barth lässt sich die Antwort auf diese Frage durch Jesu Erzählung vom barmherzigen Samariter vorgeben. Er fragt: Warum geht der Schriftgelehrte nicht hin und tut, was das Gebot sagt? Warum fragt er: Wer ist mein Nächster? Mit Lukas sieht Barth „den Grund dieser Frage darin: der Mann ‚wollte sich selbst rechtfertigen' (V. 29)." (460) Das ist nach Barth die große Gefährdung aller Ethik, dass wir sie benutzen, um uns selbst zu rechtfertigen – dafür zu rechtfertigen, dass wir Gottes konkretem Gebot ausweichen. Vielleicht fangen wir dann an,

Frau und Volksgenossen gegen den Nächsten auszuspielen. Deshalb betont Barth immer wieder die Autorität des Gebotes, das nicht ausgelegt, sondern befolgt werden soll.

Doch trotz des Wissens um die Gefahr des Missbrauchs der Ethik zur Selbstrechtfertigung gibt es die Notwendigkeit des ethischen Diskurses. Menschen müssen Verantwortung übernehmen für ihre Auslegung und Anwendung des Gebotes. Der Nächste fordert unseren konkreten Beistand – wie aber, wenn der konkrete Beistand den „Widerstand gegen die Tyrannei" fordert?[37] In seinen parallel zur Veröffentlichung von KD I/2 gehaltenen Gifford-Lectures gibt Barth zu bedenken, dass es zur „Verhinderung des Vergießens unschuldigen Blutes [...] unter Umständen auch darum gehen kann, Gewalt gegen Gewalt zu setzen".[38] Spätestens hier zeigt sich, dass Menschen für ihr Handeln Verantwortung übernehmen müssen. Es gibt eine durch die Autorität des Gebotes zwar begrenzte, aber doch auch gesetzte reale Freiheit seiner Auslegung und Anwendung.

Im Blick auf §18 kann man die Frage stellen, ob es bei Barth nicht zu einer personalistischen Engführung der Ethik kommt. Man könnte argumentieren: Barth setze in der Ethik bei der Begegnung von Mensch und Mitmensch, von Ich und Du, an und vermöge deshalb nicht, komplexe gesellschaftliche Ordnungsformen zu erfassen. Ich möchte den Akzent anders setzen: Barth setzt in seiner Ethik beim Ereigniswerden des Nächsten an, weil der Mensch beständig in der Gefahr steht, sich hinter sozialen Ordnungsformen zu verstecken, um sich dem konkreten Anspruch des Nächsten zu entziehen. Demgegenüber betont Barth: Nicht die Nächstenliebe muss sich rechtfertigen, sondern die sozialen Ordnungsformen dieser Welt. Sie müssen kritisch daraufhin befragt werden, ob sie das Ereigniswerden des Nächsten ermöglichen oder strukturell verunmöglichen. Man könnte z.B. fragen: Ermöglicht oder verunmöglicht das Recht, dass ich dem Nächsten in Gestalt des Fremdlings vor meiner Tür gerecht werde? Insofern zielt Gottes Gebot auch auf eine evangeliumsgemäße Gestaltung jener Ordnungen, die noch nicht die Ordnungen des Reiches Gottes sind. Aber das Reich Gottes, an dem die weltlichen Ordnungen gemessen werden, will eben nicht nur eine zukünftige Größe sein, sondern hier und jetzt im Ereigniswerden des Nächsten schon eine außerordentliche Gestalt gewinnen. Von dieser Gestalt her vollziehen

---

37 Karl Barth, *Gotteserkenntnis und Gottesdienst nach reformatorischer Lehre. 20 Vorlesungen (Gifford-Lectures) über das Schottische Bekenntnis von 1560, gehalten an der Universität Aberdeen im Frühjahr 1937 und 1938*, Zollikon 1938, 217.219.

38 A.a.O., 215.

sich Krise und Erneuerung der sozialen Ordnung – und deshalb steht sie am Anfang von Barths Ethik.

3.2 Die Unanschaulichkeit der Gottesliebe

Vergleicht man Barths Ausführungen zur Gottesliebe mit denen zur Nächstenliebe, dann fällt auf, dass sie letztlich unanschaulich bleiben. Diese Differenz – Unanschaulichkeit der Gottesliebe, Anschaulichkeit der Nächstenliebe – ist weder Zufall noch Unvermögen, sondern durch Barths Systematik bedingt. Gottes- und Nächstenliebe bezeichnen nach Barth zwei Dimensionen des Lebens der Kinder Gottes, aber Barth rechnet die Gottesliebe dem Sein der Kinder Gottes zu, die Nächstenliebe dem Handeln derselben. Er rechnet die Gottesliebe dem Inneren, die Nächstenliebe dem Äußeren, die Gottesliebe der individuellen, die Nächstenliebe der sozialen Dimension der christlichen Existenz zu (vgl. 406f.). Barth schreibt zwar: „In Wirklichkeit ist hier alles ineinander, immer nur relativ auseinander" (406), aber dieser Weichzeichner seiner eingezeichneten Differenz kann deren Folgen nicht vollständig auflösen. Weil es für Barth beim Lieben Gottes um das Sein des Menschen geht, deshalb bleibt nach Barth die Gottesliebe im Individuum verborgen. Die Gottesliebe gewinnt Ausdruck im Handeln des Menschen allein im Gotteslob, in der äußeren, sozialen Tat der Nächstenliebe. Diese Behauptung ist gegenüber allen Versuchen, sich dem Gebot der Nächstenliebe durch die „Flucht […] in irgendeine Gottesdienstlichkeit" zu entziehen (479), eine wichtige Erinnerung. Doch dieser Einwand schafft zugleich neue Probleme. In Barths Ausführungen zur christlichen Existenz kommen Gottesdienst und Spiritualität, Gebet und Sakramente nicht vor.

Barth selbst hat dies erkannt und in einem *petit* gedruckten Exkurs eingewandt: Es sei nicht so, „daß die Nächstenliebe als die einzig mögliche Gestalt der Gottesliebe diese […] in die Unsichtbarkeit verdrängen würde." Das könne schon deshalb nicht sein, weil „damit der Gemeinde wie dem Einzelnen […] schließlich ganz einfach das Gebet, die gottesdienstliche Liturgie und der Sonntag als Tag des Herrn verboten wären." (479) Doch Spiritualität und Gottesdienst haben in der Systematik von §18 keinen Ort.

M.E. hätte Barth auch im Blick auf die menschliche Gottesliebe herausarbeiten sollen, dass diese hier und jetzt, „zwischen den Zeiten" (451), wie Barth formuliert, auch eine äußerliche und sichtbare Gestalt hat: Wer Gott liebt, der sucht ihn eben auch in der Auslegung und Feier des Wortes im kirchlichen Gottesdienst. Zur christlichen Existenz gehört der Gang zum Gottesdienst – und zwar so, dass ich ihn gerne gehe. Auch diesbezüglich kann man an seiner Haltung arbeiten!

Liturgischer Gottesdienst und Nächstenliebe sind dabei nicht gegeneinander auszuspielen. In dem *petit* gedruckten Exkurs formuliert Barth zurecht, dass auch das gottesdienstliche Handeln der Kirche „unter dem Gesetz der Nächstenliebe" stehe (479). Wer Menschen, zu Barths Zeiten waren es die jüdischen Glieder der Gemeinde, vom Gottesdienst ausschließt, der feiert den Gottesdienst eben nicht recht – und vergeht sich deshalb am Gebot der Gottes- und der Nächstenliebe gleichermaßen.

3.3 Das Zeugnis des Wortes

Nach Barth sollen wir den Nächsten nicht nur lieben, indem wir ihm mit unserer Tat zugutekommen und durch unsere Haltung bezeugen, dass wir dies gerne tun. Nach Barth zeigt sich unsere Nächstenliebe auch darin, dass wir unserem Gegenüber das Wort von Jesus Christus gönnen.

Ekklesiologisch folgt daraus die Zusammengehörigkeit von Diakonie und Verkündigung. Barth betont: Die Überschrift des Paragraphen „Das Leben der Kinder Gottes" könnte „ohne Veränderung der sachlichen Bedeutung auch lauten […] ‚Das Leben der Kirche'." (404) Insofern kann, darf und sollte man den Text auch ekklesiologisch lesen. Er entfaltet eine klare, theologisch begründete kirchenpolitische Option: Weil die Kirche zum einen von der Auferstehung Jesu Christi herkommend an Gottes siegreichem Kampf gegen die Sünde und den Tod Anteil hat, weil diese Auseinandersetzung zum anderen aber noch nicht zu ihrem Ziel gelangt ist, deshalb darf und kann es keine Kirche ohne Diakonie geben. „Wo die Kirche die Gestalt jenes Priesters und Leviten hat [, die beide an dem Zusammengeschlagenen vorbeigehen], d.h. wo dieser Dienst nicht geleistet wird, da ist sie nicht Kirche." (465) Zugleich aber betont Barth: keine Diakonie ohne Verkündigung! Das Zeugnis des Wortes und der Tat gehören zusammen![39] Für Barth ist die Verkündi-

39 Man kann in §18 das prophetische, politisch-widerständige Amt der Kirche vermissen. Obwohl Barth der Bekennenden Kirche in Deutschland vorwerfen konnte, sie hätte zu vielem, Barth nennt explizit und zuerst „das Vorgehen gegen die Juden", geschwiegen, „zu dem die alttestamentlichen Propheten sicher geredet hätten" (Karl Barth, Bekennende Kirche im nationalsozialistischen Deutschland [1935], in: ders., *Vorträge und kleinere Arbeiten 1934–1935* [GA III], hg. von Michael Beintker u.a., Zürich 2017, 790–804, 803),

gung, obwohl er explizit keine „Rangordnung“ (488) vornehmen möchte, die „erste Form“ des Zeugnisses (ebd.). Sie darf nicht fehlen, weil mit dem Wort, dem Namen Jesus Christus, der auf dem Plan ist, von dem alle Hilfe überhaupt erst ausgeht. Das Wort schafft sich einen Raum, in dem Menschen einander Beistand leisten; „das Wort Gottes hat u.a. die Eigenschaft, auch Schwache stark, auch Furchtsame mutig, auch Unsichere entschlossen zu machen“.[40] Insofern lebt auch das diakonische Zeugnis vom Wort der Verkündigung, nämlich vom lebendigen Jesus Christus selbst.

Blendet man noch einmal auf die individuelle Begegnung eines Menschen mit seinem Nächsten zurück, stellt sich die Frage, wie jene Form des Zeugnisses, in der „ich meinem Nächsten […] in seiner und meiner Not das Wort gönne“ (ebd.), aussieht. Barths Ausführungen bleiben hier vage. Benannt wird, wie es nicht geht, ich solle den Nächsten weder mit meinen geistlichen Erlebnissen bedrängen (vgl. 489f.) noch ihn zum Bekenntnis seiner Sünden drängen.[41] Was es aber positiv heißt, dem Nächsten auch das Wort zu gönnen, wird nicht entfaltet.

In einer religionspluralen Gesellschaft steigert sich das Problem noch. Konnte man in einer christlich, post-christlichen Gesellschaft, wie Barth sie vor Augen hatte, möglicherweise noch Menschen auf Jesus Christus ansprechen, ohne sie religiös zu bedrängen, so legen wir uns heute diesbezüglich eine größere Zurückhaltung auf. Wie aber könnten sich diese gebotene Zurückhaltung und Barths Forderung, dem Nächsten das Wort zu gönnen, vereinen lassen? Könnte es sein, dass mir geboten ist, dem Nächsten das Wort zu gönnen, indem ich nun meinerseits mich als einen darstelle, der Gott in

wird das prophetische Amt in §18 nicht thematisiert. Ich interpretiere diesen Sachverhalt wie folgt: Es kann zwar dazu kommen, dass das Zeugnis des Wortes notwendig auch den expliziten politischen Widerspruch umfasst, aber diese Notwendigkeit ist nicht zu allen Zeiten und in allen Weltgegenden gleichermaßen gegeben. Es gibt zwar keine Kirche ohne Diakonie, aber es kann Zeiten geben, in denen das prophetische Wort in der Verkündigung implizit bleiben darf. Wie in der Wortverkündigung der politische Widerspruch immer mitgesetzt ist, ohne doch jederzeit explizit werden zu müssen, so ist auch im Zeugnis der Tat der politische Widerstand immer impliziert, ohne doch jederzeit explizit werden zu müssen. Deshalb bleibt in §18 auch implizit, was Barth in seinen parallel zur Publikation von KD I/2 gehaltenen Gifford-Lectures explizit macht, nämlich, dass das Zeugnis der Tat auch den gewaltsamen „Widerstand gegen die Tyrannei“ fordern könne (Barth, *Gotteserkenntnis* [Anm. 37], 217.219).

40 Karl Barth, Kerrl und die Bekenntniskirche (1935), in: ders., *Vorträge und kleinere Arbeiten 1935–1937* (Anm. 17), 221–235, 234.

41 Es geht nicht darum, den anderen auf sein Elend und seine Not anzusprechen, sondern auf die „andere Seite der Not“ (KD I/2, 491), die da heißt: Jesus Christus.

seinem Wort sucht, sich also zur christlichen Gemeinde und ihrem Gottesdienst hält? Das Zeugnis wäre dann ein indirektes Zeugnis. Oder anders formuliert: Die sichtbare Dimension der menschlichen Gottesliebe, dass sich ein Christenmensch mit anderen zum Gottesdienst versammelt, um Gott in seinem Wort zu suchen, wäre dann die angemessene Form des im Gebot der Nächstenliebe geforderten Wortzeugnisses.

Lisanne Teuchert

Zeugesein und Menschsein

Christliches Leben nach §18 in KD I/2

1. Einleitung: Zeugnis als Thema des christlichen Lebens

Das Leben ist ein weites Feld – das Leben als Mensch im Allgemeinen und damit die Suche nach „Humanität" sowieso, das „Leben der Kinder Gottes" (so die Überschrift zu KD I/2, §18) aber auch. Theologisch sind damit Anthropologie, Ethik, Spiritualität, Ekklesiologie u.a. aufgerufen. Diese Vielgestaltigkeit spiegelt sich wider in §18 der KD I/2, der der Internationalen Karl-Barth-Tagung 2024 als Basistext diente und dieser Zeitschriftenausgabe zugrunde liegt.[1] Innerhalb dieses vielgestaltigen Feldes verfolgt der vorliegende Beitrag eine Spur, die in §18 greifbar wird, aber der näheren Begründung bedarf: das christliche Leben als *Zeugnis*. Wieso lohnt es sich, gerade diese Spur zu verfolgen? Schließlich kommt Barth in den späteren Bänden der Kirchlichen Dogmatik (KD) doch sehr viel stärker auf Zeugnis und Zeugenschaft zu sprechen. KD IV/3 trägt den Titel „Jesus Christus, der wahrhaftige Zeuge". In diesem prinzipiell in der Versöhnungslehre verorteten Band findet sich dann auch ein Abschnitt „Der Christ als Zeuge"[2] und weitere Bezugnahmen auf den Zeugnisbegriff im Abschnitt „Der Dienst der Gemeinde"[3].[4] Auch im entworfenen Teilband KD IV/4, der das christliche Leben im Anschluss an die Taufe und in Auslegung des Vater Unsers entwirft, verwendet

1 Darauf hat Matthias Wüthrichs Hinführung ebenfalls hingewiesen.

2 KD IV/3, 637–704. Zeuge ist der Christ hier unter Teilhabe am prophetischen Amt Christi; vgl. Michael Beintker, Rechtfertigung und Heiligung, in: ders. (Hg.), *Karl Barth Handbuch*, Tübingen 2016, 355–361, 356.

3 KD IV/3, 967–979.

4 Vgl. Michael Pfenninger, *Die Welt ist Gottes. Karl Barths Theologie der Welt im Kontext der Säkularisierung* (TBT 208), Berlin/Boston 2023, 175, Anm. 182.

Barth zur Charakterisierung des christlichen Lebens den Zeugnisbegriff.[5] Hier geht es um das Verhältnis von Christ/Kirche und Welt; hier wird der öffentliche Charakter des Zeugnisses tragend und gewinnt sogar kämpferischen Charakter im Widerstand gegen die Entheiligung des Namens Gottes. Insgesamt gilt: „Man kann die Relevanz dieses Begriffs [des Zeugnisbegriffs, L.T.] für die Ekklesiologie des späten Barth kaum überschätzen."[6] Christologie und Ekklesiologie, Kirche und Welt – das ist das Themenfeld, in denen die großen Abschnitte zum Zeugnisbegriff bei Barth stehen.[7] Wozu also nun schon hier, in KD I/2, §18, das Thema der Zeugenschaft herausarbeiten?

Das ist deswegen im Kontext des Rahmenthemas reizvoll, weil „Zeugenschaft" ein *Spannungsverhältnis zu „Humanität"* aufmacht. Zeugnis orientiert sich an dem, was bezeugt werden soll, und meint zunächst eine verbale Auskunft über dieses Bezeugte. Humanität jedoch bezieht sich auf menschliches Leben in seiner ganzen Breite. Die Frage ist aber, wie viel Raum diese Breite des menschlichen Lebens angesichts des Zeugnisbegriffs noch gewinnen kann. Wie ist es möglich, ausgerechnet vom Zeugnisbegriff aus den Menschen und seine Menschlichkeit zu entwerfen, ohne dass der Mensch auf den langen Zeigefinger Johannes des Täufers reduziert wird, der Kopf und Hand noch benötigen mag, aber so etwas wie Bauch und Herz in den Hintergrund treten lässt?[8] Gelingt es Barth in diesem frühen Text der KD, der Gefahr der Reduktion des christlichen Lebens auf ein Zeugnis zu entgehen, das in einer reinen Informationsvermittlung besteht? Wenn im Folgenden die christliche Existenz als eine bezeugende herausgearbeitet wird, wird es daher speziell um die Frage gehen, wie Barth hier einen Zugang zum Menschen *als Menschen* findet – einen Zugang, den er ja nur mit aller Vorsicht beschreiten will, den er aber doch wagt und für nötig hält, wenn es um den glaubenden Menschen in seiner christlichen Existenz geht.[9] Interessant ist der Zeugnisbegriff an dieser Stelle also, weil die Frage, wie Zeugnis und Leben zusammengehören oder: wie das Wort und der Mensch in seiner Ganz-

---

5 Vgl. KD IV/4, 34: „In der Tat bildet ja eben der Zeugendienst den Sinn und Skopus des ganzen christlichen Lebens"; u.ö.

6 Vgl. Pfenninger, *Die Welt ist Gottes* (Anm. 4), 175.

7 Daneben existieren aber auch in den früheren Bänden Bezugnahmen. Neben dem weiter unten Bearbeiteten vgl. auch KD II/2 zur Zeugenschaft der Kirche und Israels bezüglich des erwählenden Gottes.

8 Karl Barths Faszination für den Isenheimer Altar und die Darstellung Johannes des Täufers darauf ist bekannt. Vgl. ausführlich dazu Reiner Marquard, *Karl Barth und der Isenheimer Altar. Zur Verhältnisbestimmung von Kirche und Kunst* (AzTh 80), Stuttgart 1995.

9 Vgl. KD I/2, 398f.

heit zusammengehören, für Humanität relevant ist. Der Akzent wird daher im vorliegenden Beitrag ein anderer sein als in den Forschungsarbeiten zu den großen Themenfeldern, in denen Barth später sehr viel konkreter zum Leben der Kirche arbeitet.[10]

Um Humanität und Zeugenschaft in ihrer Spannung zu verfolgen, wird es zunächst nötig sein, herauszuarbeiten, wie Barth die christliche Existenz insgesamt so konturiert, dass Zeugenschaft möglich, nötig und sinnvoll wird, und wie dieses Verständnis die Darstellung des christlichen Lebens prägt. Im Sinn des Auftrags, eine „Tiefenbohrung" in §18, KD I/2 durchzuführen, werde ich dazu im Folgenden hauptsächlich der Linie des Textes folgen (3), anschließend systematisch bündeln und dazu aktuelle Forschung zum Zeugnisbegriff einbeziehen (4). Zuvor findet noch ein weiterer Primärtext Berücksichtigung, der einschlägig auf die Thematik hinführt (2). Am Ende werden Antworten auf die gestellten Fragen formuliert (5) und Schlussfolgerungen für die Barth-Forschung und weitere Forschungszusammenhänge gezogen (6). In der Überarbeitung für den Druck wurde die Vortragsform weitgehend beibehalten.

2. Zeugnis im Aufsatz „Der Christ als Zeuge"

Schon 1934 hatte Barth einen Vortrag auf der Internationalen Sommerkonferenz des Christlichen Studentenweltbunds gehalten, der den Titel trug: „Der Christ als Zeuge".[11] Das Thema war ihm aufgegeben worden.[12]

10 Was die Lage in der Sekundärliteratur generell betrifft, ist sie zu Zeugnis/Zeugenschaft/*witnessing* weitläufig, wobei „Zeugnis" hier auch in weitem Sinn als Synonym für Ethik, Mission oder Barths eigene theologische Existenz fungieren kann (vgl. z.B. David W. Haddorff, *Christian Ethics as Witness. Barth's Ethics for a World at Risk*, Eugene/Oregon 2011; John Flett, *Witness of God. The Trinity, Missio Dei, Karl Barth, and the Nature of the Christian Community*, Grand Rapids/Michigan 2010; Joseph L. Mangina, *Karl Barth. Theologian of Christian Witness*, Aldershot 2004, v.a. Kap. 7). §18 in KD I/2 jedoch „has not received the full attention it deserves" (Joseph L. Mangina, Christian Life, in: Paul Dafydd Jones/Paul T. Nimmo [Hg.], *The Oxford Handbook of Karl Barth* [Oxford Handbooks 2019]; online edition, Oxford Academic, 05.03.2020, https://doi.org/10.1093/oxfordhb/9780199689781.001.0001, letzter Zugriff am 18.02.2025).

11 Vgl. Karl Barth, Der Christ als Zeuge, in: Michael Beintker/Michael Hüttenhoff/Peter Zocher (Hg.), *Vorträge und kleinere Arbeiten 1934–1935* (GA III), Zürich 2017, 367–400.

12 Vgl. Karl Barth, Vorwort [zu: Der Christ als Zeuge]. 1934, in: Beintker/Hüttenhoff/Zocher (Hg.), *Vorträge und kleinere Arbeiten 1934–1935* (Anm. 11), 426–428, 427.

Barth entfaltet sein Verständnis vom Christen als Zeugen hier in sechs Thesen. Die erste These definiert das Zeugnis und setzt das Zeugnis der vielen einzelnen Christen mit der Kirche ins Verhältnis. Zeugnis ist demnach „ein menschliches Wort, dem von Gott die Mächtigkeit gegeben ist, anderen Menschen die Herrschaft, die Gnade und das Gericht Gottes in Erinnerung zu rufen. Wo menschliches Wort diese Mächtigkeit hat, da ist die Kirche."[13] Deutlich ist hier schon die Spiegelung des Wortes Gottes im menschlichen Wort. Das menschliche Wort sagt weiter, was das Wort Gottes enthält: die Herrschaft, die Gnade und das Gericht Gottes. These 2 setzt das menschliche Zeugnis mit Gottes Zeugnis ins Verhältnis.[14] Eigentlich kann nur Gott für sich selbst zeugen, aber er lässt das Wunder geschehen, dass auch Menschen Zeugen sein dürfen. Das biblische Beispiel par excellence ist hier Johannes der Täufer.[15]

Damit hat Barth in den ersten zwei Thesen gewissermaßen die Prolegomena geklärt: Was ist Zeugnis, wie verhalten sich menschliches und göttliches Wort darin? Mit den folgenden drei Thesen widmet er sich den „praktischen Fragen", wie er sagt. Diese drei Thesen in der Mitte des Vortrags gehören zusammen und sollen nun näher betrachtet werden. Diese Thesen antworten auf die Fragen, wie der Mensch Zeuge *wird*, wie der Mensch Zeuge *ist* und wie der Mensch Zeuge *bleibt*. Barth nennt diese Fragen „praktische" Fragen, weil sie das Leben des Christen betreffen, wie es beginnt, wie es wirklich zum Zeugnis von Gott werden kann und worauf es in Zukunft angewiesen ist, also wonach es sich ausstreckt. Durchgängig ist Barth ganz im dialektisch-theologischen Sinn wichtig, dass hier nichts Eigenes zum Zeugnis von Gott hinzutritt, dass ich mein Eigenes ganz unter das unterordne, was ich von Gott erhalten habe (er der Herr, ich der Knecht), dass die Kirche als Ganze nicht versucht, „gewisse Ideen und Weisungen über den Zustand der Welt"[16] zu verkünden, sondern sich ganz an die Bibel hält.

Wir erfahren aber auch vieles über die „Haltungen"[17], die dieses Leben des Christen als Zeugen begleiten.

---

13 Barth, Der Christ als Zeuge (Anm. 11), 373.

14 A.a.O., 375.

15 A.a.O., 376.

16 A.a.O., 380.

17 Vgl. a.a.O., 379 in Bezug auf Ehrfurcht.

- Der Mensch *wird* Zeuge in Dankbarkeit.[18] „Man wird ein Zeuge, indem man anerkennt, dass uns Gottes eigenes Zeugnis schon gegeben ist“[19]. Ein Zeuge werde ich im Bewusstsein, was alles schon hinter mir liegt: das Zeugnis Gottes für sich selbst und die vielen anderen Zeugen vor mir. Ich erinnere mich daran, dass ich getauft bin und was das bedeutet, dass ich in der Kirche Gottes stehe.[20]
- Die zweite Frage, nämlich wie der Mensch Zeuge *ist*, wie es also geschieht, „dass nun wirklich ein Mensch von Gott Zeugnis ablegt“[21], beantwortet Barth mit einer Haltung der Ehrfurcht oder des Respekts. Nur in einer Haltung des Respekts, des Hinblickens, nämlich auf Gottes Gebot, wird das, was Menschen sagen und tun, tatsächlich von Gott zeugen.[22]
- Der Mensch *bleibt* schließlich Zeuge in einer Haltung der Hoffnung darauf, dass Gott sich erneut bezeugen wird.[23] Wenn Menschen in der Bibel, die zu Zeugen Gottes wurden – Propheten und Apostel – Zeugen blieben und wieder wurden, dann „weil sie ausgestreckt und ausgerichtet waren auf die Hoffnung, in der Erwartung: derselbe Gott, der sich bezeugt hat und dem ich dienen darf, wird sich *wieder* bezeugen.“[24] Das Sakrament dafür ist das Abendmahl, das in dieser Hoffnung stärkt.[25]

Über diese Haltungen entsteht bereits ein plastischerer Eindruck davon, wie das Leben der Kinder Gottes aussieht – und wie es sich an*fühlt*. Auffällig ist die Herangehensweise: die gesamte Art, nach dem Werden, Sein und Bleiben zu fragen, macht deutlich, dass das Zeugnis nicht nur zwischen den Räumen steht, also zwischen Gott und Mensch, Kirche und Welt, und nur in diesem Setting überhaupt notwendig und möglich wird, sondern gewissermaßen auch „zwischen den Zeiten“. Wer Zeuge ist, lebt von der Hoffnung auf die Zukunft, in der sich Gott erneut selbst bezeugen wird. Wer Zeuge ist, blickt zurück auf das, was Gott bereits getan und womit er sich selbst bezeugt hat, auf die Zeugen vor ihm. Christen als Zeugen leben in diesem Dazwischen, auf dem Weg. Oder, wie die letzte, die sechste These sagt: Christen

18 S. auch in §18: Dankbarkeit in KD I/2, 456.
19 Barth, Der Christ als Zeuge (Anm. 11), 377.
20 Vgl. a.a.O., 378.
21 A.a.O., 379.
22 Vgl. ebd.
23 Vgl. a.a.O., 382.
24 Ebd.
25 Vgl. ebd.

sind auf der Flucht, nämlich von der Weisheit und Torheit des Menschen hin zum Zeugnis Gottes.[26] In diesem sehr bewegten Leben sind sie Zeugen. Zeugen braucht man nur, weil etwas in der Vergangenheit geschehen ist, das für alle relevant, aber nicht – oder eschatologisch gesprochen: *noch* nicht – allen unmittelbar zugänglich ist. Stünden wir schon im Schauen, nicht mehr im Glauben, bräuchte es kein Bezeugen mehr, denn dann zeigte sich Gott schon allen Menschen so direkt, dass es kein Bezeugen aus zweiter Hand mehr bräuchte. Noch sind wir aber in Bewegung und in dieser Angefochtenheit. Barth beschreibt diese spannungsvolle, dynamische Lage in diesem Vortrag auch mit der Metapher eines Gerichtsprozesses: „Wenn Gott Zeugen bedarf, so ist der Gedanke der, dass ein Prozess geführt wird zwischen Gott und den Menschen. Es geht um Gottes Sache, Gottes Recht, das siegen muss. In diesem Prozess ruft Gott Zeugen auf gegen die Menschen, die von ihm abgefallen sind, die ihm gegenüber Verstockte sind, die ihm in Feindschaft begegnen."[27] Gott muss recht behalten, aber das Recht Gottes wird „zwischen den Zeiten" noch bestritten. Deswegen gibt es Zeugen.

3. Zeugnisbegriff in §18, KD I/2

3.1 Zeugnis „zwischen den Zeiten"

Genau das, diese Verortung im Dazwischen, das ein Zeugnis notwendig macht und auslöst, findet sich nun auch wieder in §18 („Das Leben der Kinder Gottes").

Die erste relevante Nennung[28] erfolgt in dem Teil, in dem Barth sich mit der Frage beschäftigt: Wie verhalten sich das Gebot der *Gottesliebe* und das Gebot der *Nächstenliebe* zueinander? Sie stehen nicht einfach nebeneinander, sie meinen aber auch nicht das Gleiche. Sie lassen sich auch nicht in ein Verhältnis der Über- bzw. Unterordnung bringen, als ob die Nächstenliebe nur ein nachgeordnetes Gebot wäre. Die richtige Verhältnisbestimmung findet Barth über die *doppelte Existenz* der Kinder Gottes:

26 Vgl. a.a.O., 383.

27 A.a.O., 374, s. auch 375.383.384.

28 Nach dem zweiten Teil der Grundbestimmung des christlichen Menschen: „er kann es nicht lassen, zu bezeugen, daß Gott in Christus ihn gefunden hat" (KD I/2, 407; i.O. hervorgehoben) und vereinzeltem Auftreten des Stichworts (z.B. KD I/2, 442).

> „Der Zusammenhang und die Verschiedenheit der beiden Gebote werden sichtbar, wenn wir uns vor Augen halten, daß die Kinder Gottes, daß die Kirche in dem Raum zwischen der Auferstehung und Himmelfahrt Jesu in der uns gelassenen Zeit der Geduld Gottes und des uns auferlegten Wachens und Wartens in Wirklichkeit in zwei Zeiten und Welten leben“[29].

An dieser doppelten Existenz liegt es, dass die Kinder Gottes „es nicht lassen können, inmitten dieser gegenwärtigen und vergehenden Welt zu bezeugen, daß sie Gott gefunden hat“[30]. Dass Gott sie gefunden hat, das nötigt, das bewegt und treibt sie,[31] und zwar dazu, „Zeugnis abzulegen“[32]. Im Raum der gegenwärtigen Welt geschieht das Zeugnis durch die Nächstenliebe. Zur Seite Gottes hin ist es die Gottesliebe, zur Seite der Welt hin ist es die Nächstenliebe, die die christliche Existenz prägt. „Dasselbe Gebot, das sie nötigt und treibt, zwar in dieser Welt, aber als Bürger der kommenden, ihres *Glaubens* zu leben und also Gott in Jesus Christus zu suchen, nötigt und treibt sie offenbar auch zwar als Bürger der kommenden Welt, aber inmitten dieser gegenwärtigen ihres Glaubens zu *leben*, und nach dieser Seite ist es nun eben das Gebot der Nächstenliebe.“[33] Das ist der eine wichtige Punkt, der näher zu klären sein wird. Der andere ist: Aus ganzem Herzen, aus ganzer Seele den Nächsten zu lieben, macht uns selbst zum Zeugnis. „Wir werden dann eben – man könnte wiederum wohl sagen: mit Naturnotwendigkeit – in unserer Existenz zum Zeichen und Zeugnis“[34].

Auf diese beiden Punkte wird nun nacheinander näher eingegangen: Nächstenliebe als Zeugnis (3.2), die Existenz als Zeichen und Zeugnis (3.3), also die ganze Existenz, die hier beansprucht ist.

3.2 Zeugnis und Nächstenliebe

Zunächst ist es alles andere als selbstverständlich, Nächstenliebe und Zeugnis zu verbinden. Möglich wäre ja auch, Zeugnis auf das sehr explizite Von-Gott-*Sprechen* zu beziehen. Bei Nächstenliebe denken viele vor allem an

29 KD I/2, 450.
30 KD I/2, 454.
31 Vgl. KD I/2, 455.
32 Ebd.
33 Ebd.
34 KD I/2, 456.

Taten, an Freundlichkeit, an Hilfe. Welchen Effekt hat es also auf das Verständnis von Nächstenliebe, dass sie auch als Zeugnis gesehen wird?

Barth schreibt: „Den Nächsten lieben heißt also schlicht und einfach: dem Nächsten ein Zeuge Jesu Christi werden."[35] Warum das so ist, erklärt Barth in der nächsten zusammenhängenden Passage in §18, in der „Zeugnis" durchgängig eine Rolle spielt.[36] „Daß die Liebespflicht die Zeugnispflicht ist, ergibt sich aber daraus, daß ich durch meine Begegnung mit dem Nächsten aufgefordert bin zu der Erwartung, in ihm einen Bruder Jesu Christi und also meinen eigenen Bruder zu finden."[37] Bruder ist von früheren Passagen des Textes her derjenige Mitmensch, der mir selbst zum bestätigenden Zeugen Jesu Christi wird.[38] Bruder ist eigentlich der Glaubensgenosse, während der Nächste prinzipiell in jedem Menschen erscheinen kann. Ich muss aber glauben, ich muss erwarten, dass der Nächste für mich zum Bruder werden kann, dass für ihn die gleiche Zukunft gilt, auf die ich auch hoffe, dass er mir eines Tages zum Boten Jesu Christi werden kann.[39]

Das könnte nun furchtbar übergriffig werden. Es könnte heißen: Ich sehe den potenziellen Mitchristen und sonst nichts, ich sehe den anderen als potenziellen Missionserfolg und reduziere ihn damit zugleich auf dieses Interesse, auf meine Absicht, ihn zum Glauben zu bringen. Interessanterweise schließt Barth aber genau das aus: mit dem Zeugnis darf kein Zweck und keine Absicht verbunden werden; „Ich will nichts und ich darf nichts wollen, indem ich Zeugnis ablege. Ich lebe nur das Leben meines Glaubens im konkreten Gegenüber mit dem Nächsten."[40] Das Zeugnis ist ein „Gruß"[41], mit dem ich dem anderen meine Gemeinschaft mit ihm zeige, an die ich glaube. Nur mit höchstem Respekt, so Barth, gebe es christliches Zeugnis; ich dürfe dem anderen nicht zu nahe treten. „Ein Zeuge ist weder ein Fürsorger noch ein Erzieher"[42], schreibt Barth weiter. Ich versuche mit der Nächstenliebe nicht, das Leben des anderen zu ändern, sei es fürsorgend oder pädagogisch. Das ist eine Einsicht, die auch für die heutige Diakonie hochrelevant ist. Ein Zeuge wird seinen Nächsten „nicht ‚behandeln'. Er wird sich ihn nicht zum

35 KD I/2, 487.
36 Vgl. KD I/2, 487–499.
37 KD I/2, 487.
38 Vgl. KD I/2, 470.
39 Vgl. KD I/2, 471.
40 KD I/2, 487.
41 Ebd.
42 KD I/2, 488.

Gegenstand seiner Tätigkeit machen, auch nicht in der besten Absicht."[43] Man könnte sagen: *der Zeugnischarakter bewahrt die Nächstenliebe an dieser Stelle davor, übergriffig und paternalistisch zu werden.*

Das liegt daran, dass der Zeugnisbegriff die Differenz zu dem enthält, was und wer bezeugt werden soll.[44] Ganz simpel gesagt: Als Zeugin bin ich Mensch und nicht Gott. Als Zeugin weiß ich: Nur Gott kann Glauben schaffen. Es geht also nicht nur um Respekt gegenüber der Freiheit des Nächsten, sondern auch um Respekt gegenüber der Freiheit Gottes. Nächstenliebe als *Weltveränderungsprojekt* kann den anderen bedrängen – und muss es vielleicht auch, um ihre Ziele zu erreichen. Nächstenliebe als *Zeugendienst* beschränkt sich darauf, zu signalisieren, was ich glaube und dass mich mein Glaube den anderen als jemand sehen lässt, mit dem ich potenziell in Gemeinschaft stehen kann. Freilich ist das nicht bei jedem Zeugnisbegriff so. Nur zu bekannt sind aggressive Formen des Zeugnisgebens und Missionierens, die anderen die eigenen Erlebnisse aufdrängen wollen. Im Zeugnisbegriff Barths, der Gottes Handeln vom menschlichen Handeln klar unterscheidet, ist das allerdings anders.[45] Er denkt die Differenz des christlichen Zeugnisgebens zu Gottes eigenem Handeln mit und von dort aus letztlich die Differenz zwischen der Christin und ihrem Nächsten.

3.3 Die ganze Existenz des Christen als Zeugnis

Es wurde schon festgehalten: Durch das Zeugnis wird die ganze Existenz des Christenmenschen beansprucht.

Das kommt daher, dass Nächstenliebe im Widerhall der Gottesliebe „von ganzem Herzen, aus ganzer Seele…" steht. Weil unser Lieben gegenüber dem

43 Ebd.

44 Es ließe sich insgesamt verfolgen, wie der Zeugnisbegriff bei Barth an mehreren Stellen dazu dient, sich gegen die Identifikation zweier Größen abzusichern und gleichzeitig den unbedingten Bezug der einen Größe auf die andere herauszustellen. In dieser Weise dient der Zeugnisbegriff in KD IV/3 dazu, Kirche und Heilsvermittlung zu unterscheiden: „Das Zeugnis der Kirche deutet auf Christus hin; es wiederholt aber weder seine Heilstat noch ist es Voraussetzung für seine Präsenz" (Pfenninger, *Die Welt ist Gottes* [Anm. 4], 178). Kirche ist nicht Sakrament, sie ist „nur" Zeugin. Aber gerade darin, dass sie das Heil anzeigt, das sie bezeugt, bleibt sie darauf bezogen und diesem Heil treu. Bezug und Differenz gehören im Zeugnisbegriff zusammen.

45 Das kann dann zu einer narrativen Form führen, die direktive Redestile außen vor lässt. Vgl. auch Pfenninger, *Die Welt ist Gottes* (Anm. 4), 180f.

Nächsten unsere Antwort ist auf Gottes Lieben, deswegen geht es um die „Totalität unserer Existenz".[46] Dass wir Gott lieben sollen aus ganzem Herzen, aus ganzer Seele, aus ganzer Vernunft und ganzer Kraft, das beansprucht unser Leben total und lässt sich nicht abspalten von unserem Leben inmitten der *Welt*, von den Beziehungsgeflechten, in denen wir zusammen mit anderen stehen, also „von dem Menschen, wie er leibt und lebt in den Schranken seiner Menschlichkeit und unter den Voraussetzungen und Bedingungen dieser Welt"[47]. Weil ich als Christin eine doppelte Existenz führe, also Bürgerin der kommenden Welt, aber auch der gegenwärtigen bin, kann ich das eine nicht vom anderen trennen. Wenn Nächstenliebe die Art und Weise ist, wie meine Antwort auf Gottes Liebe hinsichtlich der gegenwärtigen Welt aussieht, dann bezieht sich die Totalität des ganzen Herzens, der ganzen Seele, der ganzen Vernunft und Kraft auch auf die Liebe zum Nächsten.

Das gilt nicht nur für die doppelte Existenz in zwei Räumen und Zeiten, sondern damit zugleich für den *ganzen Menschen mit allen seinen Anteilen*: sein Begreifen, seine Emotionen, sein Handeln. Das wird noch deutlicher im Verlauf der begonnenen, längeren Textpassage, die zu drei Formen des Zeugnisses übergeht.

Die *erste Form des Zeugnisses* besteht darin, dem Nächsten das Wort zu „gönnen"[48]. Hier geht es darum, angesichts der Not meines Nächsten und meiner eigenen Not, in der Gemeinschaft der Sünde und des Elends, auch etwas über das zu sagen, was mir geholfen hat.[49] Hier spricht Barth tatsächlich von der Kundgebung von Wissen: „Ich wäre ja nicht der, der ich bin, wenn ich darüber nichts wüßte, und ich würde ihn nicht grüßen als der, der ich bin, wenn ich mit diesem meinem Wissen hinter dem Berge halten wollte. Es wird freilich nur das ein Wort wirklichen Zeugnisses sein, was wirklich eine Kundgebung dieses Wissens ist."[50] Hier scheint das Zeugnis in der Weitergabe von Wissen zu bestehen und damit etwas Noetisches zu sein; etwas, wo es um Wissen und Verstehen geht, was in erster Linie den Logos anspricht. Erst das Wort von der Hilfe Gottes macht das Reden zum Nächsten zum Zeugnis. Barth verwendet verhältnismäßig viel Platz darauf, deutlich zu machen, dass alles andere aus der menschlichen Situation das Zeugnis nicht zum Zeugnis macht: die Schilderung von Not und Elend auf unserer Seite oder das, was

46 Vgl. KD I/2, 455f.

47 KD I/2, 456.

48 KD I/2, 488.

49 Vgl. ebd.

50 Ebd.

abseits dieses Wortes irgendwie im Sinn von Lebensklugheit hilfreich sein könnte.[51] Not teilen und lebenspraktisch beraten ist noch kein Zeugnis, so sehr das seinen Platz haben wird und haben darf. Auch das sind Formen von Wissen.[52] Es ist aber erst das Wissen darum, von woher mir Hilfe kommt, das ich an den anderen weitergeben soll und was diesen Akt der Nächstenliebe zum Zeugnis macht.[53] Wissen und Weitergabe von Wissen, das macht also die erste Form des Zeugnisses aus.

Aber auch hier geht Barth einen Schritt weiter: „Man wird sich dazu schließlich vor Augen zu halten haben: Wenn ich ein wirklicher Sünder bin und auch wirkliche Erfahrung von Gottes Hilfe habe, dann ist das eben wahr, und dann wird das auch in seiner schlichten Wahrheit *für sich selber reden*, als Hinweis auf die Hilfe *selbst die Kraft eines Zeichens haben*: genau so wie ein anderer mir rein faktisch durch seine Existenz zum Zeichen der Gnade Gottes werden kann.“[54] Sprechend für den anderen ist also nicht nur mein Wissen von der Hilfe Gottes, das ich sprachlich vermittle, sprechend für den anderen bin auch ich in meiner Existenz als Christin. Diese christliche Existenz wird mein Zeugnis zu einem *wirklichen*[55] Zeugnis machen oder sogar selbst Zeugnis sein davon, was ich inhaltlich-sprachlich-noetisch zu sagen habe – wenn es denn tatsächlich eine Wahrheit ist, die mein Leben trägt. Man wird es, sagt Barth „ganz abgesehen von meinen Worten merken“[56],

---

51 Vgl. KD I/2, 489–490.

52 Vgl. KD I/2, 490.

53 Vgl. ebd.

54 Ebd. Vom Original abweichende Hervorhebungen.

55 So formuliert Barth mehrfach – sonst ist es schlicht *kein* Zeugnis (vgl. z.B. KD I/2, 496). Er kann auch „wirkliches“ Zeugnis von „wirksamem“ Zeugnis unterscheiden (vgl. KD I/2, 499.501) – wirklich ist das Zeugnis und damit überhaupt ein Zeugnis, wenn es Zeichen ist für das, was meine Existenz trägt. Ob es wirksam ist, d.h. beim anderen auch als Zeugnis von Jesus Christus ankommt, ist eine andere Frage. Statt von „wirklichem“ und „wirksamem“ Zeugnis hier von „glaubwürdigem“ oder „unglaubwürdigem“ Zeugnis zu sprechen, bärge demgegenüber das Problem, dass das Urteil über das Zeugnis bei den Rezipierenden läge. In der kirchlichen Praxis könnte das zu einer Glaubwürdigkeitsfalle für die Kirche werden: Wenn wir nur glaubwürdig genug wirkten, könnten wir die Kirche retten, kämen die Menschen (wieder) zu uns. Es wäre eine Überlastung, die Kirche durch persönliche Authentizität retten zu wollen. Auf diese Problematik haben mich auf der Internationalen Karl-Barth-Tagung 2024 insbesondere Georg Plasger und Annette Kurschus hingewiesen, wofür ich herzlich danke. Für die *Wirksamkeit* des Zeugnisses gilt im Übrigen erst recht, dass sie nicht in meinen eigenen Händen liegt (vgl. KD I/2, 491.493f.).

56 KD I/2, 490, Hervorhebungen fallengelassen.

dass es so ist. Abgesehen von der noetischen Ebene gibt es also andere Kanäle, über die meine ganze Existenz wirklich Zeugnis für Christus wird.[57]

Ein solcher Kanal ist die praktische Hilfe, die die *zweite Form des Zeugnisses* darstellt: dem Nächsten Beistand leisten. Auch hier kann Barth nicht genug betonen, dass Mitleid, Hilfe und Beistand nicht ohne das Wortzeugnis zu stehen kommen können. Diese zweite Form des Zeugnisses neben dem reinen Wortzeugnis, das Tatzeugnis,[58] ist aber schon auch notwendig und möglich[59], sagt Barth. Denn: „wie könnte ich zu meinem Nächsten eben von Jesus Christus reden, ohne ihm diesen wirklichen und helfenden Bruder auch durch meine Stellungnahme zu der seelisch-leiblichen Erscheinung seiner Not zu bezeugen? Das Wort meines Zeugnisses wäre ja eine Lüge, wenn ich nicht in der Weise dazu stehen würde [...]. Ich würde ja dann mit meiner Existenz sozusagen hinter meinem Wort zurückbleiben."[60] Wenn ich glaube, was ich sage, wenn ich bejahe, was ich an Wissen kundzugeben habe, dann werde ich auch zu aller seelisch-leiblichen Not meines Nächsten *Stellung* beziehen, dann werde ich *Beistand* leisten, ich werde für etwas ein*stehen*. *Wofür* wir stehen, dafür stehen wir *ein*, könnte man sagen, wenn man das Spiel mit den Metaphern um Stand und Stehen weiterführen will. Zum Wort zu stehen, heißt auch Beistand zu leisten. Beispiele dafür sind dann „Helfen, Erleichtern, Trösten, Freude bringen, Fördern"[61]. Wiederum: weil mein Glaube, der um die Hilfe in Christus weiß, meine ganze Existenz betrifft, deswegen wird auch mein Zeugnis als Christenmensch auf allen Kanälen meines Menschseins ausgestrahlt, wenn meine Existenz tatsächlich davon durchprägt ist. Andernfalls wird das Wort, das ich als Wortzeugnis weitergebe, zur Lüge.[62] Mein Handeln straft dann meine Worte lügen. Als Christin Zeugin zu sein, das muss über alle Kanäle meiner Existenz laufen.[63]

57 Pfenninger erinnert an ähnlicher Stelle an den Charakter des Wortzeugnisses als eines narrativen Prozesses (anstelle der reinen Übermittlung einer propositionalen Wahrheit), vgl. Pfenninger, *Die Welt ist Gottes* (Anm. 4), 180f.

58 Barth spricht selbst von „Zeichengebung wie durch unser Wort so auch durch unsere Tat" (KD I/2, 495, Hervorhebungen fallengelassen). Vgl. auch gehäuft KD I/2, 495f.

59 Vgl. KD I/2, 494.

60 KD I/2, 493.

61 KD I/2, 495.

62 Vgl. KD I/2, 494.

63 Barth kann an anderer Stelle auch davon sprechen, dass das Leben des Christens zum Text werde, das von seinem Umfeld gelesen und verstanden werden könne, vgl. Pfenninger, *Die Welt ist Gottes* (Anm. 4), 181.

Besonders aussagekräftig für den hier verfolgten Zusammenhang ist aber die *dritte Form des Zeugnisses*: durch meine Haltung bewähren, was ich meinem Nächsten durch Wort und Tat zu sagen habe.[64] Wort und Tat sprechen für sich. Logos und Ethos des menschlichen Lebens bezeugen beide, was mein Leben rettet. Aber neben diesem geläufigen Dual vom Zeugnis durch Wort und Tat, wie er bis heute z.B. im Kontext von Diakonie immer wieder verwendet wird, stellt Barth diese interessante dritte Form des Zeugnisses. Was heißt das, durch meine Haltung bewähren? Unter Haltung im Unterschied zu Wort und Tat versteht Barth: „die Gesinnung und Stimmung, in der ich dem Nächsten gegenübertrete, das Bild, in welchem ich mich ihm, indem ich zu ihm rede und etwas für ihn tue, einpräge."[65] Neben Reden und Handeln „läuft […] etwas mit"[66], sagt Barth. Wenn es stimmig ist, wird dieses Etwas eine „ihn berührende und umgebende Atmosphäre"[67]. Hier kann Barth dann tatsächlich von vielem sprechen, wovon sonst eher die liberalen Theologen der Zeit sprechen: „Gesinnung", „Stimmung", „Atmosphäre". Das liegt daran, dass das Bezeugen der Kinder Gottes nur durch sie als *Personen* geschehen kann. Es ist ein personales Zeugnis. Die Haltung – die evangelische Haltung nennt Barth sie – wird den anderen merken lassen, dass ich selber dorthin blicke und höre, wohin zu blicken und zu hören meine Worte und Taten ihn einzuladen scheinen.[68] Keine evangelische, sondern eine heidnische Haltung ist es, wenn ich gleichgültig wirke oder so mit meinen eigenen Leiden und Freuden beschäftigt, dass für den Nächsten kein Platz bleibt;[69] oder wenn ich mich auf den anderen stürze, was erst einmal nach großer selbstloser Zuwendung aussieht, aber letztlich doch wieder den Respekt vor Gottes alleinigem Wirken übergeht und übergriffig wird.[70] Was hilft es, wenn ich so mit meiner Person etwas ganz anderes sage als mit meinem Wort und meiner Tat?, fragt Barth.[71] An der Haltung bewährt sich, was jemand sagt und tut. Es ist natürlich nichts Neues, was neben den Inhalt von Wort und Tat tritt, aber alle diese leiblich-zwischenleiblichen Phänomene sind der Ort, wo alles Reden und Tun zum wirklichen Zeugnis werden kann

64 Vgl. KD I/2, 495.
65 KD I/2, 496.
66 Ebd.
67 Ebd.
68 Vgl. ebd.
69 Vgl. ebd.
70 Vgl. KD I/2, 497.
71 Vgl. KD I/2, 496.

oder eben nicht. „Erlöster müßten mir die Erlösten aussehen!“[72], zitiert Barth einmal mehr Friedrich Nietzsche; erlöster müssten sie aussehen, damit er, Nietzsche, an Gott glauben könne. Das Wort braucht die Person im Ganzen, wenn es nicht zur Lüge werden soll. Deutlicher als bei der Frage des Wortes und der Tat, so Barth weiter, werden wir deswegen bei der Frage der Haltung daran erinnert, dass es bei unserem Leben als Kinder Gottes nicht um ein einzelnes Tun und Lassen gehen kann, „sondern eben wirklich unser ganzes Leben von uns gefordert ist. Deutlicher als dort werden wir hier […] daran erinnert, daß wir, die wir den Nächsten lieben sollen, dieselben sind, die Gott lieben sollen von ganzem Herzen, aus ganzer Seele, aus ganzer Vernunft und aus allen unseren Kräften.“[73]. Dass wir mit unserer ganzen Person, allen Kanälen des Menschlichen und Zwischenmenschlichen, Zeugen sein sollen, bringt Barth hier also mit dem Gebot der Gottesliebe zusammen. Natürlich macht Barth gleich klar: das Zeugnis von Jesus Christus lässt sich nicht auf die Begriffe Gesinnung, Stimmung, Atmosphäre, Persönlichkeit bringen.[74] Andererseits wurde auch bei Wort und Tat klar: Wirkliches Zeugnis sind sie nur, wenn sie mit der ganzen Existenz der Person übereinstimmen. Aber bei der Frage nach unserer Haltung wird in besonderer Weise „die umfassende Frage nach unserer *Existenz als solcher* angerührt.“[75] Christenmenschen sind die gleichen, in einer Existenz vor Gott und vor den Menschen, als Bürger der kommenden und der gegenwärtigen Welt, und deswegen sind sie als ganze Person gefordert. Genau deswegen findet Barth hierüber den Weg zur Anthropologie, zu so konstitutiv menschlichen Dingen wie Stimmungen, Emotionen und Ausstrahlung.

Damit hat Barth ausgedeutet, was am Anfang festgehalten wurde: Wir selbst werden in unserer ganzen Existenz zum Zeichen und Zeugnis. Dass es dabei auch um Haltungen, und bei den Haltungen um Stimmungen gehen kann, lässt sich im Rückblick aber auch schon im Aufsatz „Der Christ als Zeuge“ erkennen, der oben vorgestellt wurde. Dankbarkeit, Respekt oder Ehrfurcht und Hoffnung sind ja auch emotional gefärbte Haltungen. Ergänzend zu Logos und Ethos, die bei den ersten beiden Formen des Zeugnisses schon angesprochen wurden, ließe sich sagen: Hier tritt besonders augenscheinlich das *Pathos* des Menschen in Erscheinung; das, was er an Leidenschaften erlebt, was er an Emotionen empfindet und in Stimmungen über

72 KD I/2, 497.
73 KD I/2, 498.
74 Vgl. ebd.
75 Ebd.

ihn Besitz ergreift. Mit dem Dreiklang von Logos, Ethos und Pathos wird deutlich, dass der ganze Mensch vom Leben als Kind Gottes beansprucht ist. Es ist hier eben nicht so, dass wir gleichsam nur als Pfeile auf Christus hin durch die Welt laufen, jedenfalls nicht in einem reduzierten, in einem doketischen Sinn, der andere Bereiche unseres Menschseins ausblendet.[76] Vielmehr werden auch diese Anteile zu Hinweisen auf Christus – oder eben nicht.

Dem Pathos ist das Moment des Mitgerissenwerdens eigen. Das Pathos, das Passive, wird mit Emotionen, mit dem Er-Leiden von Leidenschaften in Zusammenhang gebracht, weil Emotionen die Macht haben können, Menschen gegen ihren Verstand und ihren Willen mitzureißen. Ein wenig spiegelt sich das auch in Barths Auslegung des „Du sollst" des Doppelgebots der Liebe. Denn „Du sollst" bedeutet im Hebräischen genauso gut „Du wirst".[77] Wir können es ja nicht lassen, sagt Barth, Gott zu suchen und zu bezeugen, dass er uns gefunden hat.[78] Die „große Leidenschaft", die Christen spezifisch empfinden, wird Barth später, in KD IV/4, also in den Fragmenten aus dem Nachlass zum christlichen Leben, mit „Eifer" bezeichnen, wiederum an das Alte Testament angelehnt.[79] Leidenschaften empfinden Christenmenschen wie alle anderen Menschen auch und sie sind geschöpflich zu würdigen – hier kommt Barth tatsächlich zu einer Art Emotionentheologie. Aber der Eifer für die Heiligung des Namens Gottes zeichnet die Kinder Gottes im Besonderen aus.[80]

Zur Tiefe der Emotionentheologie, die Barth hier im Ansatz grundlegt, gehört auch, dass er ein *skeptisches Moment* einbaut. Im Anschluss an das schon aufgeführte Zitat: „Wir werden [...] in unserer Existenz zum Zeichen und Zeugnis."[81] verweist Barth darauf, dass dieses Zum-Zeugnis-Werden an die Offenbarung rückgebunden bleibt. Es gibt „das frei ausbrechende Lob unseres Herzens, unserer Seele, unserer Vernunft, unserer Kraft"[82]. Aber

---

76 Vgl. dagegen Karl Barth, Der Christ als Zeuge, in: Beintker/Hüttenhoff/Zocher (Hg.), *Vorträge und kleinere Arbeiten 1934–1935* (Anm. 11), 380: „ganz und gar *Hinweis* ohne eigene Subsistenz".

77 Vgl. KD I/2, 420.423.

78 Vgl. KD I/2, 404.

79 Vgl. Karl Barth, *Das christliche Leben. Die kirchliche Dogmatik IV/4, Fragmente aus dem Nachlaß, Vorlesungen 1959–1961* (GA II), hg. von Hans-Anton Drewes/Eberhard Jüngel, Zürich 1976, 180 (Titel von §77).

80 Vgl. a.a.O., 181–183.

81 KD I/2, 456.

82 Ebd.

– und das ist jetzt der springende Punkt – auch Emotionen sind nicht der Macht der Sünde entzogen. „[A]uch der wunderbarste Drang, die unbedingteste Begeisterung und Erhebung, von der wir uns für getrieben halten möchten“[83], so gibt Barth zu bedenken, könnte „zu seltsamen und vielleicht aufsehenerregenden Eruptionen und Explosionen, zu allerlei wunderlichen Geräuschen und Rauchentwicklungen führen“[84], ohne dass diese zum Zeugnis für Christus werden. Durch die bildhafte Sprache bleibt offen, was genau Barth mit den wunderlichen Geräuschen und Rauchentwicklungen aus dem ‚Feuer‘ der Leidenschaften meint. Zu denken wäre an emotionsbegeisterte Formen von Frömmigkeit, die aktuell durchaus erfolgreich sind, aber die feine Linie zwischen religiöser Begeisterung und narzisstischer Selbstausbreitung nicht immer wahren. Jedenfalls, so Barth: „Was aus unseren Erlebnissen und Erfindungen [sic; evtl. zu lesen als ‚Empfindungen‘, L.T.] stammt, ist als solches gewiß nicht das Lob, das Gott angemessen und wohlgefällig ist.“[85] Emotionen, und grade auch religiös induzierte, können Blüten treiben, die dem Bezeugten nicht mehr angemessen sind, z.B. in religiösem Fanatismus. Dagegen betont Barth, dass das emotionale Zeugnis rückgebunden bleiben muss an das, was bezeugt wird, d.h. an die Offenbarung. Diese Rückbindung wird bewahrt im Gebotscharakter der Gottes- und Nächstenliebe: „Es muß [...] auch hier die Ordnung der Offenbarung Gottes selber, es muß sein Gebot aufgerichtet sein und in Ehren gehalten werden. Dieses Gebot ist nun eben das Gebot der Nächstenliebe.“[86] Das „Du sollst“ hält uns am Gebot Gottes fest und erlaubt damit nicht, dass unsere Emotionen uns irgendwohin mitreißen, wo wir uns von dem, was bezeugt werden soll, und vom Nächsten entfernen.

4. Bündelung: Zeugnis als noetischer und ethisch-politischer Begriff

Zeugnis ist also mit Emotionen und dem Pathos des Menschen verbunden. Zeugnis ist aber auch mit anderen Anteilen des Menschen verbunden, weil es eben die ganze Existenz der Christin in Anspruch nimmt. Dies soll nun mithilfe von Kategorien aus der aktuellen Forschung zu Zeugnis/*testimonial* gebündelt werden.

---

83 Ebd.

84 Ebd.

85 KD I/2, 457.

86 Ebd.

In seiner 2023 erschienenen Dissertation über die Bedeutung von Zeugenschaft heute hat Matthias Käser zwei Perspektiven auf Zeugnis generell unterschieden.[87] In der etablierten Forschungslage findet er zum einen eine *epistemische* Auffassung von Zeugnis. Zeugnis dient hier dazu, Erkenntnisse zu gewinnen. Paradigmatisch steht dafür die rechtliche Zugangsweise: Die Aussagen einer Zeugin vor Gericht sollen Erkenntnisse darüber liefern, was in der Vergangenheit an einem bestimmten Ereignis geschehen ist. Das Zeugnis dient hier als Beweismittel. Die Subjektivität des Zeugnisses ist hier eher eine Gefahr als eine Stärke. Besser wäre es manchmal, direkten Zugriff auf das Ereignis zu haben, z.B. durch eine mitlaufende Kamera am Tatort. Aber auch in der subjektiven Darstellung des Zeugen lassen sich Erkenntnisse gewinnen, die zu einem Urteil und ggf. zur Festsetzung eines Strafmaßes geeignet sind. Um die Subjektivität in Schach zu halten, wurde z.B. im antiken Rom die Zweizeugenregel – (hier tatsächlich nicht: die Zweizeuginnenregel) – aufgestellt: *unus testis, nullus testis*; ein Zeuge ist kein Zeuge, weil er eben nur eine unvollkommene, subjektive Darstellung der Ereignisse bietet. Es geht also beim juridischen Zeugnis um Informationsgewinnung. Diese Perspektive auf das Zeugnis findet Käser in der Rechtswissenschaft und forensischen Psychologie, aber auch in der philosophischen Erkenntnistheorie.

Ganz anders verhält es sich bei der *ethisch-politischen* Dimension. Zeugnis bedeutet hier, personal, ja persönlich für etwas einzustehen. Zeugen nur als „Aufnahmeapparate“[88] zu verstehen, geht in dieser Sichtweise an ihrer bedeutsamen Rolle und ihrer Verantwortung vorbei. Die Subjektivität ist hier grade die Stärke des Zeugnisses. Betroffene berichten davon, was ihnen widerfahren ist. Engagierte erinnern an die Opfer, z.B. indem sie die Namen der Getöteten laut aussprechen oder auf Plakaten hochhalten – *„say their names“*. Entstanden ist dieser Strang des Zeugnisverständnisses durch die Aufarbeitung der Shoah, so Käser.[89] Mit Blick auf traumatische Ereignisse, auf Gewalt und Unrecht, wird die ethisch-politische Perspektive auf Zeugnis besonders plausibel.

Auch in der Wissenschaft wird die Subjektivität von *testimonials* inzwischen wertgeschätzt. Die Geschichtswissenschaft z.B. arbeitet mit *Oral*

87 Vgl. im Folgenden Matthias Käser, *Für das Sagbare. Ein Plädoyer für das Ethos des Erzählens im Angesicht von Gewalt und Unrecht*, Bielefeld 2023, Open Access unter https://www.transcript-verlag.de/author/kaeser-matthias-320032385/, 27–32.

88 A.a.O., 28.

89 Vgl. ebd.

History, die nicht einfach die schriftlichen Quellen nur um Informationen aus mündlichen Berichten ergänzt, sondern die die subjektive Beteiligung, wie sie durch Tonfall, Gestik, Mimik, insgesamt Körperlichkeit und auch Schweigepausen ausgedrückt wird, ernstnimmt und wertschätzt.[90]

Natürlich steht aber auch die Geschichtswissenschaft noch unter der Ägide der Erkenntnisgewinnung. Neben der historischen und auch rechtlichen Aufarbeitung entstehen aber auch Erinnerungsorte, in denen Augenzeuginnen audio-visuell davon Zeugnis geben, was sie erlebt haben. Käser nennt hier das *Video Archive for Holocaust Testimonies* in Yale und das *Visual History Archive* der *Shoah Foundation* im Internet.[91] Solche Erinnerungsorte bestehen aus ethisch-politischen Gründen und würdigen das Zeugnis der Betroffenen als solches. Es bleibt, wenn die Versuche, Erkenntnis zu gewinnen und zu verstehen, an ihre Grenzen kommen. Deswegen findet diese Perspektive etwa bei poststrukturalistischen Philosophen wie Lyotard, Derrida und Agamben Widerhall.[92]

Für Käser handelt es sich bei diesen beiden Perspektiven – der epistemischen und der ethisch-politischen – allerdings um eine nur „vermeintliche Alternative in der etablierten Forschungslage"[93]. Eigentlich gehörten doch beide Dimensionen, die epistemische und die ethisch-politische zusammen. Eine überzeugende Synthese findet er bei Sibylle Schmidt, nach der das Zeugnis Erkenntnis und Anerkennung zugleich enthält.[94]

Der Ansatz von Sibylle Schmidt soll an dieser Stelle nicht ausgeführt werden. Interessant für den vorliegenden Kontext ist, dass Käser beide Perspektiven auf das Zeugnis in der Denkwelt des Alten Testaments noch zusammengehalten sieht, wie er an einer rabbinischen Predigt zu Jes 43,10–12 zeigt. Dort wird ineinander verflochten von einem Sehen (raah) und einem Erkennen (jada) dessen, dass Gott der Herr ist, gesprochen.[95]

Mithilfe dieser beiden Perspektiven auf das Zeugnis kann das bisher zu Barth Gesagte zusammengefasst und deutlicher konturiert werden.

Dass unter den verschiedenen Formen von Zeugnis die erste Dimension nach Käser, also die *epistemologische oder noetische*, eine große Rolle

90 Vgl. a.a.O., 28f.

91 Vgl. a.a.O., 29.

92 Vgl. a.a.O., 31.

93 A.a.O., 27.

94 Vgl. a.a.O., 31.

95 Vgl. a.a.O., 21.

bei Barth spielt, ist deutlich geworden.[96] Besonders klar kam das bei der ersten Form, dem Wortzeugnis, zum Tragen. Aber auch da fügt Barth schon direkt an, dass es Wissen *ohne* Personalität in seinem Zeugnisbegriff nicht gibt. Was ich sage, wird wirkliches Zeugnis darin, dass das Gesagte meine ganze Existenz trägt.

Gerade zuletzt ist dieser Aspekt noch deutlicher geworden, nämlich dass Barth die subjektiven Anteile schätzt, also den Ausdruck, den das eigene Beteiligtsein findet, z.B. Gestik, Mimik, Ausstrahlung usw. Das entspricht der *ethisch-politischen* Dimension des Zeugnisses. Bei Käser meint zwar „ethisch-politisch" etwas anderes als bei Barth: Käser meint den ethischen Wert dessen, an Gewalt und Unrecht zu erinnern und an den Grenzen des Verstehbaren zu erzählen. Bei Barth in §18 wäre die ethische Dimension z.B. eher in der zweiten Form des Zeugnisses, also in großen und kleinen Taten der Nächstenliebe, zu finden. Dass aber das Bezeugen selbst ethischen Wert hat, welche Formen es auch findet, und das Ethos des Menschen angeht, daran besteht in beiden Fällen kein Zweifel. Letztlich geht es bei Käser bei der Unterscheidung von noetischem und ethisch-politischem Zeugnis ja um die Frage: Ist Beteiligtsein etwas Schätzenswertes am Zeugnis oder nicht? Ist Beteiligtsein etwas, was die Übermittlung des zu Bezeugenden gefährdet oder befördert? Ist Humanität damit etwas, was für oder gegen das Zeugnis steht? Im Sinn der ganzen Existenz, die vom Doppelgebot der Liebe in Anspruch genommen ist, gehört dieses personale Beteiligtsein auch bei Barth in §18 schlicht dazu. Das kam besonders bei der dritten Form des Zeugnisses zum Vorschein, bei dem es darum ging, Worte und Taten durch Haltung zu bewähren. Barth hat dabei durchaus einen Blick für die Ambivalenz der Subjektivität, was bezüglich der Emotionen näher verfolgt wurde; dieser Ambivalenz kann aber begegnet werden, nämlich durch die Rückbindung an das Gebot und damit die Offenbarung.

Barth hält hier also beide Perspektiven auf das Zeugnis zusammen – vielleicht, so wie Käser das an anderer Stelle beobachtet, weil auch Barth vom Alten Testament herkommt, nämlich vom Doppelgebot der Liebe mit seinem Anspruch auf den ganzen Menschen her.

An dieser Stelle kann nun auch die *Prozess-Metapher* miteinbezogen werden, von der ganz zu Anfang hinsichtlich des Aufsatzes „Der Christ als Zeu-

96 Vgl. auch Pfenninger, *Die Welt ist Gottes* (Anm. 4), 177: Es sei richtig, „dass der Zeugnisbegriff primär noetisch funktioniert". Allerdings sei der *Empfang* des Zeugnisses kein rein noetischer Prozess (vgl. a.a.O., 178).

ge“ die Rede war. Die Zeugenschaft vor Gericht steht bei Käser als Paradigma par excellence für die *noetische* Perspektive auf das Zeugnis. Das ist bei Barth zwar auch so. Aber zugleich wird die Metapher doch in bestimmter Weise verwendet: Es sind nämlich keine neutralen Zeugen. Es sind Zeuginnen der Anklage oder der Verteidigung: Gott ruft Zeuginnen auf im Prozess, den er gegen die Welt führt, es sind also Zeuginnen der Verteidigung Gottes gegenüber der Welt oder Zeuginnen der Anklage gegen die Welt. *Zeugenschaft ist Position.* Oder wie Barth in KD IV/3 sagen wird, wo ein großer Komplex zur Zeugenschaft vorliegt: ein Zeuge ist kein Reporter und kein Zuschauer.[97] Er ist mit seiner Person, seiner Existenz involviert in die Zeugenschaft. Es ist nicht so, dass ein Zeuge aufgerufen wird, seine Informationen darlegt, und dann können Anklage, Verteidigung und Gericht damit tun, was sie wollen – ohne dass es dem Zeugen ein Anliegen wäre, wie es ausgeht. Vielmehr gebe ich Zeugnis ab, wo ich dazu aufgerufen bin, aber positionell; ich stehe damit ein für das, was ich zu bezeugen habe – ganz im Sinn der ethisch-politischen Perspektive bei Käser. Ob wie bei Käser Unrecht erinnert oder wie bei Barth Gottes Recht aufgerichtet werden soll – es ist ein politisch-ethischer Akt, bezeugend für etwas einzustehen, was die Welt allzu gern verdrängen will. Die politische Dimension des Zeugnisses der Kinder Gottes wird freilich im Lauf der Zeit bei Barth noch an Relevanz gewinnen und weiter ausgebaut werden.

5. Ergebnis

Eingangs wurde die Frage gestellt, wie Barth die christliche Existenz so konturiert, dass Zeugenschaft möglich, nötig und sinnvoll wird, und wie dieses Verständnis die Darstellung des christlichen Lebens prägt. Insbesondere sollte das Augenmerk auf die Frage gelegt werden: Gelingt es Barth in diesem frühen Text der KD, der Gefahr der Reduktion des christlichen Lebens auf ein Zeugnis zu entgehen, das in einer reinen Informationsvermittlung besteht?

Die Antwort kann nun in folgenden Thesen gegeben werden:

1. Die Situation, in der Christinnen stehen, in der aber auch die ganze Welt steht, macht Zeugnis nötig, möglich und sinnvoll: Sie leben in einer doppelten Existenz zwischen ‚Schon‘ und ‚Noch nicht‘, sie zeugen vom ‚Schon‘ in der Welt des ‚Noch nicht‘.

97 Vgl. KD IV/3, 661.

2. Das christliche Leben als Zeugnis zu verstehen, macht differenzsensibel, nicht nur gegenüber Gott, sondern auch gegenüber dem Nächsten.

3. Christenmenschen als Zeugen sind nicht reduziert auf eine Funktion, noch dazu auf eine rein noetische: Als Kind Gottes von Christus zu zeugen, nimmt meine ganze Existenz in Anspruch, einschließlich meiner Emotionalität und zwischenleiblicher Schwingungen mit meinen Mitmenschen. Die Ganzheitlichkeit im Menschenbild bewahrt sich Barth vom Alten Testament her. Auch der Zeugnisbegriff selbst ist zwar *auch*, aber nicht *nur* ein noetischer Begriff, sondern das Zeugnis hat – auch dort, wo das Zeugnis wortförmig ist, z.B. in *testimonials* von Zeitzeugen – eine zutiefst menschliche, mitmenschliche, eine ethische und politische Dimension. Nicht, dass Barth Zeugnis auch ethisch und politisch meint – das lässt sich leicht denken mit Blick auf Barths eigene Kontexte –, sondern dass er die Subjektivität wertschätzt, und zwar bis hin in leiblich-affektive Phänomene hinein, das ist das Bemerkenswerte an diesem Text.

6. Aktuelle Relevanz

Die Relevanz der hier behandelten Thematik für das Verständnis von Barths Theologie im Ganzen, für weitere Forschungszusammenhänge und aktuelle gesellschaftliche Entwicklungen soll nun abschließend kurz aufgezeigt werden.

6.1 Barth-Forschung: Eine Tugendethik christlichen Lebens?

Ob Zeugnis in erster Linie noetisch funktioniert oder noch mehr Dimensionen der menschlichen Existenz umfasst, ist auch für die Barth-Forschung im Ganzen relevant. Für Stanley Hauerwas' Interpretation ist der Zentralbegriff Zeugnis (*witness*) bei Barth weniger eine propositionale Mitteilung, sondern vielmehr „eine Art von Leben"[98]. Es gehe in der Kirchlichen Dogmatik von Anfang bis Ende nicht nur um eine Transformation der Rede, sondern um die Transformation des Redenden selbst.[99] Hauerwas gehört damit in eine US-amerikanische Linie, die die Kirchliche Dogmatik vor allem als ethisches

98 Cornelis van der Kooi, VI. Am Ende des 20. Jahrhunderts, in: Beintker (Hg.), *Karl Barth Handbuch* (Anm. 2), 457–463, 463

99 Vgl. a.a.O., 463; Stanley Hauerwas, *With the Grain of the Universe. The Church's Witness and Natural Theology*, Grand Rapids/Michigan 2001, 176.

Werk liest.[100] Vom hier behandelten Text aus gesehen ist daran richtig, dass das Zeugnis des christlichen Lebens nicht reduktionistisch noetisch aufgefasst werden darf, wie oben deutlich wurde. Fraglich ist allerdings, ob sich darauf eine Art Tugendethik aufbauen lässt. Dafür wären im Sinne einer weitergehenden Untersuchung von §18 in KD I/2 vor allem folgende Beobachtungen relevant:

1. Abgrenzung zum Habitusbegriff

Barth grenzt sich an einer Stelle explizit von der Vorstellung eines *Habitus* ab.[101] Er bedauert, dass spätere Calvinisten (genannt wird Polanus) in Bezug auf die Liebe im christlichen Leben von einem Habitus aus dem Heiligen Geist sprächen („habitus a Spiritu sancto infusus"), weil man damit der „unbiblischen Vorstellung einer übernatürlichen Qualifizierung des gläubigen Menschen und damit einer Bedrohung der Erkenntnis von der Freiheit der Gnade auch dem gläubigen Menschen gegenüber zu nahe kam."[102] Es sei eine Verheißung, dass wir lieben können und lieben werden, *keine übernatürliche Qualität* oder ein Habitus.[103]

2. Abgrenzung zu stoischer Humanität

In ähnlicher Weise grenzt Barth sich dezidiert von einem stoischen Humanitätsgedanken ab. Der christliche Humanitätsgedanke nämlich schreibe dem Menschen im Unterschied dazu keine „durch Belehrung und Erziehung *zu entwickelnde sog. Anlage oder Befähigung*"[104] zu, sondern meine eine „Bestimmung"[105]. Es gehe nicht um *Natur* oder *Erziehung*, sondern um Begegnung mit dem anderen (hier: den „Heiden") in einer „ruhige[n] und fröhliche[n] Hoffnung, daß er mein Nächster sein wird"[106] Es sind also *Zukunftskategorien* – Hoffnung, Verheißung, an anderer Stelle auch Erwar-

100 Vgl. ebd. mit Nennung von John Webster und Nigel Biggar.

101 Es handelt sich um den Petit-Text auf S. 440 (KD I/2).

102 KD I/2, 440. Auch auf S. 454 wird nochmals von einer Verheißung des „Du wirst" gesprochen.

103 Vgl. KD I/2, 440.

104 KD I/2, 467, Hervorhebungen L.T.

105 Ebd., erneut so auf KD I/2, 468.

106 KD I/2, 467.

tung[107] und Zukunft[108] –, die Barth mit der Haltung in der christlichen Existenz verbindet.

3. Entwickelbarkeit

In Bezug auf die Haltung, also die dritte Form des christlichen Zeugnisses, kann Barth allerdings davon sprechen, dass Christen „sehr wohl etwas tun“[109] könnten, also an ihrer inneren und äußeren Haltung arbeiten könnten. Damit scheint *selbst angestoßene Entwickelbarkeit* und die Möglichkeit *kontinuierlichen Wachstums* in der christlichen Haltung impliziert zu sein. Anstatt das nun aber näher auszuführen, weist Barth sofort darauf hin, dass Christen hier noch mehr als bei anderen Aspekten des christlichen Lebens auf die Voraussetzungen in Gott zurückgeworfen seien:

> „Gibt es auch in diesem dritten Bereich Möglichkeit, Freiheit, Entscheidung, können wir nicht leugnen, daß wir unsere Haltung so gut wie unsere Worte und Taten zum Gegenstand unserer Besinnung machen, daß wir uns auch hinsichtlich unserer Haltung etwas sagen lassen, daß wir auch unsere Haltung *wissentlich und willentlich verändern*, korrigieren können, so blicken wir doch von hier aus aus größerer Nähe von dem ganzen Bereich unseres Tuns hinüber und zurück auf dessen *Voraussetzung in unserem Sein vor Gott*.“[110]

4. Wagnis und Wunder

Da Wirklichkeit und Wirksamkeit des Zeugnisses nicht in der Macht der Christen stehen, bleibe das Zeugnis ein *Wagnis*. Christen gehen dieses Wagnis ein und nehmen „einfach jedes Risiko“[111] auf sich, weil es ihnen geboten ist – und weil eine Verheißung darauf liegt. Es ist ein *Wunder*, wenn das Zeugnis wirklich und wirksam wird.[112] Deswegen kann die Wirklichkeit und Wirksamkeit des Zeugnisses auch Gegenstand des *Gebets* sein: Das Gebet ist

107 Vgl. KD I/2, 468.471.

108 Vgl. KD I/2, 475: „lieben heißt hier, im Sinn dieses zweiten Gebotes: hineingehen in die uns von Gott in und mit der Existenz des Nächsten gesetzte Zukunft.“

109 KD I/2, 499.

110 KD I/2, 498, Hervorhebungen L.T.

111 KD I/2, 501.

112 Vgl. KD I/2, 499.502.

dasjenige, was noch getan werden kann, damit Gott alles tut, was bei meinem eigenen Zeugnis nicht wirklich oder wirksam war.[113]

6.2 Theologie der Emotionen

In der Systematischen Theologie hat sich der „emotional turn", die neue Zuwendung und Wertschätzung von Gefühlen, Emotionen oder Leidenschaften bemerkbar gemacht.[114] Die oben aufgeführten Beobachtungen zur dritten Zeugnisform könnten hiermit ins Gespräch gebracht werden. Wie oben aufgezeigt, finden sich sowohl wertschätzende Äußerungen Barths zur Bedeutsamkeit von Emotionen im christlichen Leben als auch skeptische Momente, die Emotion an Schrift und Offenbarung rückbinden. Dies wäre auch mit dem Distanzierungsmoment im Begriff des Zeugnisses (s.o. zur Nächstenliebe) ins Verhältnis zu setzen.

6.3 Aktuelle gesellschaftliche Relevanzhorizonte

Im Sinn eines Ausblicks sollen zwei heutige gesellschaftliche Relevanzhorizonte benannt werden:

1. *Künstliche Intelligenz:* Die fortlaufend entwickelte ‚Künstliche Intelligenz' nähert sich zunehmend der Möglichkeit an, nicht nur die Rationalität des Menschen, sondern auch Emotionen abzubilden und nachzuahmen. Die Frage nach differentia specifica des Menschen in diesem Kontext könnte auch darin liegen, dass Menschen etwas bezeugen können, Maschinen aber nicht. Zeugesein ist personal.

2. Die Relevanz personalen Zeugnisses in einer Zeit der *Institutionenkrise*: Dass Zeugesein personal ist, ist heute auch deswegen relevant, weil wir nach einer gängigen Gegenwartsdiagnose in einer Gesellschaft leben, in der

---

113 Vgl. KD I/2, 504.

114 Vgl. exemplarisch Ingolf U. Dalferth, *Selbstlose Leidenschaften. Christlicher Glaube und menschliche Passionen*, Tübingen 2013; Roderich Barth/Christopher Zarnow, (Hg.), *Theologie der Gefühle*, Berlin 2015; Christoph Ammann, *Emotionen – Seismographen der Bedeutung. Ihre Relevanz für eine christliche Ethik (FSy 26)*, Stuttgart 2007; Klaas Huizing, *Scham und Ehre. Eine theologische Ethik*, Gütersloh 2016; Annette Haußmann/Niklas Schleicher/Peter Schüz (Hg.), *Die Entdeckung der inneren Welt. Religion und Psychologie in theologischer Perspektive* (PThGG 36), Tübingen 2021.

es wieder mehr auf die Personen ankommt. Die Institutionen tragen nicht mehr die Personen, sondern die Personen müssen hervortreten, um die Institutionen, etwa die der Demokratie, zu retten, wie es scheint. Was in der Theologie Barths auf dieses Phänomen hin Resonanz entfaltet, könnte der vorliegende §18 sein, der zwar *nicht nur* vom einzelnen Christenmenschen, aber doch *auch* von ihm spricht, und für das Einstehen der Personen die Vorstellung der Zeugenschaft entwickelt.

Ralph Kunz

„… und Gott die Ehre geben"

Gottesdienst als Lebensform

1. Ehre, wem Ehre gebührt

1.1 Idol und Idolatrie

Jemanden zu ehren, ist eine eigene Art des Glücks – vielleicht sogar intensiver, als das Glück, selbst geehrt zu werden. Von dieser Freude können Christen mehr als nur ein Lied singen – vielleicht sogar mit einem Psalm, der alle Welt einlädt, vor Gottes Angesicht mit Frohlocken zu kommen? Der Gedanke, dass die ganze Schöpfung geschaffen ist, um Gott zu loben (Ps 100,1f.; Ps 150; Röm 8,19; Offb 19,4), ist ein *cantus firmus* und *Finale* in der Bibel, der sich auch in den Bekenntnissen der Kirche findet. In der Antwort auf die erste Frage nach dem Hauptziel menschlicher Existenz, heißt es im Westminster Shorter Catechism: „The chief end of man is to glorify God and enjoy him forever."[1]

Wie dem auch sei, in der Gegenwartsgesellschaft bekommt anderes mehr Aufmerksamkeit als der Gottesdienst, z.B. der Hype um den Superstar Taylor Swift. Es gibt Fangemeinden, die regelrecht in Ekstase geraten, wenn sie ihrem Idol frönen. Tatsächlich hat der Kult der „Swifties" quasireligiöse Züge. Ein Journalist kommt zu dem Schluss, dass ihr Charisma daher rühre, dass sie trotz all des Glitzers als Mensch erkennbar bleibe, andere rätseln über den Glanz, der über ihr schwebt.[2]

---

1 Vgl. Westminster Assembly, *The Westminster Shorter Catechism with Scripture Proofs*, Edinburgh 2001, Question 1.

2 Nadine A. Brügger und Janique Weder meinen in ihrer Recherche: „Taylor Swift ist nicht nur eine Sängerin, sie ist die Anführerin einer Religion. Ihre Anhängerinnen sind ihr treu ergeben. Ein Besuch im Gottesdienst, im Herzen der Fangemeinde". Siehe: https://www.nzz.ch/feuilleton/swifties-wie-funktionieren-die-fans-von-taylor-swift-ld.1830398 (Zugang 25.06.2025).

In diesen Beitrag geht es, den Spuren Karl Barths folgend, um das Gotteslob, darum also, was es heißt, *Gott die Ehre zu geben* – im Blick auf den, der trotz seiner Knechtsgestalt als Herr erkennbar bleibt. Das Kurzbekenntnis verweist allerdings nicht direkt auf den Gottesdienst, sondern bildet das doxologische Anhängsel der bekannten Formel in Karl Barths Vortrag zum Wort Gottes als Aufgabe der Theologie:

> „Wir sollen als Theologen von Gott reden. Wir sind aber Menschen und können als solche nicht von Gott reden. Wir sollen Beides, unser Sollen und unser Nicht-Können wissen und eben damit Gott die Ehre geben.“[3]

Im Pathos der Rede, die ihre Autorität, von Gott zu reden, selbst beschneidet, hören wir auch das fromme Verlangen, sich vor Gott zu verneigen. Der Theologe, der sich selbst den Ruhm versagt, das Wort Gottes zu sprechen, verspricht, Gott diese Ehre zu lassen! Offensichtlich löscht die selbst auferlegte metaphysische Abstinenz, die weiß, dass nur Gott *von Gott* reden kann, den Wunsch, *zu Gott* zu reden, nicht aus. Ihm sollen wir Ehre *geben*. Aber können wir es auch? Stolpern wir beim Versuch, doxologisch zu reden, nicht unweigerlich ins selbe Paradox?

Die Spannung, die dadurch entsteht, hat Barth beschäftigt. Sie provoziert und produziert Theologie und lässt fragen, wie die kritische Weisheit, die weiß, dass sie Gott *nicht* erkennen kann, zur *Anerkennung* des Schöpfers kommt. Anders gewendet: Wie kommt das Geschöpf, das dem Schöpfer bei aller Ähnlichkeit immer unähnlich bleibt, auf die Idee, es *könne* doch Gott ehren?[4] Und inwiefern *spiegelt* sich im *Wunsch*, an Gott zu glauben, ihm zu gehorchen und ihn anzubeten, dann doch etwas zutiefst Menschliches und Existenzielles? Mit der letzten Frage nähern wir uns dem, was Schleiermacher in den religiösen Reden so wortgewaltig als Religion beschrieben hat: dieses Gefühl des Erhabenen, diesen Sog des Numinosen, diese Lust, die zugleich Scheu vor dem Mysterium kennt, die *in uns* darauf wartet, aus uns herauszubrechen. Ist das nicht eben jenes innerste Ausatmen, das wir religiös oder mystisch

---

3 Vgl. Karl Barth, Das Wort Gottes als Aufgabe der Theologie, in: ders., *Vorträge und kleinere Arbeiten 1922–1925* (GA III), hg. von Holger Finze, Zürich 1990, 144–175.

4 Die immer größere Unähnlichkeit von Schöpfer und Geschöpf dürfte ursprünglich eine Anbetung des Geheimnisses, also eine kleine Doxologie gewesen sein und ist eine Formel des Vierten Konzil im Lateran (1215), cap. 2 (DH 806): „inter creatorem et creaturam non potest tanta similitudo notari, quia inter eos maior sit dissimilitudo notanda.“ Zur Vermittlung von Analogie und Doxologie als Ursprung und Ziel aller theologischen Aussagen vgl. Joachim Drumm, *Doxologie und Dogma*, Paderborn u.a. 1991, 283–325.

nennen? Universal und individuell zugleich? Auch Barth kann wortgewaltig von der inneren Beteiligung des Subjekts reden…[5]

1.2 Aversionen gegen den Liturgismus

Dass Barth in dieser frühen Phase seines theologischen Weges mehr Energie aufwendet, nicht (wieder) auf die religiöse Bahn zu geraten, liegt auf der Hand. Die *Vehemenz* der Rhetorik, mit der die Gefahr der religiösen Idolatrie gebannt werden soll, hat auch typisch reformierte Züge. Die Reformierten waren seit jeher misstrauisch gegenüber den Verzückten und Verklärten, die die Schönheit des Gottesdienstes zu sehr betonen und sich sozusagen ins Lob verlieben. Etwas von dieser reformierten Nüchternheit kommt in einem Rundbrief vom 26. Februar 1922 zum Ausdruck. Barth berichtete darin seinen Freunden, wie er in Marburg bei einem „Michelchen-Kult" als Gast bei Bultmann „wohl oder übel" mitmachte und dabei, „gänzlich ohne Kontakt mit dem Numinosum schweigend anbeten resp. befremdet dasitzen mußte". Über seine Lektüre von Friedrich Heilers Wälzer zum Gebet schrieb er: „Man sehnt sich nach irgendeinem kräftigen Atheismus, wenn man von diesem Buch kommt."[6]

Barths Aversion gegen den zeitgenössischen liturgischen Aufbruch ist historisch interessant, aber führt theologisch in eine Sackgasse. Mit anderen Worten: Die Gefahr der Idolatrie ist noch nicht gebannt und das Glücksversprechen der Doxologie noch nicht erkannt, wenn man das numinose Erlebnis verdammt und das Eigentliche zur Wortsache erklärt. Ob man auf die eine oder die andere Seite kippt, spielt keine Rolle – das Gotteslob hätte man allemal verpasst. Barths gängige Metapher für die Dialektik der theologischen Existenz passt dazu: Es ist wie der *Gang* auf einem Felsengrat: Man kann zur Rechten oder zur Linken in den Abgrund stürzen, zu viel und zu wenig sagen vom kirchlichen Gottesdienst; es ist ein Grat, auf dem man nur gehen und nicht stehen kann.

Dass wir *so* theologisieren, *lässt* Gott die Ehre. Aber *gibt* sie ihm die Ehre? Mich interessiert der Weg von der *Paradoxologie* zur *Doxologie*, die weder mit der Ablehnung des Kults noch mit der Anlehnung an ihn theologisch

5 Karl Barth, *Einführung in die Evangelische Theologie*, Zürich 2017, 83–93.

6 Zitiert aus: Friedemann Merkel, Karl Barth und der kirchliche Gottesdienst, in: *Jahrbuch für Liturgik und Hymnologie* 30 (1986), 30–42, 30.

hinreichend bestimmt ist.[7] Die Wort-Gottes-Theologie hat mit der Kritik des sakralen Verhaltens noch nicht ausgeredet. Sie *schaut*, wenn sie sich dem Gotteslob widmet, Christus ins Gesicht und sieht ihn, der bei allem kirchlichen Glitzer und Glanz als Mensch erkennbar bleibt, und somit den wahrhaftigen Anbeter. Wäre Gott ein *Idol*, könnten wir zwar von ihm reden, aber redeten von einem Götzen, der ein Spiegel unserer Wünsche und Projektion unserer Ängste ist.[8] Der lebendige Gott, Schöpfer des Himmels und Erde, ist ein *Ikon*, das uns anschaut, Stimme, die zu uns spricht.[9] Gottes Herrlichkeit schauen wir „nur" im Spiegel des Angesichts Christi. (2 Kor 3,18; Jud 1,24f.).

Es geht um eine Theologie, die das Eigengewicht des liturgischen Spiels zu würdigen weiß, ohne in einen Liturgismus zu fallen. Ich konzentriere mich in einen ersten Anlauf auf die Frage, wer der *Mensch ist*, der Gott ehrt und weiß, was er soll, und frage in einem zweiten Anlauf danach, was der *Mensch wird*, der weiß, dass Gott loben sein Amt ist.

---

7 Was ich an dieser Stelle nicht vertiefen kann, aber wenigstens anmerken will, ist der Zusammenhang von Ehre und Klage, wie ihn Matthias Wüthrich, Klage und Ehre. Zur Verdrängung der Klage und ihrer Bedeutung für spätmoderne Formen der Ehre, in: *Jahrbuch für Biblische Theologie* 32 (2017), 221–249 entfaltet. Die Zusammenfassung seiner Untersuchung (239): „Unsere Darlegung macht deutlich, dass sich auf dem Boden alttestamentlich-jüdischer Überlieferungen, zu denen u.a. auch die Klagegebete gehören, neutestamentlich an der Person Jesu eine sehr eigentümliche, christologische Präzisierung der Vorstellung der Ehre Gottes herausgebildet hat. Im Blick auf ihre ausserordentliche Logik könnte man von einer paradoxen Ehre sprechen. ‚Para – dox' ist diese Ehre deshalb, weil sie alle herkömmlichen Evaluationsmassstäbe unterläuft und quer zu den gängigen Konzepten von der δόξα steht: Sie steht quer sowohl im Blick auf die gängigen Vorstellungen von der Ehre Gottes, denn dieser Gott identifiziert sich mit dem Ehrlosen schlechthin. Sie steht aber auch und zuerst quer im Blick auf alle zwischenmenschlichen Ehrenkodizes, nach deren Evaluationsmassstab es sich bei der δόξα Christi um nichts als Torheit und Skandal handelt."

8 Es gibt auch die als Wissenschaft, Kunst, Politik, Technik, Sport oder Mode verkleidete Religion und damit den unter aller zur Schau getragenen Säkularität verborgenen, aber umso rüstiger vollzogenen Griff nach Gott.

9 Jan-Luc Marion, *ONE. The Idol and the Icon. God Without Being*, Chicago 2012, 7–24.

2. Gottesdienst als Lebensform

2.1 Warum ist die Ethik gefragt?

Theoretisch wäre beim Stichwort „Gottesdienst" die *Liturgik* als Teildisziplin der Praktischen Theologie aufgerufen, die sich empirisch, ästhetisch, historisch und hermeneutisch mit dem Verstehen und der Gestaltung von Liturgien sowie den dazugehörigen Texten, Zeremonien und Gegenständen befasst. Mit der Formel „Gottesdienst als Lebensform" wird jedoch etwas Größeres und Grundsätzlicheres in den Blick genommen, das in der *Ethik* verhandelt werden muss: die Behauptung, dass der Mensch als „*homo liturgicus*" gottesdienstlich geformt und sogar dafür geschaffen ist, Gott die Ehre zu geben.[10]

Die Begriffskombination „Gottesdienst als Lebensform" begegnet bei Bernd Wannenwetsch.[11] Er bestimmt Gottesdienst als christliche Existenz und entfaltet ihn ethisch, d. h. er versteht Gottesdienst nicht kultisch, sondern als Lebensform, wie Paulus es in Röm 12,1ff. beschreibt. Gottesdienst als Lebensform bedeutet, dass er sich nicht von Allgemeinbegriffen wie „Kult", „Fest", „Spiel", „Therapie" etc. her erschließt, sondern dass diese Begriffe umgekehrt erst durch den Gottesdienst verständlich werden. Als Lebensform verstanden ist der Gottesdienst ein formatives Regulativ und bedeutet „Regiert-Werden" durch den Geist. Wannenwetsch bezeichnet diese umfassende Dimension in Anlehnung an Barths Gifford Lectures zum Schottischen Bekenntnis als „politischen Gottesdienst". Damit ist eine dritte Ebene gemeint, die sich von der ersten Ebene, dem Gottesdienst des christlichen Lebens, und der zweiten Ebene, dem kirchlichen Gottesdienst im engeren Sinn, unterscheidet. Mit der Polis ist der Raum der Welt gemeint, der der Herrschaft Christi noch fremd gegenübersteht.[12] Die Unterscheidung der drei Ebenen ist hilfreich, um die verschiedenen Aktivitäten und Praktiken christlicher Existenz ei-

---

10 Jamie Smith, *Desiring the Kingdom: Worship, Worldview, and Cultural Formation*, Ada (MI) 2009.

11 Bernd Wannenwetsch, *Gottesdienst als Lebensform*, Stuttgart/Berlin/Köln 1997.

12 Karl Barth, *Gotteserkenntnis und Gottesdienst nach reformatorischer Lehre. 20 Vorlesungen über das Schottische Bekenntnis von 1560, gehalten an der Univ. Aberdeen im Frühjahr 1937 und 1938*, Zollikon 1938, 203: „Die reformierte Lehre kennt nicht nur den Gottesdienst des christlichen Lebens und nicht nur den kirchlichen Gottesdienst in dem engeren Sinn des Begriffs […]; sie kennt auf einer dritten Ebene der Betrachtung und der Wirklichkeit auch einen politischen Gottesdienst."

nander zuordnen zu können und nach der Eigenart des Ehrens zu fragen. In §18 der KD heißt es, ich diene und lobe Gott, indem ich „meinem Nächsten von der Liebe, mit der Gott in Jesus Christus mich und ihn geliebt hat, Zeugnis gebe. Den Nächsten lieben heißt also schlicht und einfach: dem Nächsten ein Zeuge Jesu Christi werden“[13]. Das Leben des Christen im Alltag ist „ein erweiterter und transformierter Gottesdienst“[14], der sich in der politischen Ordnung der Welt konkretisiert, einer Welt, die nicht gottlos, sondern in „Gottes heiliger Anordnung“ begründet ist. Sie ist „noch nicht die Ordnung des Glaubens und der Liebe, aber, gleichsam als deren vorauslaufender Schatten, eine Ordnung des äußerlichen Rechtes, des äußerlichen Friedens, der äußerlichen Freiheit. Noch nicht die Ordnung des innerlichen geistlichen Rechtes und Friedens, noch nicht die Ordnung der Freiheit der Kinder Gottes – wahrlich noch nicht Gottes ewiges Reich, wohl aber dessen Verheißung mitten im Chaos des Weltreiches.“[15]

Die Stärke dieser erweiterten Gottesdiensttheologie kann darin gesehen werden, dass sie christliche Existenz in das große Ganze der *Weltherrschaft* Gottes ein- und unterordnet und der Versuchung, aus dem noetischen Vorsprung des Glaubens eine Vorherrschaft der Kirche abzuleiten, den Boden entzieht.[16] Dass die Kirche die Herrschaft Gottes *gegen* alle anderen Herrschaftsgelüste – auch die eigenen – bezeugt, macht ihren Gottesdienst *politisch.*

Wannenwetsch würdigt die Stärke von Barths Weitung des kirchlichen zum politischen Gottesdienst, aber hält ihm vor, dass die internen Beziehungen im Postulat der drei Ebenen diffus bleiben. Das Potenzial dieser Unterscheidung werde erst dann ausgeschöpft, wenn auf die Verschiedenheit des jeweiligen Beziehungsmodus und deren Verbundenheit untereinander und mit dem Ganzen geachtet wird. Barth, so Wannenwetsch, reduziere die po-

---

13 KD I/2, 487.

14 KD IV/2, 723.

15 Barth, *Gotteserkenntnis* (Anm. 12), 206. Barth entfaltet in KD I/2, § 17 das bewusste „Noch nicht“ der Offenbarung und bringt das Thema des eschatologischen Vorbehalts zur Sprache. KD IV/1–3 schließt dieses Thema in seine praktische und geistliche Dimension ein – besonders in § 61–63 (Rechtfertigung) und § 62 (Heiliger Geist und Gemeinde).

16 Merkel, Karl Barth und der kirchliche Gottesdienst (Anm. 6), 42 würdigt Karl Barth als großen evangelischen Liturgiewissenschaftler, weil er „den Begriff des Gottesdienstes aus der liturgischen Engführung herausgeholt und ihn in der Tradition von Röm 12,1 auf das ganze Leben des Christen bezogen hat und vehement in den Raum des Zeugnisses gerückt hat“.

litische Dimension auf einen Kontext und sehe diese nicht *strukturell*: Wenn aber gilt, dass die Versammlung der Gläubigen nur dann rechter Gottesdienst sei, wenn er politisch werde, gelte auch, dass die Kirche nur dann in rechter Weise politisch sei, wenn sie den Gottesdienst feiere.[17]

2.2 Wie wird der politische Gottesdienst liturgisch?

Wannenwetsch teilt Barths Kritik eines abstrakten Liturgismus und Ethizismus, legt aber größeren Nachdruck auf die *Einheit* von Liturgie und Ethik. Denn aus der Form des Gottesdienstes holt die Lebensform Inspiration, in ihr empfängt sie die Metamorphose, die der *communio sanctorum* qua Geistausgießung verheißen ist. Das lässt noch einmal anders vom kirchlichen Gottesdienst reden. Es rückt den Ritus ins Bild und betont den Willen zur Form. Die Frage, *wie* gefeiert wird, ist also entscheidend für eine Ethik, die den Gottesdienst als Lebensform versteht:

> „Politisch wird der Gottesdienst […] erst dann gefeiert, wenn die Gemeinde ihr *Amt* in ihm einnimmt; wenn sie es einnehmen *kann* und nicht liturgisch entmündigt bleibt; wenn sie es einnehmen *will* und nicht in der eingeübten Konsumentenhaltung verharrt. ‚Politisch' ist der Gottesdienst, wenn die Fürbitten die Not *dieser* Gemeinde, einzelner ihrer Glieder und der Gemeinde als ganzer, vor Gott bringen, und aus dieser Unmittelbarkeit heraus lernen, ebenso konkret für Dorf, Stadt, Land und Welt zu beten. Politisch ist der Gottesdienst dort, wo eine Gemeinde an der Verantwortung für die Verkündigung beteiligt ist und Fantasie in die Frage investiert wird, wie das im Gottesdienst angemessen zur Erscheinung kommen kann."[18]

Man könnte es auch so sagen: Während für Barth die theologische Ethik die Grundlage des Gottesdienstes ist, hält Wannenwetsch die *liturgische Theologie* für die Grundlage der theologischen Ethik. Denn sie verleiht der Ethik der Christenbürger ihr formatives und regulatives Prinzip. Sie findet die Regeln des Glaubens (lex credendi) in der gottesdienstlichen Sprache (lex orandi) und formuliert daraus die Regeln des Lebens (lex vivendi). Was die Formenlehre der Liturgie für die Lebensform der Christen austrägt, entfaltet Wannenwetsch im Dialog mit der ökumenischen Liturgischen Theologie in einem ersten Teil als *anfängliche*, in einem zweiten Teil als *kritische* und

17 Wannenwetsch, *Lebensform* (Anm. 11), 60.

18 A.a.O., 74f.

in einem dritten Teil als *formative Kraft* christlicher Ethik. Daraus erwächst eine Wertschätzung der Feiergestalt des Glaubens, der sich Barth wohl nur bedingt anschließen könnte. Denn seine entschiedene Bestimmung des gottesdienstlichen Handelns als rein menschliches Werk des gehorsamen Antwortens macht den Gottesdienst nicht zum Ort eines Erfahrungslernens für die Ethik, sondern radikal zum Ort der *Bewährung* der Ethik selbst.[19]

Soweit einmal in aller Kürze die kritische Barth-Rezeption von Wannenwetsch, in der einerseits innerevangelische Differenzen zutage treten, aber andererseits auch eine gemeinsame Basis erkennbar wird. Eberhard Jüngel bringt sie in seiner Einleitung zu den nachgelassenen Fragmenten von Barths Ethik der Versöhnungslehre auf den Punkt:

> „Der erste und grundlegende Akt christlichen Lebens ist die Feier des christlichen Gottesdienstes. Im Ereignis der gottesdienstlichen Feier lassen sich entscheidende Gesichtspunkte für das Tun ablesen, das unserer Welt Leben gestalten kann und soll.“[20]

Dieser Basissatz liefert einen guten Ausgangspunkt, um nach der Bedeutung der *Doxologie* für die christliche Existenz zu fragen und liefert dem praktischen Theologen zugleich einen Grund, nachdenklich zu werden. Ist es denn so, dass wir am Sonntagmorgen etwas davon schmecken und sehen, was Jüngel den ersten Akt christlicher Existenz nennt? Ist es uns denn ums Jubilieren oder nicht viel eher ums Lamentieren, wenn wir uns zur kleinen Schar gesellen, die sich wacker und ein wenig wackelig in der Kirche versammelt? Die praktische Theologie setzt die Dogmatik voraus, um von der Ethik zur Ästhetik zurück zum liturgischen Handeln zu wechseln – die Botschaft auf den Lippen: „Wenn wir nur schöner singen und verständlicher reden würden, wenn wir ein paar mehr wären und nicht nur vom selben Stamm, wenn es bloß ein wenig geselliger, festlicher oder ganzheitlicher zuginge, dann ließe sich im *Ereignis* der gottesdienstlichen Feier etwas für ein Tun ablesen, das Kraft hat, das Leben in der Welt zu gestalten!“ Der Blick auf den realexistierenden Gottesdienst ist ernüchternd, aber befeuert erst recht den Impuls, es besser *machen* zu wollen. Und dann stellt sich die Frage der rechten Mittel, die zu diesem Ziel führen. Ist es so falsch, bei Taylor Swift in die

---

19 A.a.O., 85.

20 Eberhard Jüngel, Anrufung Gottes als Grundethos christlichen Handelns. Einführende Bemerkungen, in: ders., *Barth-Studien* (Ökumenische Theologie 9), Gütersloh 1982, 315–331, 321.

Schule zu gehen? Oder fällt, wer so von der Anbetung denkt, unweigerlich in die Anbiederung?[21]

3. Tanz der Triaden

3.1 „Es ist dir gesagt …"

Natürlich ist es nicht falsch, von den Künsten zu lernen, aber es griffe zu kurz, wenn man sich beim Gottesdienst auf die *ars celebrandi* verließe. Die Kritik an einer Liturgik, die sich der Ästhetik unterordnet, hat darin ihr entscheidendes Argument, dass der menschlichen Gestaltkraft zu viel zugetraut wird. Die Vorordnung der Ethik vor der Liturgie hingegen traut dem Ritus zu wenig zu. Das Lob soll sich auch in der *Gottesliebe* bewähren. Umgekehrt spiegelt sich in der Erwartung, dass im *Lob die Liebe der Menschen erlebt* wird, eine durchaus gesunde Abneigung gegen ein dumpfes, stumpfes und mechanisches Abfeiern. Erst in der wechselseitigen Kritik erschließt sich die Notwendigkeit, den Gottesdienst als *spannungsvolle* Einheit zu verstehen – darum *Gottesdienst als Lebensform*, weil sich die Feiergestalt nicht aus der Denk- und Lebensgestalt des Glaubens herauslösen lässt.[22]

Gottesdienst als Lebensform artikuliert eine *Lehre*, die wir auch in anderen sprachlich komprimierten Formeln der Tradition vorfinden. Was geheiligtes Leben bedeutet, gehört zur *Liturgie*, weil es im Bekenntnis aufgesagt, im Ritus aufgeführt, in der Predigt ausgelegt wird. Gottesdienst als Lebensform ist also kein Konstrukt, das im Nachhinein erzeugt wird, und nicht die Summe der Teile, die man zuvor addieren muss. Im Gottesdienst erinnert sich die Gemeinde an ein Sprachspiel, das im kollektiven Gedächtnis gespeichert und wieder aufgerufen wird.[23]

---

21 Thöle Reinhard, *Geheiligt werde dein Name. Christliche Gottesdienste zwischen Anbetung und Anbiederung*, Baden-Baden Verlag 2021

22 Zum Begriff der Lebensform vgl. Christian Grethlein, *Christliche Lebensform. Eine Geschichte christlicher Liturgie, Bildung und Spiritualität*, Berlin/New York 2022. Siehe auch: *Christsein. Beiträge zur Morphologie und Topologie einer Lebensform. FS für Christian Grethlein*, hg. von Michael Domsgen, Anna-Katharina Lienau, Marcell Saß und Bernd Schröder, Leipzig 2024.

23 Für Maurice Halbwachs, *Das kollektive Gedächtnis*, Frankfurt am Main 1985 ist der Ritus jene Handlung, die von den Gläubigen begangen wird, um Wichtiges im Gedächtnis zu *bewahren* (lex orandi), während es sich beim Dogma um die Wahrheit handelt, die tradiert wird und *zu glauben* ist (lex credendi). Die Wahrheit steht gleichsam „über" dem Ritus Wache.

Es ist gewissermaßen die Pointe der liturgischen Theologie, dass die versammelte Gemeinde beim Beten lernt, wie sie von Gott reden kann, indem sie darum *bittet*, ihn *recht* zu ehren. Das ist der ursprüngliche Sinn der *Ortho-Doxia*, wenn sie jeden Morgen neu wiederholt, was die Form erinnert – „Herr, eile mir zu helfen, damit mein Mund Dein Lob verkünde“. Sie bittet, ihm die Ehre recht geben zu können. Nicht weil sie *soll*, was sie ohne seine Hilfe nicht *kann*, sondern weil sie es *will*. Und davon zeugen die Formeln, die als Gebot oder Gebet, als Merkspruch oder Versprechen die Spannungseinheit überliefern, etwa der Makarismus, der am Eingang des Psalters den Menschen seligpreist, der seine Freude an der Weisung hat, und sie Tag und Nacht studiert. „Er ist wie ein Baum gepflanzt an Wasserbächen!“ (Ps 1,3; Jer 17,8)

Wenn wir in der Schatzkiste der Tradition wühlen, finden wir nicht nur *eine*, sondern eine Vielzahl solcher Lebensform-Formeln – was kaum erstaunt, wenn wir uns vergegenwärtigen, dass sich Orthodoxia nicht auf *eine* bzw. *einheitliche* Lehre verkürzen lässt. Was sich uns zeigt, sind vielmehr eine Reihe von *Triaden* mit strukturanalogen Entsprechungen und familienähnlichen Binnenbezügen, dreipolige Formeln, die das Erste und Zweite mit einem Dritten zur Spannungseinheit der gottesdienstlichen Lebensform verbinden.[24]

3.2 Ora, labora et studia

Mein erstes Beispiel einer solchen Triade ist das spätmittelalterliche Motto *ora, labora et studia, Deus adest sine mora* – auf Deutsch: bete, arbeite und studiere, Gott hilft ohne Verzug.[25] Die genaue Herkunft der Formel ist zwar umstritten, der Zusammenhang mit der monastischen Lebensform aber unbestritten. Mit der Herkunft verbinden sich zwei Probleme. Ist die geforderte Konzentration auf Gebet, Arbeit und Studium ein Ethos, das einen besonderen, einen *geistlichen Stand* erfordert? Und bedeutet die Voranstellung des Gebets einen Vorrang vor anderen Praktiken? Beide Fragen betreffen das Selbstverständnis der christlichen Existenz im Kern und wurden zu einem entscheidenden Anstoß der reformatorischen Theologie.

24 Mit Bezug auf Charles Sanders Peirce' Kategorienlehre. Vgl. Karl-Otto Apel, *„Erstheit – Zweitheit – Drittheit“*, Basel 1972, 1050–1052.

25 Oliver J. Kaftan, Ora et labora – (k)ein benediktinisches Motto. Eine Spurensuche, in: *Erbe und Auftrag* 90 (2014), 415–421.

In der Regel Benedikts befassen sich das 13. und 73. Kapitel mit der Ordnung für den Gottesdienst und der inneren Haltung beim Gebet. Zwei parallel formulierte Sätze verweisen auf den Zusammenhang von Lieben und Loben: *Der Liebe Christi ist nichts vorziehen* (RB 4,21) und *dem Gottesdienst ist nichts vorziehen* (RB 43,3). Damit zeigt Benedikt an, wie zentral für ihn das liturgische Gebet ist. Das „et" in der „Spannungseinheit" ist spirituell vermittelt. Das Gebet soll andererseits nicht zum Ersatz für die Arbeit werden. Es geht darum, „die Reife und Heiligung in der wechselseitigen Durchdringung von Sammlung und Arbeit zu suchen." Das Ideal des rechten Gleichgewichts zwischen der Kontemplation und dem Einsatz in den täglichen Verantwortungen, zwischen der *vita activa* und der *vita contemplativa*, ist wie ein *basso continua* der monastischen Lebensform. Auch mein zweites Beispiel, ein Kurzbekenntnis von Dietrich Bonhoeffer, ist eine Variante der benediktinischen Formel – wenn auch in der bekannten zweigliedrigen Verkürzung:

> „Unser Christsein wird heute nur in zweierlei bestehen: im Beten und im Tun des Gerechten unter den Menschen. Alles Denken, Reden und Organisieren in den Dingen des Christentums muß neu geboren werden aus diesem Beten und diesem Tun."[26]

Im weiteren Verlauf des Briefes, aus dem das Zitat stammt, ergänzt Bonhoeffer eine dritte Dimension. Es ist „das Warten auf Gottes Zeit".[27] Die Formel fasst den Gedanken der gottesdienstlichen Lebensform auf engstem Raum zusammen, wird aber meistens ohne Bezug auf dieses dritte Glied zitiert.[28]

In ihrer Dissertation zeigt Nicole Hermannsdörfer, wie Bonhoeffers Formel aufgegriffen und verkürzt wurde.[29] Michael Plathow ist einer der Wenigen, der dem Warten den gleichen Stellenwert einräumt wie den anderen

---

26 Dietrich Bonhoeffer, *Widerstand und Ergebung* (DBW 8), 435.

27 Vgl. auch Dietrich Bonhoeffer, *Gemeinsames Leben* (DBW 5), 68: „Es liegt im Stillesein eine wunderbare Macht der Klärung, der Reinigung, der Sammlung auf das Wesentliche. […] Das Schweigen vor dem Wort aber führt zum rechten Hören und damit auch zum rechten Reden des Wortes Gottes zur rechten Stunde. Viel Unnötiges bleibt ungesagt. Das Wesentliche und Hilfreiche aber kann in wenigen Worten gesagt sein."

28 Dyaden sind bekannter und griffiger als Triaden, z.B. „Mystik und Widerstand" (Sölle) oder „Kampf und Kontemplation" (Roger Schütz).

29 Die folgenden Hinweise verdanke ich Nicole Hermannsdörfer, *Beten, Tun des Gerechten und Warten auf Gottes Zeit. Gott und Welt in der Theologie Dietrich Bonhoeffers*, Leipzig 2020.

beiden Dimensionen. Sein spezielles Verdienst besteht darin, dass er die von Bethge ausformulierte dynamische Balance von Beten und Tun des Gerechten in Beziehung zum Warten setzt:

> „‚Warten auf die Zeit Gottes‘ bewahrt das ‚Tun des Gerechten‘ vor Selbstverschließung ins ‚Vorletzte‘ und das ‚Beten‘ vor selbstsüchtigem Wunschdenken. Tun des Gerechten und Beten bewahren das Warten auf die Zeit Gottes vor religiöser Weltflucht. Tun des Gerechten – in seiner Bruchstückhaftigkeit und in Schuldbelastung – bleibt dem rechtfertigenden Urteil Gottes und seiner Vollendung im ‚Letzten‘ anvertraut. Beten – als Schuldbekenntnis, Bitte, Fürbitte und Dank – wird schon getragen von der hoffnungsvollen Gewissheit der Erhörung seiner Erfüllung im ‚Letzten‘ des Reiches Gottes.“[30]

Auch Wolfgang Huber kommt auf das Diktum vom Beten und Tun zu sprechen.[31] Bonhoeffer knüpfe bewusst an die benediktinische Formel *ora et labora* an, da in ihr „etwas aufbewahrt wird, was in der Beschäftigung der Kirche mit ihrer Selbstverteidigung oder Selbstentfaltung unterzugehen droht.“ Gleichzeitig spitzt er diese Formel auf zweifache Weise zu: Einerseits durch die Konkretisierung des *labora* durch die Formulierung „Tun des Gerechten“, andererseits durch die Hinzufügung des Wörtchens „nur“. In seiner Zweigliedrigkeit hält Huber das Diktum für eine bewusste Übertreibung, die Bonhoeffer durch die Hinzufügung des „Wartens“ selbst wieder aufhebt: Aus der Hoffnung auf Gottes Zukunft schöpfen Beten und Tun ihre Kraft: „Um dieser Zukunft willen braucht der Glaubende sich des fragmentarischen all seines Betens und Tuns nicht zu schämen.“[32]

3.3 Lex orandi, lex credendi, lex bene operandi

Auch diese Formel entstammt dem Mönchstum und geht auf Prosper von Aquitanien (um 435) zurück. Ausgehend vom Gebot des Apostels, für alle Menschen Fürbitten zu tun, formuliert Prosper das Prinzip „ut legem creden-

---

30 Michael Plathow, Dietrich Bonhoeffer: Vermächtnis und Auftrag. „Beten, tun des Gerechten und Warten auf die Zeit Gottes“, in: *Gemeindebrief der Evang. Kirchengemeinde Leimen* 179 (1/2025), 12–14, 13.

31 Wolfgang Huber, Gehorsam glauben – betend Gerechtes tun. Bonhoeffers Antworten auf Luthers Frage, in: *Bonhoeffer Rundbrief* 118 (März 2018), 31–47.

32 A.a.O., 46.

di lex statuat supplicandi."[33] Die Erweiterung auf die dreigliedrige Formel *lex orandi, lex credendi* und *lex bene operandi* oder *lex agendi* wird u.a. von Geoffrey Wainwright diskutiert. In seiner systematischen Theologie mit dem Titel „Doxology. The Praise of God in Worship, Doctrine and Life" ordnet er der Lehre eine mittlere kritische Stellung zu. Liturgie und Leben sind bei ihm zwei Bezugsgrössen, die durch das theologische Denken vermittelt werden.[34]

Eine andere Interpretation vertritt der katholische Theologie Aidan Kavanagh.[35] Er spricht von einer primären Theologie (liturgical theology), die kein klerikales oder akademisches, sondern ein gemeinsames Unternehmen der betenden Gemeinde ist. Gemeint ist der denkerische Nachvollzug der Veränderung, die aus der Begegnung der Gemeinschaft mit Gott von einem Gottesdienst zum nächsten Gottesdienst erfahren wird. Die *lex credendi* fußt auf der *lex supplicandi* und ist deshalb sekundär. So sind die Glaubensbekenntnisse der alten Kirche Niederschlag der Taufpraxis und nicht umgekehrt. Die *lex agendi* steckt im *statuat* von Prospers Formel.

Die Differenz zwischen Wainwright und Kavanagh wirft Licht auf ein Problem, das die Liturgische Theologie insgesamt beschäftigt.[36] Wie soll man das Verhältnis von religiöser und theologischer Sprache verstehen? Ist ersteres die einfache Rede, die unmittelbar zu Gott spricht, und letzteres die reflektierte Rede, die über Gott spricht und das Einfache kritisch auf seinen Wahrheitsgehalt befragt? Ein solches Schema würde den von Kavanagh postulierten Verschränkungszusammenhang von Loben und Leben in Frage stellen und Theologie als höhere richtende Instanz installieren, die dem Beten überlegen ist. Wenn ich recht sehe, verlöre ein solches Theologisieren auch das Moment der Ehre.

Wenn Bruno Latour in seinem Buch über das Jubilieren fragt, warum wir die religiöse Sprache verloren haben, zielt er m.E. auf diese Unterbrechung. Man kommt ihr nicht auf die Spur, wenn man das Spezifikum religiöser Rede im Vergleich zur wissenschaftlichen Sprache verwischt – aber man verpasst sie auch, wenn man die Theologie darauf reduziert, nur Wissenschaft zu sein. Denn es geht ihr wie dem religiösen Menschen auch um die Treue zum Wort, die Genauigkeit der Wiederholung. Anders als der Wissenschaftler

33 Quelle : *Indiculus De gratia Die 8* (DS 246).

34 Vgl. dazu Dorothea Haspelmath-Finatti, *Theologia Prima: Liturgische Theologie für den evangelischen Gottesdienst*, Göttingen 2014.

35 Aidan Kavanagh, *On liturgical Theology*, Collegeville 1984.

36 Vgl. dazu die liturgietheologische Trilogie von Gordon Lathrop, *Holy Things* (1998), *Holy People* (1999) und *Holy Ground* (2001).

will er nicht entdecken, sondern wiederentdecken, nicht erfinden, sondern wiederfinden; er strebt nicht nach dem Neuen, sondern will sich erneuern. Hierin ähnelt er dem Liebenden, der mit jedem „Ich liebe dich“ den Bund zu bekräftigen sucht. Wer die Möglichkeit oder Unmöglichkeit religiöser Rede heute verstehen möchte, muss bei ihrer Verwandtschaft zur Sprache der Liebe ansetzen.

Mein letztes Beispiel wählt einen anderen Oberbegriff, aber reiht sich in den Tanz der Triaden ein. Gregor Etzelmüller definiert *evangelische Spiritualität* als „eine geistliche Lebensform, in der Menschen in die durch Gottes Geist erschlossene Fülle des Lebens Jesu hineinwachsen.“[37] Die These wird entfaltet mit Bezug auf die Lehre vom dreifachen Amt Christi, an dem die Gemeinde durch den Gottesdienst Anteil hat. Etzelmüller verknüpft die Lehre vom dreifachen Amt mit der paulinischen Trias Glaube, Liebe und Hoffnung, indem er dem königlichen Amt Christi die geistgewirkte Liebe, dem prophetischen Amt die geistgewirkte Hoffnung und dem priesterlichen Amt den geistgewirkten Glauben zuordnet. Die Spannung wird zur polyphonen Einheit, die Hierarchie der Gaben dient der notwendigen Verschränkung von Diakonie, Liturgie und Prophetie.[38]

3.4 Zwischenfazit

Stellt man die Triaden nebeneinander, wird schnell ersichtlich, dass einige aus der Reihe tanzen, während andere einen Reigen bilden und wieder andere ähnliche Pirouetten drehen. Der Versuch, alle auf eine orthodoxe Schrittfolge zu verpflichten, muss scheitern – die Tänzer stolpern einander unweigerlich über die Füße. Aber das ist vielleicht der Reiz der Sache, wenn man auf dem Boden der Ökumene Triaden tanzt. Widerspiegelt sich doch in den verschiedenen Anläufen, das Wesentliche der christlichen Existenz in Dreieinheiten zusammenzufassen, in der ganzen Vielfalt der Gottesdiensttraditionen ein Wissen, das Gott die Ehre lässt. Wir wollen darin einen Hinweis auf die Una Sancta sehen, auch wenn wir das Zeugnis der Einheit nur als vorauslaufenden Schatten und Verheißung mitten im Chaos der Welt wahrnehmen, trotzdem Loblieder singen – und eben damit Gott die Ehre geben!

---

37 Gregor Etzelmüller, *Die Bedeutung des Heiligen Geistes, in: Handbuch Evangelische Spiritualität, Bd. 2: Theologie*, Göttingen 2018, 423–442, 423.

38 A.a.O., 438–440.

4. Glaube, Gehorsam und Gebet

4.1 Barths Tiraden und Barths Triaden

Die Triaden erlauben denen, die sich von der Dialektik der christlichen Existenz aus dem Gleichgewicht bringen lassen, die Balance der Synthese. Sie beruhigen. Vielleicht ein wenig zu sehr. Wir müssen noch einmal zur These und zur Antithese, zurück auf den steilen Felsengrat, auf dem man nur gehen und nicht stehen kann, und uns nun Karl Barths Triaden genauer ansehen. Dass wir auch bei ihm welche finden, versteht sich. Wie sollte es anders sein bei einem, der aggressiv verneint und zugleich progressiv-dialektisch denkt.[39] In §18 entfaltet er das Leben der Kinder Gottes mit den drei Grundbegriffen leben, lieben und loben. Die Kapitelüberschriften heißen: „Der Mensch als Täter des Wortes", „die Liebe Gottes" und „das Lob Gottes".[40] Der dritte Abschnitt ist mit Lob Gottes überschrieben, aber vom Loben ist wenig die Rede. Warum ist das so? Wir haben Barths Tiraden gegen das selbstverliebte Lob noch im Ohr und dürfen vermuten, dass 1938 auch der nahende Krieg einen Einfluss auf die Gedanken hatte. Für diesen Teil mit dem programmatischen Titel „Die Offenbarung Gottes als Aufhebung der Religion" trifft zu, was Wannenwetsch Barth insgesamt unterstellt: Das Lob bewährt und bewahrheitet sich in der christlichen Existenz zum Zeichen und Zeugnis, es ist „notwendiges Handeln" aus der Liebe Gottes, die das Sein des Menschen begründet.

> „[I]n der Liebe und im Lob Gottes steht […] das christliche Leben, das Leben der Kinder Gottes. […] Wie sollte auch das frei ausbrechende Lob unseres Herzens, unserer Seele, unserer Vernunft, unserer Kraft, das Gott angenehme und wohlgefällige Lob sein, wenn nicht auch es im strengen Gehorsam gegen sein Gebot geschähe."[41]

39 Den Begriff der „progressiven Dialektik" übernehme ich von Georg Pfleiderer, Progressive Dialektik. Zur Entwicklung von Karl Barths theologischem Denken im Zeitraum des Ersten Weltkriegs, in: ders./Harald Matern (Hg.), *Dialektische Theologie*, 81–103. Vgl. auch ders., *Karl Barths Praktische Theologie. Zur Genese und Kontext eines paradigmatischen Entwurfs systematischer Theologie im 20. Jahrhundert* (BHTh 115), Tübingen 2000.

40 Wichtige Stichworte, um die Entwicklung von Barths Doxologie in KD III/3 zu KD IV/4 nachvollziehen zu können.

41 KD I/2, §18, 408.456.

Damit ist gewiss nicht alles gesagt, was Barth zum Lob zu sagen hat, aber der rote Faden gefunden, der sich durch sein Werk durchzieht. Allerdings ändert sich die Tonlage! Zwölf Jahre später nimmt Barth in KD III, 3 §49 die Themen noch einmal auf, die er schon in KD I/2, §18 entfaltet hat.[42] Es geht ihm um den Menschen als das *geschöpfliche Subjekt*, das wie alle Geschöpfe ein von Gott erhaltenes, begleitetes und regiertes Geschöpf ist, aber anders als diese „von innen her an der Weltherrschaft teilnimmt“, indem es erkennt und anerkennt, bejaht und gutheißt, für diese Herrschaft dankbar ist und „sich darum auch an sie halten und nach ihr richten möchte.“[43] Barth interessiert sich hier für das *besondere Sein und Verhalten der Christen.* Was zeichnet es aus? Was sehen und was wissen Christen, was andere nicht sehen und nicht wissen können?

4.2 „wie in einem lauteren Spiegel widerspiegelt“

Die erste Antwort lautet: Der Christ sieht im Weltlauf die Weltherrschaft Gottes, die konstituierende Mitte, den Sohn Gottes in der Niedrigkeit, aber auch in der Erhöhung seiner Menschheit und sich selbst als mit ihm verbunden, ihm zugehörig. „Das macht ihn ja zum Christen, dass er Jesus Christus sieht“[44] und dass ihm Gottes Vorsehung offenbar wird, wie einem anderen Menschen beim Blick aus dem Fenster das Geschehen auf der Straße offenbar ist.[45]

Die Kehrseite – oder vielleicht angemessener – das Spiegelbild dieser Anerkennung Gottes ist die Anerkennung der eigenen Menschlichkeit als Geschöpf. Das zeichnet den Christen aus, dass er unter allen anderen Geschöpfen dasjenige ist, „das nicht nur Geschöpf ist, sondern eben dazu Ja sagt: Geschöpf zu sein.“[46] Und wieder werden wir auf die ethische Spur verwiesen: Das ist die Auszeichnung des Christen, dass er sich solidarisch mit allen anderen Geschöpfen unter die Weltherrschaft Gottes stellt. Und darin kommt, wenn auch in paradoxer Gestalt, die Thematik der Ehre zum Vorschein, wie wir es schon beim frühen Barth gesehen haben. Denn …

42 KD III/3, § 49,4, 271–326.

43 A.a.O., 271.

44 A.a.O., 273.

45 A.a.O., 272: „Wir fragen, wie dieses selbstverständliche Offenbarsein der göttlichen Weltherrschaft in der christlichen Gemeinde möglich und wirklich wird.“

46 A.a.O., 272.

> „[…] das ganz besondere Verhältnis und Verhalten des Christen zu Gottes Weltherrschaft hat seine Herrlichkeit darin, dass ein Ruhm für ihn selbst dabei *nicht* herausspringt. Sie beginnt und endigt vielmehr mit dem Ablegen alles Anspruches auf eigenen Ruhm."[47]

Die Höhe des Christen, sein noetischer Vorsprung, zeigt sich in der Tiefe seines Menschseins, wie die Tiefe des Christus – übers Kreuz – zur Höhe seiner Gottgestalt wird. Dieses Verhältnis zu sehen und für seine Entsprechung offene Augen zu haben, ist Gnade, Freiheit und Freude. So ist der Christ sehr schlicht das *wahrhaftige* Geschöpf. „Eben darum schraubt er (scil. der Christ) sich auch nicht in irgendeine Höhe, indem er wahrhaftig ist."[48]

Die Erlaubnis und Einladung zur inneren Teilnahme an Gottes Sein hebt die christliche Existenz nicht *über* die menschliche – sie weckt und erweckt aber im Christenmenschen den Wunsch, sein Einverständnis zu geben, einzustimmen in den hohen Lobgesang der Kinder Gottes. Das Wissen um Gottes Vorsehung, das offene Augen für die Spuren Gottes in der Welt hat, und die Dankbarkeit für seine Heilstaten, macht den Christen nicht zum Schlaumeier, der jeweils Alles vorausgesehen und wieder einmal recht behalten hat. Im Gegenteil: gerade er wird den Ereignissen immer wieder

> „[…] als der Erstaunteste, der Betroffenste, der Erschrockenste oder auch der Erfreuteste gegenüberstehen […]. Gerade für ihn wird das Leben im Kosmos, seine Freude und sein Leid, […] ein Abenteuer, zu dessen Durchführung er von seiner Seite letztlich und im Grunde genommen nichts mitzubringen hat."[49]

Christliche Existenz bedeutet für Barth demnach nicht tiefenentspannte Life-Work-Worship-Balance, sondern die Antwort auf die Einladung, im Drama mitspielen, nicht nur als mehr oder weniger kluger Zuschauer, sondern beteiligt als einer, der von innen her ergriffen ist und begriffen hat, ein Mensch zu sein, der vom Handeln Gottes „*total in Anspruch* genommen Anteil nimmt".[50]

Wieder klingt das Liebesgebot mit (Lev 3,18; Lk 10,27). Der ganze Mensch ist involviert, alles, was in ihm ist (Ps 103,1), partizipiert. Die Bereitschaft, mitzutun, entspringt der Dankbarkeit – einem Sehen, Wissen und Verstehen, das einwilligt, sich ergötzt, ins Erkennen wechselt – im vollen biblischen Sinn. Eben das meint „Existenz": Ich bin dabei, ich gehöre dazu, ich

47 A.a.O., 273.
48 A.a.O., 274.
49 A.a.O., 275.
50 A.a.O., 277.

wurde bei meinem Namen gerufen. Darum lässt sich das „total in Anspruch genommen“ nicht auf einen „Anknüpfungspunkt“ reduzieren, auch nicht in ein System von Punkten, das sich zu einem Modell verbinden, in eine abstrakte Anthropologie, in ein religiöses Menschenbild oder eine allgemeine Ethik überführen ließe. Eine solche Abstraktion wäre das *Gegenteil* von dem, was Barth hier zu zeigen versucht. Ihm geht es um die wirkliche, konkrete, schlichte und wahrhaftige Humanität, die sich im Ebenbild Christi widerspiegelt. Und die Vorsehungslehre ist ihm hier so etwas wie der Spiegel im Spiegel, um Gott in die Nähe zu rücken, das Bild des Menschen nicht im unendlich verlängerten Korridor einer religiösen Verlängerung oder Überhöhung zu verlieren, sondern in der Schau von Christus als Herz der *Schöpfung* wiederzuerkennen.[51] Es ist sicher kein Zufall, taucht in Barths Argumentation die Spiegelmetapher auf.

> „Wenn die göttliche Vorsehung und Weltherrschaft sich im christlichen Menschen wie in einem lauteren Spiegel widerspiegelt – wenn er darin ihr Sachkundiger ist, daß *diese* ‚Spekulation‘ Ereignis wird, dann bedeutet das offenbar, daß jenes von Gott ausgehende und Himmel und Erde umspannende *Geschehen* sich in dem engen Raum seiner geschöpflichen Existenz, seiner Gedanken, aber auch seines Wollens und Tuns, seines Lebens abbildlich *wiederholt*. Gottes Vorsehung und Weltherrschaft sind ihm dann nicht nur wahr, sondern in dieser Wiederholung *wirklich*.“[52]

Wie sie ihm *wirklich* werden, darauf läuft es hinaus, kann konkret beschrieben werden in drei *Formen*. Gottes Weltherrschaft wird dem Christen „wirklich, indem er *glaubt*, indem er *gehorcht* und indem er *betet*.“[53]

4.3 Christliche Formenlehre und die dreieinige Form

Auf den folgenden 50 Seiten entfaltet Barth eine Formenlehre in der uns schon bekannten Spannungseinheit, die wir „Gottesdienst als Lebensform“ nennen (siehe 2). Auf den ersten Blick ist das, was hier dargelegt wird, weder originell noch spektakulär. Barths Trias Glaube, Gehorsam und Gebet ent-

51 Vgl. Rowan Williams, *Christ the Heart of Creation*, London 2018.
52 KD III/3, 277.
53 A.a.O., 278.

spricht dem, was schon Calvin im Genfer Katechismus formuliert hat.[54] In Barths Entfaltung wird deutlich, wie sehr ihm daran liegt, christliches Verhalten *in* dieser Spannung zu verstehen. Die drei Formen lassen sich nicht aufeinander reduzieren, sind keine Teile, weder bloße Theorie noch reine Praxis, „sondern Schritt oder Sprung vom einen zum anderen, vom Sehen zum Tun“[55]. Was die drei Formen verbindet, ist das *Erkennen Gottes* in seinem Wort und das *Tun* nach Maßgabe dieses *Wortes* – das lässt keinen Raum für Entgegensetzungen und Aufspaltungen. Das Menschliche, das sich darin zeigt, ist das Göttliche.

> „In ihrer echten, bewegten und totalen Widerspiegelung in der christlichen Existenz, in ihrer in diesem subjektiven Raum stattfindenden Wiederholung läßt gerade Gottes Vorsehung und Weltherrschaft für diese Entgegensetzungen keinen Raum.“[56]

Wenn also jede der drei Formen zugleich das Ganze der Form enthält, liegt ein Vergleich – oder Abgleich – mit der Supertriade nahe. Barth meint, man könne es wagen:

> „[W]ie die drei trinitarischen Seinsweisen Gottes einander nicht als Teil der Gottheit begrenzen und ergänzen, sondern in dreifacher Identität der eine Gott sind [...], so sind der Glaube, der Gehorsam und das Gebet des Christen das eine christliche Verhalten [...].“[57]

Und was ist das *Besondere* am Beten mit Blick auf das Glauben und Gehorchen? Barth antwortet darauf mit einer weiteren Triade und einer überraschenden Synthese. Im Gebet macht der Mensch von der Freiheit Gebrauch, dem Vater, der zu ihm geredet hat, selbst Antwort zu geben. Und das wiederum in drei Weisen: dem Lob, der Buße und der Bitte.[58]

54 Jean Calvin, *Genfer Katechismus*: „In welcher Weise wird er [sc. Gott] denn recht geehrt? Wenn wir all unser Vertrauen auf ihn setzen, wenn wir uns bemühen, ihm mit unserem ganzen Leben zu dienen, indem wir seinem Willen gehorchen, wenn wir ihn in allen Nöten anrufen und unser Heil, und was wir sonst uns an Gutem nur wünschen können, bei ihm suchen, und endlich, indem wir mit Herz und Mund ihn als alleinigen Urheber alles Guten anerkennen.“ (Zitiert nach: Johannes Calvin, Genfer Katechismus von 1545, in: *Reformierte Bekenntnisschriften. Eine Auswahl von den Anfängen bis zur Gegenwart*, hg. von Georg Plasger und Matthias Freudenberg, Göttingen 2005, 57–106, 61).

55 KD III/3, 278.

56 Ebd.

57 A.a.O., 279.

58 A.a.O., 300f.

> „Indem er betet, stellt er (der Christ, R.K.) sich an den Ort, wo der Glaube und im Glauben dann auch der Gehorsam immer wieder mit dem Anfang anfangen darf. Als diese primitive Bewegung ist das Gebet als Grund alles anderen Tuns im Gehorsam beschlossen, selber der Gehorsamsakt sondergleichen, dem alle anderen entspringen müssen.“[59]

Die eigentliche Pointe des innertriadischen Abgleichs ist Barths Akzentuierung der *Mitte.* Es ist nicht das Lob und es nicht die Buße! Man könnte auch sagen: Barths Gebetstheologie folgt weder der orthodoxen noch der pietistischen Spur. Anbetung entspringt für Barth in der demütigen Verwunderung, dass Gott sich den Menschen in seinem Wort zuwendet. Aber so gewiss das Gebet hier beginnen und hier enden wird, hat es hier nicht seine *Mitte.*[60] Diese Mitte ist das *Bitten.* Das der Mensch mit seiner Bitte zu Gott kommen darf, „*das* macht ihn zum Beter“[61].

4.4 Entlastend

Sicher ist es gewagt, es so zu sagen, aber in diesem Starkmachen des Bittens sehe ich das Allerheiligste in der KD, nämlich im Gebrauch der *Freiheit,* wie ein Kind zum Vater zu treten. Heiliger kann der Mensch nicht werden. Es ist die Freiheit, die ihm durch Jesus Christus geschenkt wird, Abba zu rufen. (Mk 14,16; Röm 8,15; Gal 4,6) Das Unservater ist ja sein Gebet, der Vater im Himmel *sein* Vater, zu dem wir als unserem Vater beten dürfen. In ihm sind unsere Bitten erhört. In seinem Namen beten wir. In ihm empfangen wir die Güte Gottes. Darum ist Bittgebet der menschliche Vollzug dieses Empfangens.[62]

Heiliger können wir nicht werden und religiöser, entzückter oder erbaulicher soll es nicht werden bei Barth. Es bleibt dabei: „Christliches Gebet ist die Bewährung der Existenz des Christen“[63]. Und wenn es doch Theorien vom Gebet gebe, die darauf hinausliefen, „daß wir es als die höchste Form religiöser oder nun eben christlicher Selbsterbauung, als ein lebendiges fruchtbares Gespräch des Christen mit sich selbst zu verstehen hätten“, sorge

59 A.a.O., 301.
60 A.a.O., 302.
61 A.a.O., 303.
62 A.a.O., 306.
63 A.a.O., 320.

eben diese Einsicht der Bitte als Mitte des Gebets dafür, „uns eben von diesen Theorien scheiden [zu] müssen."[64]

Die Konsequenz und Vehemenz, mit der Barth die religiöse Versuchung der Selbsterbauung zu wehren versucht, hat etwas *Entlastendes*. Entlastend ist die Befreiung von der Idee, Gott *verlange* vom Menschen ein Lob. Wir *wollen* zu Gott reden, aber können es nicht, sollen beides wissen und Gott bitten, dass er uns den Mund öffnet, wie er ihn Johannes geöffnet hat. Als Bittender muss der Mensch nicht *mehr* sein als Kreatur, als Geschöpf vor seinem Schöpfer, von dem er alles erwartet und alles empfängt. Dazu gehört auch der Anteil an Gottes Weltherrschaft, der dem Menschen qua Kreatur zusteht – nicht, um mit Gott zu schalten und zu walten, wie er will, sondern in der Teilnahme des Christen am dreifachen Amt Christi, wie es Gott gefällt. *Mit* Christus nimmt er auch teil am königlichen Amt, nicht der Christ an und für sich, aber der *Christ in Christus wird geehrt*, emporgehoben und aufgerichtet, wird bei seinem Namen gerufen und als einzigartige Person geliebt.

Barths ernüchternde Gebetslehre verweist uns auf die gefährdete Existenz – auf das, was zwischen der Seligpreisung des Gerechten (Ps 1) und dem kosmischen Lob (Ps 150) alles passiert, auf Kampf und Auseinandersetzung, Streit und Versöhnung. Es ist eine Gebetslehre für Menschen, die in der Gefahr stehen, ihren Glauben anzubeten.

> „Was aber heißt ‚Gott loben'? Die einfachste Auslegung ist hier offenbar die beste: ihm die *Ehre* geben, indem man ihn *bekennt* und also sich selber dazu bekennt, daß man ihn erkannt hat, sich also zugleich zu ihm und zu dem bekennt, wozu man als sein menschliches Geschöpf durch seine Gnade bestimmt ist. […], daß wir ihn und von ihm her uns selbst erkennen, daß wir uns von ihm geliebt finden und ihn wieder lieben möchten – ist in der Bibel die Ehrung, das Lob Gottes."[65]

Wenn aber Christus als der erste Bittende und wahrhaftiger Zeuge für Gottes Erhörung auch der erste Sänger und Verehrer Gottes ist? Wenn in ihm und durch ihn die Erhebung der Herzen möglich wird? Dann wäre es zu wenig, von dieser Mitte auf den Anfang und das Ende zu schließen.

64 A.a.O., 321.

65 KD III/4, 81.

Barth nennt mit dem *Bekenntnis* dann doch eine Form des Lobs, die den Betenden erlaubt, sich zu ergötzen und zu erbauen.[66] Doch der Eigenschwung dieses Schwangs wird sofort gebremst. Barth hat einen Heidenrespekt davor, was passiert, wenn es zu schön, zu kunstvoll und zu erbaulich wird. Er unterscheidet noch einmal zwischen *Gebet* (Bitte als Lob) und *Bekenntnis* (Lob als Zeugnis). Dabei ist das Gebet „die *nur Gott* zugewendete und insofern strikt die *innere* Seite des Lobes Gottes. [...] allein als Wort an *ihn*, allein an *ihn* gerichtete Bitte“, während das Bekenntnis dasselbe freie Lob „vor den Ohren der Welt“ ist. Das Gebet ist darum entlastet von der „Anforderung, daß es schön oder eben: erbaulich, daß es logisch kohärent, daß es theologisch korrekt sein [...] oder methodisch irgendeine Kunst an den Tag legen müsse. [...] Da darf also einfach geseufzt, gestammelt und gebrummt werden [...].“[67]

5. The chief end of man

5.1 Der gespiegelte Spiegel

Barths Gebetstheologie ist zuerst *Bittgebetstheologie*.[68] Mir ist seine Doxologie eine Spur zu nüchtern. Wenn das Gebet in seiner Mitte, also in dem, was es zum Gebet macht, Bitte ist, „und nur als Bitte dann auch Dank, Buße und Anbetung“[69], kommt das Lob zu kurz. Barth antwortet auf die Frage, wer der Mensch ist, der Gott lobt, und nicht, wie es ihm ergeht und was ihm entgeht, wenn er Gott die Ehre verweigert. Er sagt es – aber nur sehr verhalten –, dass uns das Glück entgeht, Gott zu genießen, den Schöpfer, der sein Geschöpf mit Gnade und Erbarmen krönt (Ps 103,4), und auch das Spiegelbild des königlichen Menschen, den wir schauen, wenn wir in den Spiegel des Angesichts Christi blicken.

Es ist *nicht* das Gesicht, das wir schauen, wenn wir uns selbst spiegeln. Der Berner Troubadour Mani Matter erinnert mit einer kleinen Ballade „Bim Coiffeur“ daran. Er schildert eine zutiefst unheimliche und beunruhi-

---

66 A.a.O., 96f.

67 Ebd.

68 Wüthrich, Klage und Ehre (Anm. 7), 240. Vgl. auch Wolf Krötke, Der Eifer um Gottes Ehre. Die Bedeutung des Gebets für die Gotteslehre Karl Barths, in: ders., *Barmen – Barth – Bonhoeffer. Beiträge zu einer zeitgemäßen christozentrischen Theologie* (Unio und Confessio 26), Bielefeld 2009, 291–312, 303f.

69 KD III/4, 110, vgl. 106–112, vgl. auch KD III/3, 301ff.

gende Begegnung, die ihm widerfuhr, als er beim Friseur in einem gespiegelten Spiegel den Abgrund seiner multiplen Identität entdeckte. Weil nicht alle des Berndeutschen mächtig sind, zitiere ich eine Übersetzung der entscheidenden Strophen:

Beim Coiffeur sass ich, vor dem Spiegel, schaue rein
und seh dort drin den Spiegel an der Wand von vis-à-vis
und dort drin spiegelt sich der Spiegel da vor mir
und dort drin wiederum der Spiegel hinter mir.

Und so stets weiter, es war wie ein langer Korridor,
in welchem mein Kopf von hinten und von vorn
sich aufgereiht fand in einer Kolonne, zuhinterst war mein Kopf.
Ich kannt' ihn nicht mehr, er war so klein wie ein Nadelkopf.

Mein Kopf, der hat sich dort ganz weit, stellen Sie es sich vor,
verloren in der Unendlichkeit des langen Korridors.
Ich sah mich selber hinten verschwinden, hab's gesehen!
Am heiterhellen Vormittag und wie wenn nichts geschehen wäre.

Erschrocken hab ich meinen Mund aufgerissen, da sind im Korridor
gewiss hundert Mäuler aufgegangen wie im Männerchor.
Ein Männerchor aus mir allein nur, ein ganz komisches Gefühl.
Ein metaphysisches Grausen hat mich gepackt im Coiffeur-Gestühl.

Der Sänger erzählt, wie er fluchtartig das Lokal verließ und beschert uns mit seiner Geschichte ein Gleichnis. Das simple physische Phänomen genügt, um ein metaphysisches Gruseln zu erzeugen und dem guten Mann eine Heidenangst einzujagen. Im gespiegelten Spiegel zerbricht seine Identität und vervielfacht sich, wird zum Männerchor. Er ist nicht mehr *einer*, in ihm ist eine Legion. Doch die Vervielfältigung macht ihn nicht grösser; er wird immer kleiner und verliert sich am Ende, um ganz in sich selbst zu verschwinden. Es bleibt ihm nur die Flucht.

Was Mani Matters ungeschorenes Alterego schildert, kommt mir vor wie ein Gegenbild zum Erleben, wie es Tersteegen in seinem Lied von der Gegenwart Gottes anbetend beschreibt:

Majestätisch Wesen,
möcht ich recht dich preisen
und im Geist dir Dienst erweisen.
Möcht ich wie die Engel immer vor dir stehen
und dich gegenwärtig sehen.
Lass mich dir für und für trachten zu gefallen,
liebster Gott, in allem.

Luft, die alles füllet, drin wir immer schweben,
aller Dinge Grund und Leben,
Meer ohn Grund und Ende, Wunder aller Wunder:
ich senk mich in dich hinunter.
Ich in dir, du in mir, lass mich ganz verschwinden,
dich nur sehn und finden.

Mache mich einfältig, innig, abgeschieden,
sanft und still in deinem Frieden;
mach mich reines Herzens,
dass ich deine Klarheit schauen mag in Geist und Wahrheit;
lass mein Herz überwärts wie ein' Adler schweben
und in dir nur leben.[70]

Was zeigt sich im Vergleich? Zweimal verschwindet ein Subjekt. Im Loblied ist es das Verschwinden im DU, das aber das ICH aufhebt, in der Coiffeur-Ballade ist es der Schwund des Selbst im vervielfältigten ICH, das sich aus dem Staub macht. Hier mit Entsetzen und dort mit Entzücken. Den Akt der Anbetung verbindet Tersteegen mit einer ultimativen Glückserfahrung. Er *möchte* wie ein Engel vor Gott stehen, senkt sich in den Gegenwärtigen hinunter und bittet um ein reines Herz, das ihn in „Geist und Wahrheit“ (Joh 4,24) schaut – auch wenn das ICH nicht auf sich selbst schaut. Er verlässt sich selbst ganz auf den, der ihn anschaut, ein Gesicht, in dem Gott selbst sich widerspiegelt (2. Kor 5). Der Anbetende hält inne und vereinigt sich mit dem Ebenbild, das ihm ähnlich ist, aber bei aller Ähnlichkeit immer unähnlich bleibt. Im Bild ist ein Gegenbild.[71]

70 Gerhard Tersteegen, Gott ist gegenwärtig, in: *Reformiertes Gesangbuch*, 162.

71 Corina Erk, „(Gegen-)Bilder“ – Definitorische Annäherungen, wortgeschichtliche Reflexionen, mediale Anwendungsfelder und Diversität der Gegenbilder-Konzepte, in: dies./

Im Loblied öffnet sich – wenn auch nur im Spiegel des Spiegels – ein Spielraum für den schönen Gottesdienst. Es zeigt sich, dass doch etwas vom Glanz Gottes auf das *Lob* fällt und – ich sage ganz vorsichtig – der Abglanz des ewigen Vaters im Gesang und in der Anbetung aufscheint. Wenn es so erlebt wird, könnte man dem penetranten Verdacht der Selbsterbauung mit Vertrauen begegnen und müsste nicht bei jedem Halleluja vor überdrehter und übermütig religiöser Ekstase warnen, könnte vielleicht sogar Transformationserfahrungen akklamieren und – ich werde waghalsig – im Lobpreis eine sakramentale Dimension reklamieren.

Das ethische Anliegen der Bewährung ist damit nicht vom Tisch. „Wenn jemand spricht: Ich liebe Gott, und hasst seinen Bruder, der ist ein Lügner. Denn wer seinen Bruder nicht liebt, den er sieht, der kann nicht Gott lieben.“ (1 Joh 4,20) Orthodox gewendet gilt jedoch auch: „Wenn jemand spricht: Ich liebe Gott, und hasst es, ihn zu loben, der ist ein Lügner. Denn wer Gott nicht lobt, kann Gott nicht lieben.“

Wer den Gott der Liebe lobt, erlebt den Gott, der liebt.

5.2 Lob und Verachtung des Gottesdienstes

Fragen wir – den Schrecken im Rückspiegel und den schwebenden Adler im Auge – noch einmal, welchen Sinn es hat, von einer *christlichen Existenz* zu reden, die Gott die Ehre gibt?

Im Licht der unendlich gruseligen Vorstellung, ich müsse mir selbst die Ehre geben, entfaltet das Konzept vom „Gottesdienst als Lebensform“ seine kritische Kraft. Ich meine, es sei noch vor der Kritik – oder *zuerst* – auch die Aufgabe der Theologie, das letzte Glück der christlichen Existenz, das im Lobpreis vorweg erfahren werden kann, zu bezeugen. Barth stellt das Lob zurecht zum Bekenntnis. Es ist Teil des christlichen Zeugnisses, „ihm die *Ehre* geben, indem man ihn *bekennt* und also sich selber dazu bekennt, daß man ihn erkannt hat, sich also zugleich zu ihm und zu dem bekennt, wozu man als sein menschliches Geschöpf durch seine Gnade bestimmt ist.“[72] In diesem Lob des Lobs wird Barth – für seine Verhältnisse – regelrecht enthusiastisch. Das Lob Gottes sei „die Spitze alles menschlichen Tuns in der

Christoph Naumann (Hg.), *Gegenbilder – literarisch/filmisch/fotografisch*, Bamberg 2013, 11–21.

72 KD III/4, 81.

Richtung auf Gott hin“, die Ehre, mit der Gott von den Menschen geehrt zu werden begehrt und als freie Tat, Ausdruck davon, „dass wir uns von ihm geliebt finden und ihn wieder lieben möchten“, sei unsere kleine Offenbarung in Entsprechung zu seiner großen Offenbarung. Ist es dann vermessen zu sagen, dass das Lob das Herz des Menschen *heiligt*, weil es sein größtes Glück ist, Gott zu verherrlichen? Dann hätte das Lob der Gottesliebe eine formative und nicht nur eine expressive Funktion![73]

Barth fürchtet den Exzess der religiösen Ekstase und hat den Hochmut der Religiösen vor Augen, die sich in unheiligen Allianzen mit den Herren der Welt verbünden und sagen, sie lieben Gott, aber in Wahrheit den Götzen dienen. Doch es gibt auch eine Verachtung des Gottesdienstes, die sich in Spott und Häme äußert – vom bierseligen Hallelujawitz bis zum bösartigen Verriss alles Liturgischen. Und auch die eigene Unlust kann einen bisweilen zum Lästern reizen. Wenn das Lob des Ewigen zur unendlich gedehnten Kirchenchorprobe wird, ist es das Letzte, was man sich postmortal wünscht – ob Choral oder Worship macht keinen Unterschied. Selbst Mozart kann die Sache nicht retten. Manche haben schon Mühe mit der Vorstellung, die heilige Stunde am Sonntagmorgen auf die Länge eines Taylor Swift-Konzerts zu strecken.

Die Karikatur einer ewig gestreckten Halleluja-Tortour hat dann einen Wahrheitskern. Sie entlarvt die Verwechslung des Kults mit dem Gottesdienst. Aber sie verzerrt das, wovon das eingangs zitierte Bekenntnis spricht. Wenn Anbetung das Letzte ist, was sich säkulare Zeitgenossen wünschen, ist es das Erste, wonach sich Christen sehnen. Es ist unsere Freude, Gott zu genießen, nur ihn zu sehen und zu finden![74]

5.3 Bis er kommt in Herrlichkeit

Gott loben, das ist unser Amt (Ps 100), singt die Gemeinde und singt weiter, was ihr überliefert ist und wozu sie aufgerufen wird.[75] Aber droht nun mit diesem „Du sollst“ der Feiertagsheiligung nicht eben der Verlust der Freude? Dass am Ende anstatt der Freiheit doch wieder ein frommer Zwang herrscht? Wird die Verehrung als *Pflicht* verstanden, besteht diese Gefahr in der Tat.

73 Vgl. dazu Jamie Smith, *You are what you love. The spiritual Power of Habits*, Grand Rapids 2016.

74 RG 162,4.

75 Vgl. KD III/4, 80f.

Als gebotenes Tun gehört die Feiertagsheiligung gewiss zur Ethik, aber nicht so, dass sie als ein Teil der Heiligung des Menschen begriffen würde, sondern dergestalt, dass „des Menschen Heiligung [...] sich in der Heiligkeit des Sabbath, im Innenraum der Feiertagsheiligung [vollzieht]".[76] Bernd Wannenwetsch verweist auf diesen Zusammenhang, wenn er beim priesterlichen Schöpfungsbericht anknüpft und programmatisch formuliert: „Aus der Heiligung des Feiertags *erwächst* die Heiligung unseres Lebens."[77] Denn mit dem göttlichen Schauen der Werke ist der Anfang gesetzt. Es *„feierte* Gott von seiner Arbeit" – so übersetzen Buber und Rosenzweig die Stelle – also ergötzt sich Gott und lädt den Menschen, sein Geschöpf, ein, mit ihm zu feiern. Er bekommt Anteil an der Ruhe, nicht weil er wie Gott von *seinen* Werken, sondern mit Gott von *dessen* Werken ruht.[78] Der Mensch feiert den ersten Sabbath, bevor er selbst werktätig geworden ist.

Auch Barth unterstreicht diesen Anfang vor dem Anfang, wenn er in der Schöpfungslehre festhält, dass die Geschichte des Menschen mit dem Evangelium und nicht mit dem Gesetz beginnt. „Sie beginnt mit des Menschen *Freiheit* und nicht mit seiner Verpflichtung, mit einer *Feier* und nicht mit einer gestellten Aufgabe, mit *Freude* und nicht mit Mühe und Arbeit."[79] In protologischer Perspektive müsste der erste Satz aus dem Westminster Shorter Catechism heißen, the *original purpose* of man is to glorify God and to enjoy Him for ever" – in christologischer und pneumatologischer Perspektive muss es heißen: Was vom Gottesdienst eschatologisch gesagt wird, von der Ruhe, die für Gottes Volk noch vorhanden ist (Hebr 4,9), ist noch nicht erfüllt, aber mit der Auferstehung schon angebrochen – auf das wir vom Ach zum O und nicht zum Krach kommen. Wir sollen eben damit Gott die Ehre geben und wissen: Unser Lob ist immer vorletztes Lob, bis Er kommt in Herrlichkeit.[80] Wenn die Feiernden des Todes Christi gedenken, „bis er kommt" (1 Kor 11,26), dann gedenken sie kreuzfidel dessen, der sagt, „Ja, ich komme bald!" (Offb 22,20).

---

76 Wannenwetsch, *Gottesdienst* (Anm. 11), 328.

77 Ebd.

78 A.a.O., 330.

79 KD III/1, 247.

80 Karl Barth/Eduard Thurneysen, *Komm Schöpfer Geist! Predigten*, München 1924, 176f.: „Mit Christo auferstanden sein – Was heißt das? Ein Held, ein Weiser, ein frommer Mann, eine religiöse Persönlichkeit sein, Sonne im Herzen und ein gutes Gewissen haben? Nein, nein, fast hätte ich gesagt: Behüte uns Gott davor! sondern ganz schlicht ein Mensch da drunten sein (mit allem, was das bedeutet), aber ein Mensch, zu dem das Wort gesagt ist ... Siehe, ich mache alles neu."

5.4 … und eben damit Gott die Ehre geben

O Geist, vom Vater ausgesandt,
o Kraft, vom Sohn verheißen:
Ergieße dich unser Herz
und nimm es dir zu eigen.

Wo du bist, flammt die Liebe auf,
und Liebe will lobsingen.
Die Liebe öffnet Herz und Hand,
sie will sich ganz verschwenden.

Lob sei dem Vater und dem Sohn
Lob sei dem Heil'gen Geiste,
wie es von allem Anfang war,
jetzt und für alle Zeiten.[81]

81 Gesungen nach der Melodie „Komm Schöpfer Geist kehr bei uns ein“, Worte nach „Nunc, Sancte, nobis, Spiritus“ – wird Ambrosius (gest. 397) zugeschrieben.

William Schweiker

Christian Humanism in the Age of Artificial Intelligence

I want to thank the organizers of this conference for three special reasons. First, I thank them, and especially Professor Dr. Dr. Günter Thomas, for the invitation to speak to this august gathering, and the more so because I am not a "Barthian" or "Barth scholar" in most senses of those words. Second, I am thankful that the organizers agreed to let me use my *Muttersprache*. I can assure you that whatever trouble you have in understanding my English, you would find it *praktisch unmöglich* to understand my *Deutsch*! Finally, as a keynote lecture I cannot engage in detailed exegesis of texts or the analysis of argument and so must, by the nature of the case, speak in broad terms. Should time allow, I can provide more nuance and detail during discussion.

Again, thank you for the honor of this invitation to speak. Let me now introduce what I intend to argue in these reflections.

§1 Theological Importance and Stance

The topic of this lecture is profoundly important for me, religiously and theologically. In terms of faith, I have been, since childhood, deeply repulsed at the violence and hatred that the religions, including the Christian faith, have endorsed and done to human beings. In the face of some painful losses to me, I could not understand how a supposed religion of love could spew hatred. Furthermore, I had a deep sense, not well understood at the time, that there are standards that can and should be used to judge religious life, standards independent of supposed Divine Commands or biblical injunctions. And yet, unlike many so-called "protest-atheists" who disavow religious conviction about the deity in the face of the degradation of human life, I have never believed that human existence, even with its brutality, is self-explanatory. We are more than "matter in motion," as Langdon Gilkey put it[1]

Further, I have witnessed human beings withstand horrible loss and pain in the face of the necessities of finite human life. How does one face, withstand, those necessities without despair or nihilistic skepticism? This "withstanding," if it can be defended, cannot be analyzed away into a collection of attributes without a living coherence that is the declaration of the intrinsic worth of the person, of what I have called the integrity of life.[2] The struggle for me, then, has always been how to hold in productive tension an affirmation of a sovereign God with the dignity and depravity of human existence. This possibility, I believe, is well expressed in the idea of a Christian humanism, a theological self-description that I have developed over some year.

So, the perspective from which I will offer the interpretation of the age of AI is that of Christian Humanism, a tensive and seemingly self-contradictory stance in life, at once religious and yet profoundly naturalistic. All of us know the many forms of humanism in the West: secular, technological, atheistic, Renaissance, Marxist, and on and on. Each of us knows the criticisms of Christian faith leveled by humanists: faith demeans human autonomy by a heavenly Over-Lord; it is false consolation in the face of the anxiety and dread of existence; faith is the denial of the horrors of history in the endless slaughter of human beings by some eschatological fix. Christians have repaid these criticisms with their own attacks on humanism. It is supposedly a godless philosophy that shrinks human beings to mere matter in motion; it is Nietzschean vitalism, the will-to-power; humanism is a hopeless ideology that cannot support its own utopian dreams of human flourishing by human means alone; and, finally, humanists have an unrealistic grasp of the limits on human freedom as well as the bonds of kinship and culture that give specific identities to peoples. Honestly, no one is a "citizen of the world" despite what cosmopolitan humanists may think.

I am not going to enter this *Auseinandersetzung* between Christianity and Humanism. The argument will go on, I am sure. But for historical and

1 Langon Gilkey, *Naming the Whirlwind: The Renewal of God Language* (Boos-Merrill, 1969).

2 I am borrowing terminology, if not the whole argument of Gabriel Marcel (withstanding) and Paul Ricoeur (Attestation). See Markus Gabriel, *The World Does Not Exist*, trans. G.S. Moss (Cambridge: Polity Press, 2015) and Paul Ricoeur, *Oneself as Another*, trans. Kathleen Blamey (Chicago, IL: The University of Chicago Press, 1995). Also see, William Schweiker, *Dust That Breathes: Christian Faith and the New Humanisms* (Wiley, 20XYZ).

theological reasons I agree with Albert Outler and Jacques Maritain, and so a Protestant and a Catholic, that Christianity is true humanism.[3] And while I will differ, somewhat, with Barth's formulation of the *Humanität Gottes*, he too makes the point.[4] Given faith in Jesus Christ, there can be no ultimate opposition between Christian conviction and a robust humanism. So, Christian humanism is the perspective or standpoint of my argument.

§2 Interpretive Strategy

Closely related to the theological importance of this lecture and a stance at once Christian and humanistic is a perplexity, at least on my part, about how best to articulate the structures of lived experience. If faith is not active in love, then it is not faith, but, this means, we must have some grasp of the structures within which we live, move, and have our being, as St. Paul put it on Mars Hill (Acts 17:28). Accordingly, it is a longstanding dictum for theologians interested in ethics and politics, so theologians like myself – and, I might add, Barth as well – that one must wrestle with a seemingly simple question: "what is going on?"[5] That is, we cannot assume responsibility and orient life in faith if we have a mistaken, overly simple, or naive understanding of the context, the circumstance, of our lives. Obviously, the ultimate context of human existence theologically construed is the action and providence of God revealed in Jesus Christ and at work in the Spirit. That was, among other things, Barth's point. Yet on a more mundane plane of thought, we need some grasp of the structures of lived realities – social, economic, political, technological (to name a few) – within which we are called to responsible existence. Further, virtually every major technological advance in human history that has relieved suffering as well as caused others is within these structures: say, the wheel, military weaponry, artificial heart values, steam engines, motor cars, the telephone, and now the internet and Artificial Intelligence (AI), brings with it radical changes in human perception of the world and itself. The phrase "In the Age of AI," in the title of my lecture, is meant to name one salient aspect of our current global context that brings with it, for good and ill, major changes in perception and experience.

3 Albert C. Outler, *Who Trusts in God: Musings on the Meaning of Providence* (Oxford, 1968) and Jacques Maritian, *Integral Humanism* (Charles Scribner's Sons, 1968).

4 Karl Barth, *The Humanity of God* (Westminster John Knox Press, 1996).

5 See H. Richard Niebuhr, *The Responsible Self: An Essay in Christian Moral Philosophy* (Westminster John Knox Press, 1999).

Artificial Intelligence (AI) is often identified with ChatGPT and other programs. But it has a wider meaning that we need to have in mind. Here is a standard definition:

> "*Artificial intelligence (AI)* is the theory and development of computer systems capable of performing tasks that historically required human intelligence, such as recognizing speech, making decisions, and identifying patterns."[6]

I will not be engaging in a long exposé of AI and its development, since there are many works that do so. Rather, I will undertake an interpretation of our age of AI in order to isolate the most salient challenges to Christian life in what is going on. Given that task, it is important for me to note the hermeneutical strategy I deploy in what follows, that is, how I will attempt to articulate what is going on. One popular strategy for interpreting our situation, both in Europe and the USA, is to explore complex social systems[7]. I engage in such analysis myself, but, admittedly, from a humanistic stance, and with two aspects. What do I mean?

First, Edward Said, the Palestinian-American philosopher and literary critic, notes in his *Humanism and Democratic Criticism*, that humanists hold that we understand what human beings have made.[8] As medieval theologians like Aquinas would put it, "things are known according to the mode of the knower."[9] While we can have knowledge and appreciations of the working of natural processes and even Holy Scripture, understanding, and so the domain of meaning and value, is keyed to works of culture, human languages, social processes, the arts and sciences as well as the *forms* of the Word of God. Unless one takes a flight into mysticism or reduces personal life to social or biological processes, unhelpful moves for the theological ethicist, we can only know in the terms of human being, thinking, and doing.

What, then, about the age of AI? It has been popular to think of technology as a human-made tool to serve our purposes. Recent work has shown how thoroughly we are technological beings. AI has pressed this insight with even greater force. In fact, at least since Martin Heidegger technology is understood as a way of knowing and being in the world, a "framing" (*Gestell*) as

6 https://www.coursera.org/articles/what-is-artificial-intelligence?isNewUser=true. Accessed July 7, 2024 at 2:50pm.

7 One thinks here of the work of Habermas, Luhmann and in theology Michael Welker, Günter Thomas and others.

8 Edward Said, *Humanism and Democratic Criticism* (Columbia University Press, 2004).

9 Thomas Aquinas, *Summa Theologiae* I, 12, 4.

he put it.[10] This is why, again, AI signals a potential revolution in our understanding of reality and human life. Our tools become part of us, part of our tacit knowledge, to borrow from Michael Polanyi, meaning that from which we intend some subject.[11] For example, we quickly forget we are wearing glasses in reading a text or the placement of the keys on a MacBook Pro as we pound out a lecture. This tacit dimension of technology means, interestingly, that "*we can know more than we can tell.*" AI allows each of us to know more about the world than we can talk about how that technology works. If most of human history has faced the limits of intelligibility of the natural world, now the workings of our social and technological world befuddle us.

So, I am trying to interpret the "Age of AI" not simply as a time dominated by extremely complex "tools," but, rather, as a means to get at our humanity, its meaning and worth, and perceptions of reality. I hope to show that this alters how Christian theologians can and ought to engage the AI revolution. But that requires, as a second aspect of my interpretive strategy, that I show how AI affects the needs and basic good found in every dimension of life, as I have called them: bodily, local, social, reflective, and moral.

My argument will move, then, on several planes of reflection. First, I need to note in brief what is going on in the Age of AI, and, second, its relation to Humanism. Third, some of the practical challenges human beings face in this age that strike to the roots of our humanity in relation to needs and basic goods. And, finally, the fundamental challenge AI poses and how Christian faith can and must address it. We will uncover, I hold, a problem which AI cannot answer because it is run by necessary algorithmic formulae, sets of rules to be rigorously followed, and therefore cannot take any stance towards that necessity. Human beings, conversely, can and do take various stances towards the necessities of finite life ranging from despair to faith, resignation to hope, and hatred to love. It is this stance-taking capacity, what I call the capability to withstand reduction, that calls for a novel theological and humanistic response in our age.

10 Martin Heidegger, *The Question Concerning Technology, and other Essays* (Harper Torchbooks, 1977).

11 Michael Polanyi, *The Tacit Dimension* (Garden City, NY: Anchor Books, 1967), 4.

§3 The Age of AI, in Brief

Commentators on the explosion of work in AI note that human beings still control it and should inform it with our values, norms, and needs. That includes, we should note, how human racial, sexual, ethnic, and cultural biases can be input into AI which then continues to reduplicate them. There is also agreement that AI lacks basic human attributes and "does not possess: friendship, empathy, curiosity, doubt, worry."[12] Nevertheless, there is the awareness that with AI there "will be the alteration of human identity and the human experience of reality at levels not experienced since the dawn of the modern age."[13] Basically, the modern age has been defined, scientifically and socially, as the turn to human reason to explore and to discover the laws that structure our experience of reality in order to enhance human life.[14] Yet we now face a situation wherein another form of intelligence works and/or competes with human reason. What does this mean for orienting our lives?

The link between technology and our perceptions of our humanity and our experience of reality has, of course, been long noted. One thinks of Plato's suspicions of writing as a threat to human memory verses recent thinkers like Bernard Stiegler's claims about technological tertiary memory, downloading memory into computers. As noted, Heidegger held that technology reduces the world to mere standing reserve for "its" purposes, if one can speak of "it" having purposes. A crucial aspect of these claims is the speed of technological development as well as, in forms of memory, the power to retain indefinitely human thought in tertiary form, and to reduce social and biological realities to a set of rules. What then happens to human beings and our standing in the world?

There are also more immediate and mundane shifts afoot: the impact of AI on military power and global order, education and knowledge production, economic systems, global communications and network platforms, architecture and city planning, the global environment, and, of course, the arts, to name a few. Come what may, our perception of ourselves and reality are mediated, interfaced, with technology and especially AI with its power to

12 Henry A. Kissinger, Eric Schmidt, and Daniel Huttenlocher, *The Age of AI and Our Human Future* (New York, Little, Brown and Company, 2021), 5.

13 Kissinger, Schmidt, and Huttenlocher, *The Age of AI and Our Human Future*, 4.

14 This is succintly stated in the rotuna of the Museum of Science and Industry build for the 1892 Columbian World Exposition in Chicago: "Science Discerns the Laws of Nature; Technology Applies Them for the Good of Man."

evolve, learn, and surprise. This is especially the case should we reach "singularity," that is, the point at which a new level of intelligence is reached beyond human capacities when AI programs itself. In this situation, as an aspect of our age, it is, again, hardly surprising that people fear for the fate of our humanity. As noted by recent commentators,

> "Human identity may continue to rest on the pinnacle of animate intelligence, but human reason will cease to describe the full sweep of intelligence that works to comprehend reality. To make sense of our place in this world, our emphasis may need to shift from the centrality of human reason to the centrality of human dignity and autonomy."[15]

We will return to specific aspects of AI, but the point now in light of the fear for our humanity is that we find an opening for renewed interest in humanism, even if we hold for a moment the question of Christian humanism. What do I mean?

As I have already noted, there are many forms of humanism. It is also the case that under the banner of "humanism" is a vigorous debate about post-humanism, trans-humanism, and anti-humanist positions. The debate has to do with whether via technology we can escape the necessities of finite life, especially aging and death, and thus take leave of the human form of life. We cannot and need not sort out these many debates today.

In regards to our concern, the Latin word *humanitas* was first used by Cicero, the rhetorician and statesman, to speak of education and moral equality with respect to human beings as such. By the time of the Renaissance, humanism described those advocating classical literature, including a return to the original biblical languages, and so a classical education, say, in Erasmus, Philip Melanchthon, the teacher of Germany, and many others. Some scholars even draw a distinction between Northern, and so more Christian, humanism and so-called Southern humanism associated with the Italian Renaissance and thus kinds of Neo-Platonism. Nonetheless, from linguistics to literature, drama to poetry, farce to utopia (think, Thomas More) and from science, say, DaVinci, to politics, and so Machiavelli, not to mention philosophers like Pico or Petrarch, humanists probed the making of the human world and the triumph and folly of human existence. In this respect, past and present humanists emphasize human individual and social agency, human

---

15 Kissinger, Schmidt, and Huttenlocher, *The Age of AI and Our Human Future*, 194.

flourishing, tolerance, and the self-determination of human beings, autonomy as we now call it.

Notice: humanists have always been interested in what is now called a "built environment," that is, the totality of meanings human beings use to construct their worlds, their cultures, and what those say about themselves.[16] Not only is the natural world increasingly "standing reserve," as the global environment crisis shows, but so too human beings. Yet, it is important to see that the built environment, our humanly made world, is part of us and not a mere tool. The humanist will take a critical *but not* denunciatory judgment on these advances; they must serve to respect and enhance the integrity of life. In this context, at issue, theologically and philosophically, is where humanity is to be found, that is, where does our humanity distinctly appear such that we might understand it and orient our lives towards its responsible flourishing in the face of AI and anti-humanism.

For the Christian humanist, the answer has always been in Jesus Christ. Erasmus certainly held the divinity of Christ, and also that Jesus is the truly human Christ.[17] Karl Barth claimed, of course, the "humanity of God," but insisted that Christ is *noumenal man* whereas we are *phenomenal* human beings. In this respect, the *Wortes Gottes* reveals our humanity and the free responsibility that entails. Philosophers have, of course, looked to human capacities for self-directed action under practical reason's legislation of the moral law that evokes "respect" for humanity in us and others. Thus Spake Kant. Jean-Paul Sartre and some others fastened our power of self-definition in choice, as if human choice confronts no limits other than our anxieties and lack of courage.

Again, the variety of humanisms is not my topic, although I advance, contra-Barth, the claim that in Christ we are truly human.[18] Call this *die Humanität der Menschen in Christus,* if you like. Now it is important, in order to add nuance to the argument, to note some of the practical challenges AI poses to our humanity. My task in this lecture is not to answer these practical challenges, but, rather, to grasp how they help us understand what is going on in our perception of reality and our humanity.

---

16 See, for example, Thomas P. Hughes, *Human-Built World: How to Think about Technology and Culture* (Chicago, Il: University of Chicago Press, 2005).

17 See Terence J. Martin, *The Christology of Erasmus: Christ, Humanity, and Peace* (Washington D.C., The Catholic University of America Press, 2024).

18 William Schweiker, *Dust That Breathes*: Christian Faith and the New Humanisms (Wiley-Blackwell, 2011).

§4 Practical Challenges of AI

The challenges AI poses to us range through virtually all the basic needs, goods, and capacities interwoven into our existence.[19] The advancing industries of biotechnology, and so *bodily* needs, range not only from robotic surgery, interventions into the human genome, and transplantation of human tissue but to the possibility of human cloning as well. The developments have generated widespread discussion among scholars and policy makers as well as various declarations often tied to human rights and informed consent.[20] While many of these insist on the dignity of human beings, some advances in radical life extension have spawned movements like posthumanism that seek to escape the human finite condition. Like many, maybe most, advances in technology and certainly AI assisted technologies, the benefits and harms of these developments are not distributed equally but usually bound to economic and political forms of injustice. At this basic level, we see how AI and the companies that develop and deploy them threaten the place of work in human life. Insofar as labor has been essential to human survival and also self-understanding and human dignity, major challenges to human activity are underway.

As beings who are always *located* in some place and some time, one can see how AI is shaping the context of human life, drawing every form of life into a built environment, as noted. This would suggest, as Markus Gabriel has argued, that the human "world" does not exist, properly speaking.[21] That is, for human beings there is no simple ultimate field of sense that actually unifies all other fields – materially or conceptually – like Spinoza's *substance*, Hegel's *Geist*, or a construct of God as all powerful and all-knowing. Rather, we live in multiple fields of sense – multiple interacting systems (to use sociological language) – each with its own norms, values, rules, and meanings.

19 I am using an interpretive scheme developed around basic human goods, as they are called. Attention to these goods has arisen in recent ethics but reaches back to the ancient world. For an early discussion of the range of positions in the ancient West world, see Cicero, *On Moral Ends*, ed. J. Annas (Cambridge, 2001). Also see, David E Klemm and William Schweiker, *Religion and the Human Future: An Essay on Theological Humanism* (Wiley-Blackwell, 2008).

20 See Lars Reuter, *Modern Biotechnology in Postmodern Times?: Reflection on European Policies and Human Agency* (Dordrecht: Kluwer Academic, 2003).

21 Markus Gabriel, *The World Does Not Exist*, trans. G.S. Moss (Cambridge: Polity Press, 2015).

The age of AI is, in this respect, a time of many worlds.[22] This suggests, in a limitation on a fully unified digital world, that "we are human beings and not zombies or neuromachines, and it asserts this minimal humanism independent of any specific worldview."[23] We must champion this minimal humanism rather that accepting the idea that reality, and our humanity, is just standing reserve for AI and other technologies.

Intimately tied to human locality and the challenge of AI is that deeply *social* character of human beings. Sociality is a basic human good, despite it also being a cause of conflict and warfare and the struggle for recognition. As we know, the communication revolution via the internet and, with it, social media often driven by AI now deeply affect human sociality. Some find new online communities to join, others experience isolation or shaming, and everyone wrestles with Trolls, misinformation, Bots, and threats to cybersecurity. Not surprisingly, sociality in the age of AI is fraught with the challenges of human language and communication – lying, misunderstanding, deceptions, the challenges of interpretation. The social polarization of peoples and the endless struggle for recognition is intensified by the speed of global communication.

The challenge of AI to our perception of reality and our humanity has mainly focused on the *reflective* goods of human life, that is, the fact that we can seek to understand our experience in its complexity. The advance of AI as thinking machines that can evolve, learn, and even surprise aimed at "singularity" means that human reason is not and will not be the only form of intelligence knowing reality, however complex reality is. Many in this room today know of the challenges that ChatGPT and other forms of AI put to education and especially student – and faculty (!) – writing. Increasingly, online, print, and TV news sources are supported by these technologies. Likewise, our online actions serve to enable active learning by these programs. Little wonder, then, that around the world we see the formation of groups whose self-understanding and perceptions of others and of reality are shaped by ideologies generated or enhanced by AI. As I have already noted, machine intelligence and *cybernetic* information feedback systems, do not displace, but challenge human reason as the apex of intelligence, even as they demand that we make a shift in our appraisal of human worth.

22 William Schweiker, *Theological Ethics and Global Dynamics: In the Time of Many Worlds* (Wiley-Blackwell, 2004).

23 Gabriel, *The World Does Not Exist*, 98.

The shift from the centrality of reason, or more properly technological reason in modernity, in our understanding of the worth of human life brings us to a final basic good, that is, the *moral* good. By "the moral good" I mean an aim of human life mediated by norms and values for our relations to others. Put somewhat abstractly, the moral good is the coherence of human flourishing and the norms of justice, what some, like Immanuel Kant, would call the highest good. This synthetic conception of the highest good, rather than a rational unitary idea of the Good, is deeply rooted in Christian theology informed by Biblical and Hellenistic thought. It is seen in thinkers as diverse a Thomas Aquinas and John Wesley or the interrelation of the Decalogue and the Beatitudes in the Christian canon. Of course, it is not clear that human beings, let alone AI, can achieve the highest good, and so it remains an ideal, a demand, to orient actions and relations. This fact will bring us, in a moment, back to our topic of Christian humanism.

However, we must first note that there is a spirited debate about the ethics of computers. Do these "machines" have an obligation of respect for persons and to do no harm to people as enumerated in Isaac Asimov's "The Laws of Robotics"?[24] What moral obligations, if any, do computers have towards humans? Should AI reach the point wherein it makes sense to speak of them as free moral agents, what does this mean for our obligations to them? Think of the famous, albeit imaginary, actions of HAL 9000 in the movie *2001 A Space Odyssey* or the Android *Data* in the *Star Trek* series. In other words, even popular culture ,no less than philosophers and theologians, is probing the question of forms of moral agency, attributions of responsibility, and the norms and values for character and conduct in humans and computing systems. If our morality is based solely in reason, then, is a reasoning machine a moral being? Should we seek to scale-up a rational based ethics to include them? Perhaps we ought to seek another conception of the grounds of human dignity and with it a different ethical outlook.[25]

---

24 See Dennett, D. C., 1997. "When HAL Kills, Who's to Blame? Computer Ethics," in *HAL's Legacy: 2001's Computer as Dream and Reality*, D. G. Stork (ed.), (Cambridge, MA: MIT Press). The issue is also is generative AI will abide by Isaac Asimov's "Three Laws of Robotics."

25 Such a shift, but for different reasons, is found in Hans Jonas, *The Imperative of Responsibility: In Search of an Ethics for the Technological Age* (Chicago, IL: The University of Chicago Press, 1985). Jonas locates worth in purposiveness which he takes to be an ontological primitive. My argument, while related, looks to the assertation or withstanding of humans as finite, if also active, beings.

It should now be clear that what is going on in the age of AI is a challenge to the entire scope of ideas that have informed our conceptions of reality and human existence and experience. This fact forces us to ask, first, despite the necessary place of reason in human life and technology, should reason be the proper locus of human dignity and worth, and if so what form of reason, and, second, what do these diverse developments mean for our understanding of ourselves and the reality in which we must orient our lives? These two questions bring us, at last, back to the theme of Christian humanism in the age of AI, now mindful of what is going on in this age.

§5 Christian Humanism and the World of AI

Thus far in these reflections I have, in fact, noted, first, some basic assumptions of my argument, that is, human life, I hold, is not self-explanatory, and, further, human beings as capable agents withstand, within admitted limits, attempts to demean and destroy their dignity. Obviously, human dignity can be erased, demeaned, as seen in centuries of torture, enslavement, grinding poverty, and horrific ideologies.[26] Nevertheless, the resilience of the human spirit is deep and powerful. Next, I sought to provide an interpretation of what is going on in the age of AI that discloses something about our humanity and perception of reality. AI seems to be on the path towards singularity and thus to realize a form of intelligence beyond human reason even though it is the product of human reason. If we are to endorse an irreducible human worth, its grounds must be other than reason, a grounding that has historically dominated philosophical and much theological reflection as well as the modern scientific and technological world. Finally, we have seen on the practical level how AI and information technology have invaded every type of basic human needs and goods and thereby threaten to reduce our lives to interrelated functions encoded in algorithms. In other words, AI implies that reason is necessarily self-explanatory based on its own immanent rules, and it challenges our capacity to withstand our reduction to a collection of maximized basic goods within encoded systems.

What does this age mean for Christian humanism? At issue, it seems to me, is, on the one hand, the claim that human existence is not self-explanatory, that is, "we are not our own," to use John Calvin's and St. Paul's words. That

26 For a profound study of this fact see Jonathan Glover, *Humanity: A Moral History of the Twentieth Century* (New Haven, CN: Yale University Press, 2000).

affirmation is basic to Christian faith, specially, when the integrity of life is to be found in Christ through faith and in the neighbor by love. Human existence is not reducible solely to biological and technological necessities. On the other hand, the Christian humanist wants to claim that there is an irreducible human capacity to withstand reduction, an attestation to the worth of human life as such. How to understand the relation among these claims?

Karl Barth answered this question by asserting the absolute priority of God's free revelation to us before and as the condition of our freedom. Recall that *Kirchliche Dogmatik 1/2* places the discussion of the Incarnation of the Word (§ 13–15) before the outpouring of the spirit and so human freedom and "The Life of the Children of God" (§18). He wrote that by "the very self-determination, without which he would not be man, man becomes an object of the divine predetermination."[27] Even, to hear the Word of God is to obey it; obedience does not require human interpretation. Barth likewise insisted, in the Tambach lecture, that "The Christian is that within us which is not ourselves but Christ in us," that is the presupposition of life.[28] Human existence, again, is not self-explanatory; it is knowable only in Christ. The worth of human life that withstands desecration and reduction is likewise Christ: "the Christian is *the Christ,*" as he puts it in the same passage.

For Barth, any human self-determination, any power or capacity to withstand the reduction and destruction of life that is not the revealed word of God, is the sin of religion (§17) or, later, ethics as sin (e.g., IV.1 §60). But is that in fact what the humanist, especially the Christian humanist, is saying? Christian faith is about new life in Christ through faith, a liberation from the bondage to every necessity that enslaves and demeans human life, including the religions. For the non-Christian humanist, "aliveness," what withstands reduction, might be named, as with Kant, freedom, the *conatus*, to talk like Spinoza, reverence for life, or even, and dangerously, the *Wille zu Macht*. But for the Christian those affirmations of the power of life to withstand reduction are not yet *new life*, not yet freedom from bondage to ourselves, and thus assume, wrongly, that human life is self-explanatory.

Thus, the humanist *qua* humanist rightly locates human dignity in the power of life, that we are active beings, rather than rationality as such. Yet the humanist fails to see that this does not escape bondage to the ever-in-

27 CD I/2, 364.

28 In Karl Barth, *The Word of God and the Word of Man*, trans. D. Horton (Gloucester, MA: Peter Smith, 1978), 273.

creasing quest for power, the increase of the *conatus* or the Will-to-Power, even if, conversely, one can seek to escape the bondage by the reduction of power to nil, say, with Schopenhauer or Schweitzer's reverence for life. New life in Christ activates a cluster of concepts that transform the sheer increase of power as the human good without a denial of our active being: justice, love, peace, faith, hope. These capacities are dedicated to the liberation and well-being of others, and not just the self, while testifying to the good of finite life.[29]

John Wesley, in his *Sermons on the Sermon on the Mount*, in which is taught the sum of the Christian life, stated it well. True faith abides in the human heart and yet there is no holiness but social holiness, the love of neighbor. The Christian's existence is then not self-explanatory but rooted in faith in Christ, and yet there is in every human being a testimony to our dignity found in the life of God witnessed to by Christ. A testimony of "God's spirit to and with our spirit," as Wesley puts it elsewhere.[30] This kind of humanism shifts human dignity from reason to new life and thus can withstand the reduction of intelligence as mere algorithms and digital systems. Yet it acknowledges that AI might allow us new perceptions of reality, new ways to respect and enhance the integrity of life in biotechnology, communication, commerce. But Christian humanism acknowledges the transformation of the will to life, the attestation to our being and acting, into new life in Christ and so the work of social holiness. This places a limit on the desire to endless increase of technological power out of a newly found love for finite life with its painful and joyous limitation rooted in biological, social, and technological necessities interwoven into life. It also asserts that lives unfold within and before the living God. In this respect, Jürgen Moltmann, lately lost to us, was correct to note that "Whether humanity *ought* to live, or ought to become extinct, is a question which cannot be answered through the dictates of rational expediency, but only out of a love for life."[31]

---

29 Along with my works, see also, Günter Thomas, *Neue Schöpfung: Systematisch-theologische Untersuchungen zur Hoffnung auf das "Leben in der zukünftigen Welt"* (Vandenhoeck + Ruprecht, 2009) and Michael Welker, *In God's Image: An Anthropology of the Spirit* (Grand Rapids, MI: Eerdmans, 2021).

30 John Wesley, "The Witness of the Spirit: *Discourse II*" (See Rom 8:16), *John Wesley's Sermons: An Anthology*, eds. A. Outler and R. Heitzenrater (Nashville, TN: Abingdon, 1991): 395.

31 Jürgen Moltmann, *The Spirit of Life: A Universal Affirmation*, trans. Margaret Kohl (Minneapolis, MN: Fortress Press, 2001), p. xii.

§6 Conclusion

Let me conclude these reflections. Rather than condemn AI as anti-human or anti-Christian, I have undertaken a humanistic interpretation of AI and sought to explore what it reveals to us about our humanity. I have found that with AI a new form of intelligence is, seemingly, coming into being that may provide new insight into reality and even our humanity. This is, in some respects, the *apotheosis* of the age of Reason where human reason creates a form of rationality beyond our own. Further, as AI permeates every domain of life, it might well encode the goods of life in digital systems that could reduce human dignity to a necessary function of those systems even as it guides fantastic advances in medicine, communication, and commerce to aid human flourishing.

The insight is that we do not need to take reason alone – theologically or philosophically – as the hallmark of human dignity. Likewise, one need not reject human reason in the orientation of life through some form of romanticism, mysticism, fundamentalism, or pietism. A shift to the will to life is needed as the core of human dignity, and, yet, I have argued that a genuine Christian humanism resists an account of human worth as the endless increase in the will to power or the quest to quell the will to life in concern for other forms of life. New life in Christ transforms the will to life as freedom from the drive of power and control into a realistic affirmation of life, in oneself and others, expressed in a cluster of ideas about justice, peace, love, and freedom. It is, to use biblical language, to walk in the ways that lead to life.

In the end, Christian humanism in this age of AI or any age is a true humanism because it testifies to the truth that human existence is not self-explanatory but open to a horizon of life within which we live, move, and have our being. Precisely because that is the case, the human spirit withstands every form of bondage and degradation that stalks this and every age.

Frank Pritzke

Gemeinde als Gleichnis des Reiches Gottes?

Vorläufige Bemerkungen zu Karl Barth, Hans-Georg Geyer und Hans Joachim Iwand[1]

I.

Ich nehme meinen Ausgangspunkt bei einer Überlegung Dietrich Korschs. Korsch schreibt in einem Vortrag über seinen Lehrer Hans-Georg Geyer und dessen Verhältnis zur Kritischen Theorie über Geyers Aufsatz „Einige vorläufige Erwägungen über Notwendigkeit und Möglichkeit einer politischen Ethik in der evangelischen Theologie"[2], in dem er den Ansatz von Geyers politischer Ethik grundgelegt findet: „Der erste Grundgedanke dieses Textes besteht darin, in Barths Analogieschema eine geschichtliche Dynamik einzuschreiben. Damit verliert Barths Bild von den konzentrischen Kreisen seine ansonsten unvermeidliche Statik, auch der Anschein einer falschen Zentrierung wird ihm genommen. Christengemeinde und Bürgergemeinde sind gemeinsam auf dem Weg. Damit wird eine Zielbestimmung in den Begriff des Politischen eingeführt, die an der Einsicht festhält, daß das Gelingen des Ganzen nicht Resultat humanen Planens sein kann. Der zweite Grundgedanke läßt sich von dort her leicht einsehen. Wenn das Gelingen nicht machbar ist, sondern als vorgegebene Verheißung erscheint, dann kann auch der Beitrag der Christengemeinde nicht in Vorschrift und Anleitung bestehen, so sehr sie von der göttlichen Voraussetzung des Ganzen weiß. Vielmehr bleibt sie im Gestus des Hinweisens, des Zeugnisses."[3]

---

1 Vortrag auf dem Iwand-Symposion in Essen am 29. August 2019.

2 Hans-Georg Geyer, Einige vorläufige Erwägungen über Notwendigkeit und Möglichkeit einer politischen Ethik in der evangelischen Theologie (1973), in: ders., *Andenken. Theologische Aufsätze*, hg. von Hans Theodor Goebel, Dietrich Korsch, Hartmut Ruddies und Jürgen Seim, Tübingen 2003, 394–434.

3 Dietrich Korsch, Hans-Georg Geyer und die Kritische Theorie; in: Frank Dittmann/Thorsten Latzel/Henning Theißen (Hg.), *Neugieriges Denken. Die Lehrtätigkeit und das*

In der Tat hat Geyer in Bezug auf Barths berühmtes Bild von den beiden konzentrischen Kreisen in „Christengemeinde und Bürgergemeinde" um den gemeinsamen Mittelpunkt Jesus Christus herum eben diesen Mittelpunkt zum Ausgangs- und Zielpunkt der von Korsch aufgerufenen eschatologisch-geschichtlichen Dynamik gemacht: „[I] m räumlichen Bild ist das Identische der Mittelpunkt in den konzentrischen Kreisen; in der zeitlichen Realität der Beziehung von Kirche und Welt (Staat und Kultur) ist das Identische der Zielpunkt vor ihrer historischen Gegenwart. – Die Identität der dialektischen Einheit von ‚Christengemeinde' und ‚Bürgergemeinde' steht ihnen als endgeschichtliche (eschatologische) Wirklichkeit bevor; ihre Nicht-Identität ist die innergeschichtliche Aufgabe der christlichen Gemeinde."[4]

In dieser Spannung von Identität und Nichtidentität hat die Christengemeinde ihr Verhältnis zur Bürgergemeinde in Affirmation und Negation zu bestimmen. Geyer schreibt: „Die aktive Negation ist als reale Möglichkeit ein notwendiger Faktor im Verhältnis der Kirche zur Welt. Das bedeutet indessen nicht die Erhebung des Widerspruchs zum Prinzip der Beziehung: als könne der christliche Glaube dem weltlichen Dasein grundsätzlich nur in der Weise des Widerspruchs entgegentreten und stünde die Welt für den Glauben und die Gemeinde a priori unter dem Verdikt der Negativität. Indem das Modell der dialektischen Einheit den Widerspruch als konstitutiven Faktor im Verhältnis der Kirche zur Welt impliziert, schließt es sowohl ihn, den Widerspruch selber, als auch sein Gegenteil, die Widerspruchsfreiheit, als Prinzip der Beziehung von christlichem Glauben und menschlichem Leben in Staat und Kultur aus. – Insofern ist es auch ausgeschlossen, daß die Gemeinde die blanke Negation, das schiere Nein als die Methode, d.h. als die ganze und darum einzige oder auch nur prinzipiell dominante Methode der Bestimmung ihrer Beziehung nach außen bzw. zur Welt handhabt."[5]

Zu Recht verweist Geyer im Zusammenhang dieser grundlegenden Gedankenfigur auf den Karl Barth des Tambacher Vortrags von 1919, in dem es heißt: „Aber es ist auch dumpf und gottlos, Christus immer nur als den aus einer unbegreiflichen Versenkung auftauchenden Erlöser oder vielmehr Richter der gegenwärtigen, im Argen liegenden Welt zu denken. Das Reich Gottes fängt nicht erst mit unseren Protestbewegungen an. Es ist eine Revolution, die *vor* allen Revolutionen ist, wie sie *vor* allem Bestehenden ist […].

---

theologische Werk von Hans-Georg Geyer. Mit vier unpublizierten Predigten von Hans-Georg Geyer (GTHF 30), Leipzig 2018, 73–88, 87.

4 Geyer, Einige vorläufige Erwägungen (Anm. 2), 400.

5 Ebd.

Das Ursprüngliche ist die Synthesis, aus ihr erst entspringt die Antithesis, vor allem aber offenbar auch die Thesis selbst."[6] Weder Lebensverneinung noch Lebensbejahung können darum für Barth die prinzipielle Grundhaltung des christlichen Glaubens sein.[7] Dennoch ist die Grundtendenz des Christen für den Barth der Dialektischen Theologie eindeutig die der radikalen Kritik: „Die Tränen sind *uns* näher als das Lächeln. *Wir* stehen tiefer im Nein als im Ja, tiefer in der Kritik und im Protest, als in der Naivität, tiefer in der Sehnsucht nach dem Zukünftigen als in der Beteiligung an der Gegenwart. *Wir* können den *Schöpfer* der ursprünglichen Welt nicht anders ehren als indem wir schreien nach dem *Erlöser* der jetzigen Welt."[8] Diese Position ist für Barth zutiefst eschatologisch begründet. Einzig die Hervorhebung des „Wir" im Zitat weist leise darauf hin, dass das, was für uns in Thesis und Antithesis zerfällt, bei Gott schon Synthesis ist.

Das hat sich für den Barth des Anselm-Buches, der Kirchlichen Dogmatik, der *analogia fidei* [9] und zumal der Erwählungs- und Versöhnungslehre grundlegend geändert. Ohne dass hier die Auswirkung geschweige denn der Weg seines Umdenkens für Barths theologische Ethik des Politischen auch nur skizziert werden könnte,[10] wird man sagen müssen: der Barth der Kirchlichen Dogmatik steht tiefer im Ja als im Nein. Oder um es mit Barth selbst in Formulierungen seines Vortrags über „Die Menschlichkeit Gottes" aus dem Jahre 1956 zu sagen, in denen er die Retraktation seiner früheren Position beschrieben hat: Gottes Göttlichkeit „ist die Divinität, die als solche auch den Charakter von Humanität hat. In dieser und nur in dieser Form war und ist der Satz von der Göttlichkeit Gottes jener Theologie der Vorzeit entgegenzustellen: in positiver Aufnahme, nicht in unbesonnener Verwerfung der *particula veri*, die man ihr, auch wenn man ihre Schwäche bis auf den Boden durchschaut, unmöglich absprechen kann. Eben Gottes recht verstandene *Göttlichkeit* schließt ein: seine *Menschlichkeit*."[11] „Ist Jesus Christus das Wort

6 Karl Barth, Der Christ in der Gesellschaft (1919); in: ders., *Das Wort Gottes und die Theologie. Gesammelte Vorträge*, München 1925, 33–69, 50f. (bei Geyer, Einige vorläufige Erwägungen [Anm. 2], zitiert 401f., Anm. 18).

7 Hans-Georg Geyer, ebd. Mit Bezug auf Karl Barth, a.a.O., 58.

8 Barth, Der Christ in der Gesellschaft (Anm. 6), 59 (bei Geyer, Einige vorläufige Erwägungen [Anm. 2], zitiert 402, Anm. 18).

9 Die Bedeutung von Barths Analogiedenken für diesen Zusammenhang hat Geyer, Einige vorläufige Erwägungen (Anm. 2), 403f., Anm. 20 hervorgehoben.

10 Für die Dogmatik selbst vgl. Manfred Josuttis, *Die Gegenständlichkeit der Offenbarung. Karl Barths Anselm-Buch und die Denkform seiner Theologie*, Bonn 1965.

11 Karl Barth, *Die Menschlichkeit Gottes* (ThSt [B] 48), Zürich 1956, 10.

der Wahrheit, der ‚Spiegel des väterlichen Herzens Gottes', dann ist Nietzsches Satz, der Mensch sei etwas, was überwunden werden muß, eine freche Lüge; dann ist gerade die Wahrheit *Gottes* diese und keine andere – mit Titus 3,4 zu reden: seine *Menschenfreundlichkeit*".[12]

Auch diese Position ist eschatologisch begründet. Hieß es 1919 im Tambacher Vortrag bezüglich des Christen in der Gesellschaft: „Der Christ ist *der Christus*. Der Christ ist das in uns, was nicht wir sind, sondern Christus in uns"[13], so heißt es nun 1959, vierzig Jahre später, in KD IV/3: „Jesus selbst ist dieses Reich [sc. Gottes, F.P.] in seiner ganzen Vollkommenheit. In ihm ist ja die Gottesherrschaft aufgerichtet. [...] Von seiner Offenbarung und also von der in ihm universal ergangenen Berufung und so von der aufgerichteten Gottesherrschaft des Reiches in der Senfkorngestalt des Ostergeschehens kommt die Gemeinde her. Und seiner Offenbarung und also der Offenbarung des Reiches in der vollendeten Sichtbarkeit jenes Baumes (Matth. 13,22), in dessen Zweigen die Vögel des Himmels nisten, geht sie *entgegen*."[14] Für den späten Karl Barth ist die Gemeinde „im neutestamentlichen Vollsinn des Begriffs" Gleichnis des Reiches Gottes.[15] Es ist das in der Auferstehung Jesu Christi anhebende und eschatologisch endgültig zu offenbarende Reich Gottes selbst, das die Gemeinde „als solches Gleichnis bezeichnet und darstellt".[16]

Und nun hat Barth schon in „Christengemeinde und Bürgergemeinde" 1946 das Verhältnis von Reich Gottes als *analogans* zur Christengemeinde als *analogatum* für das Verhältnis des Reiches Gottes zur Bürgergemeinde als eine abgeschwächte und indirekte Wiederholung derselben Gleichnisfähigkeit gesehen. Ich zitiere: „Es bleibt somit übrig und drängt sich als zwingend auf: die Gerechtigkeit des Staates in christlicher Sicht ist seine Existenz als ein *Gleichnis*, eine Entsprechung, ein Analogon zu dem in der Kirche geglaubten und von der Kirche verkündigten Reich Gottes. Indem die Bürgergemeinde den äußeren Kreis bildet, innerhalb dessen die Christengemeinde mit dem Geheimnis ihres Bekenntnisses und ihrer Botschaft der innere ist, indem sie also mit dieser das Zentrum gemeinsam hat, kann es nicht anders sein, als daß sie, obwohl und indem ihre Voraussetzung und Aufgabe eine eigene und andere ist, im Verhältnis zu der die Christengemeinde konstitu-

---

12 A.a.O., 15.

13 Barth, Der Christ in der Gesellschaft (Anm. 6), 34.

14 KD IV/3, 906f.; zitiert bei Geyer, Einige vorläufige Erwägungen (Anm. 2), 405.

15 KD IV/3, 906.

16 Ebd; vgl. Geyer, Einige vorläufige Erwägungen (Anm. 2), 405.

ierenden Wahrheit und Wirklichkeit gleichnis*fähig* ist: fähig dazu, sie indirekt, im Spiegelbild zu reflektieren. Da es aber bei der Eigenheit und Andersheit ihrer Voraussetzung und Aufgabe, bei ihrer Existenz als äußerer Kreis sein Bewenden haben muß, kann ihre Gerechtigkeit und also ihre Existenz als Spiegelbild der christlichen Wahrheit und Wirklichkeit nun doch nicht selbstverständlich und ein für allemal vorausgegeben sein, ist diese vielmehr aufs höchste gefährdet, ist es immer und überall fraglich, ob und in welchem Maß sie ihre Gerechtigkeit erfüllt, muß sie also, um vor Entartung und Zerfall bewahrt zu bleiben, an sie erinnert werden; sie ist also gleichnis*bedürftig*, ebenso wie sie gleichnisfähig ist. Es bedarf immer wieder einer Geschichte, die ihre Gestaltung zum Gleichnis des Reiches Gottes und also die Erfüllung ihrer Gerechtigkeit zum Ziel und Inhalt hat."[17]

An dieser Stelle tritt für Barth die Kirche mit ihrer Verkündigung ein. Sie tritt aber auch genau damit dazwischen, dass Jesus Christus, das Reich Gottes in Person, selbst und allein und direkt Phänomene in Staat und Gesellschaft zu Gleichnissen des Himmelreichs macht. Das ist der Punkt, an dem Iwand mit Barth nicht mehr mitgeht.[18]

II.

Während Barth am Anfang von „Christengemeinde und Bürgergemeinde" erklärt, dass er unter dieser Überschrift das verhandle, was traditionell „Kirche und Staat" heißt,[19] hat Hans Joachim Iwand in Vorträgen der frühen Nachkriegszeit – und zwar, wenn ich recht sehe, als Erster – von „Kirche und Öffentlichkeit" gesprochen[20] und schon damit die für den Protestantismus so folgenreiche, im Kern auf Hegel zurückgehende Fragestellung von „Kirche und Staat" neu und signifikant anders formuliert.

Sehr bald schon hat er das Thema noch einmal verschoben zu „Kirche und Gesellschaft", einer Fragestellung, die er zwischen 1949 und 1952 in einer Vorlesung in Göttingen sowie in wichtigen Vorträgen intensiv ausgear-

17 Karl Barth, Christengemeinde und Bürgergemeinde (1946), in: ders., *Rechtfertigung und Recht. Christengemeinde und Bürgergemeinde* (ThSt [B] 104), Zürich ³1984, 49–82, 65f.

18 Barth selbst dürfte diese Position in der Lichterlehre in KD IV/3 überwunden haben (s. unter II. dieses Vortrags).

19 Barth, Christengemeinde und Bürgergemeinde (Anm. 16), 49.

20 Hans Joachim Iwand, Kirche und Öffentlichkeit (A) und (B) (1947), in: ders., *Vorträge und Aufsätze* (NW 2), hg. von Dieter Schellong und Karl Gerhard Steck, München 1966, 11–45.

beitet hat.[21] Es ist dies ein Paradebeispiel für Iwands in der Iwand-Forschung vielleicht noch nicht genug gewürdigte Arbeitsweise: er findet oder entdeckt ein Thema, arbeitet es in kurzem Zeitraum intensiv und umfassend aus und gewinnt so bleibende Formeln und Denkbewegungen für seine Theologie.

So auch hier. Die Figur, in der Kirche und Gesellschaft für Iwand stehen, ist nicht wie für Barth die Struktur zweier auf Jesus Christus bezogener konzentrischer Kreise, sondern die gleichzeitige Bezogenheit von Kirche und Gesellschaft auf das Reich Gottes als die alles bestimmende Mitte; wenn man so will: zweier Halbkreise, die durch das Zentrum zugleich voneinander unterschieden als auch aufeinander, vor allem aber auf das Zentrum selbst bezogen werden, weil das Reich Gottes als die bestimmende Mitte auf beide bezogen ist.

Es ist aber eine merkwürdige Verschobenheit dieser beiden Halbkreise gegeneinander, wenn Iwand, nachdem er von dem Offenstehen der Kirche gegenüber der Gesellschaft gesprochen hat, sagt: „Es ist zu fragen, ob es nicht auch ein ähnliches Offenstehen der Gesellschaft gibt, nun aber nicht im Hinblick auf die Kirche, sondern auf das kommende Reich Gottes, eben darum, weil dieses Reich bereits zu uns gekommen ist. Die Zuordnung der Gesellschaft auf die Kirche wird immer eine indirekte sein, sie ist vermittelt durch die Nähe von Gottes Reich".[22] Iwand spricht von einer „Offenheit füreinander" von Kirche und Gesellschaft,[23] kann freilich in der Göttinger Vorlesung vom Sommersemester 1951 auch von „einem für Kirche und Gesellschaft in gleicher Weise vermittelten Offensein vom Reiche Gottes her und auf dieses Reich hin" reden und dies als den von ihm gefundenen evangelischen Ansatz für die Ethik bezeichnen.[24] An dieser Stelle ist in dem Sinne zu präzisieren und zu korrigieren, dass die beiden Halbkreise wieder auf dieselbe Höhe zu

21 Hans Joachim Iwand, *Kirche und Gesellschaft* (NWNF 1), bearbeitet, kommentiert und mit einem Nachwort versehen von Ekkehard Börsch, Gütersloh 1998. Neben allen in diesem Band von Ekkehard Börsch verdienstvollerweise wieder edierten Texten ist noch zu nennen: Hans Joachim Iwand, Schleiermacher als Ethiker (1951), in: ders., *Briefe, Vorträge, Predigtmeditationen*, hg. von Peter-Paul Sänger, Berlin 1979, 265–280 (vgl. Börsch, a.a.O., 335).

22 Hans Joachim Iwand, *Die Bibel und die soziale Frage* (1952) (NWNF 1), 231–261. 255. Vgl. zu diesem Vortrag Iwands auch Gerard C. den Hertog, Durchbruch nach vorn. zu H.J. Iwands Vortrag „Die Bibel und die soziale Frage", in: *ZDTh* (1/1985), 149–159; (2/1986), 89–108.

23 Iwand, *Die Bibel und die soziale Frage* (Anm. 22), 261.

24 Hans Joachim Iwand, *Kirche und Gesellschaft. Vorlesung* (NWNF1), Göttingen 1951, 13–187, 65.

verschieben sind. Was ist damit gemeint, wenn es sich nicht um eine logische Spielerei, sondern um theologischen Erkenntnisgewinn handeln soll?

Es ist der Gedanke zu unterstreichen, dass auch die Kirche offensteht auf das Reich Gottes. Das meint zweierlei. Zunächst ist hervorzuheben, dass sie als *creatura verbi* immer das fremde Wort auszurichten hat, Gottes Wort. Es ist schon so, dass sie dies vor der Gesellschaft voraus hat, dass sie an Jesus Christus glaubt und ihn erkennt und verkündigt. Dies ist es ist, was sich bei Barth in dem Bild von den beiden konzentrischen Kreisen ausdrückt, die dieselbe Gedankenfigur enthalten wie die Erwählungslehre in KD II/2 von 1942, nach der in Jesus Christus alle Menschen erwählt sind, die Christen diejenigen sind, die um diese Erwählung wissen und aus ihr leben, die anderen zwar so leben, als wären sie Verdammte, damit aber nichts an ihrer Erwählung ändern können; und in der Versöhnungslehre wiederholt sich in KD IV/3 diese Gedankenfigur, wenn Barth im Unterschied von den Christen von den anderen Menschen als von den *christiani designati* oder den *christiani in spe* redet.[25]

Da aber der Unterschied der Kirche von der Welt allein im Wort und daher *extra nos i.e. in Christo* liegt, ist es, obwohl die Kirche als Gemeinschaft der begnadigten Sünder diesen Jesus Christus sowohl mit ihrer Botschaft als auch mit ihrer Ordnung zu bezeugen hat (Barmen III), so, dass sie dies nur sehr bruchstückhaft tut und darum auch nicht im neutestamentlichen Vollsinne Gleichnis des Reiches Gottes sein kann. Sie steht eben auch offen auf dieses Reich Gottes hin, das Jesus Christus in Person ist, und empfängt von diesem Jesus Christus Gnade um Gnade (Joh 1,16). In Iwands Worten: „Unsere Heiligkeit ist abstoßend, unsere Gerechtigkeit heuchlerisch und beschämend für die ‚Sünder', die ‚draußen sind' (1Kor 5,13), unsere Frömmigkeit wirkt auf die ‚Armen im Geiste' (Mt 5,3) wie der Besitz der Reichen auf die, die nichts haben. Aber Gottes Heiligkeit macht die Unheiligen heilig[,] und seine Gerechtigkeit ist liebenswert, weil sie die Gesellschaft der Sünder und Gottlosen nicht scheut, sondern mitten unter ihnen ‚sitzt' und sie alle ‚heimholt'. In ihr vollzieht sich dank der praesentia Dei (Gegenwart Gottes) selbst dieselbe Bewegung, die einmal – und zwar ein für allemal, als exemplum und sacramentum – Jesus, als er unter die Menschen trat, vollzogen hat."[26] Die Kirche kann nicht Gleichnis des Reiches *sein*, weil auch durch sie der Riß der Sünde geht. Der Christ kann nicht sprechen: „Ja, Vater, ja von

25 KD IV/3, 927.

26 Iwand, *Die Bibel und die soziale Frage* (Anm. 22), 249.

Herzensgrund, / leg auf, ich will dir's tragen; / mein Wollen hängt an deinem Mund, / mein Wirken ist dein Sagen."[27] Das kann nur Jesus Christus allein. In ihm sind Gottes Wort und sein eigenes Wirken eins, indem er den Gehorsam gegenüber seinem himmlischen Vater durchhält bis zum Tod am Kreuz. Aber, wie Iwand sagt: „Die Inkarnation des Wortes in Jesus geht nicht in der Kirche weiter!"[28]

Man kann sich diesen Sachverhalt durch einen einfachen Blick auf Jesu Gleichnisse klarmachen. In ihnen wird das Reich Gottes nie mit einem Wort verglichen, sondern mit einer Tat. Das Material dieser Gleichnisse ist aus der Welt und die *dramatis personae* sind aus der Gesellschaft genommen. Auch an diesen „unmoralischen Helden"[29] zeigt sich, dass die Kinder dieser Welt klüger sind als die Kinder des Lichts (Lk 16,8).

Karl Barth war auf der richtigen Spur, wenn er in seiner „Lichterlehre" in KD IV/3, in der er lehrt, dass das Licht Jesu Christi auch in den Lichtern der Welt leuchtet, schreibt: „Daß Jesus Christus das eine Wort Gottes ist, heißt nicht, daß es nicht – in der Bibel, in der Kirche und in der Welt – auch *andere*, in ihrer Weise auch bemerkenswerte Worte, andere, in ihrer Weise auch reale Offenbarungen gebe. […] Indem die Bibel das eine Wort Gottes bezeugt, und wenn und insofern die Kirche dieses Zeugnis der Bibel aufnimmt und weitergibt, werden wahrhaftig gewichtige menschliche Worte gesprochen, werden im menschlichen Raum ganz bestimmt leuchtende Lichter aufgesteckt, kommt es zu allerhand großen und kleinen Offenbarungen. Und auch das folgt nicht aus unserem Satz [sc. Barmen I = KD IV/3, 1; F.P.], daß alle außerhalb des biblisch-kirchlichen Kreises gesprochenen Worte als solche wertlos oder gar als Worte unechter Prophetie nichtig und verkehrt, alle dort aufgehenden und scheinenden Lichter als solche Irrlichter, alle dort sich vollziehenden Offenbarungen als solche falsch sein müßten. Nur daß Jesus Christus das eine, einzige Wort *Gottes*, daß er allein *Gottes* Licht, *Gottes* Offenbarung ist, meint unser Satz."[30]

Entsprechend meint, dass die Gemeinde nicht Gleichnis des Reiches Gottes *ist*, nicht, dass sie ein solches nicht *werden* kann und immer wieder werden *soll* – sie, die von Gottes Verheißung her schon Licht der Welt und

---

27 Paul Gerhardt, Ein Lämmlein geht und trägt die Schuld der Welt und ihrer Kinder (1647), *EG* 83,3.

28 Iwand, *Die Bibel und die soziale Frage* (Anm. 22), 252.

29 Tim Schramm / Katrin Löwenstein, *Unmoralische Helden. Anstößige Gleichnisse Jesu*, Göttingen 1986.

30 KD IV/3, 107f.

Stadt auf dem Berge ist (Mt 5,14). Es meint nur, dass – unbeschadet der Tatsache, dass die Gemeinde um die Erlösung der Welt in Jesus Christus weiß, an sie glaubt und sie der Welt verkünden darf – auch sie nicht anders als die Gesellschaft nicht nur gleichnis*fähig*, sondern zuallererst und bleibend gleichnis*bedürftig* ist. Denn, ich zitiere Iwand: „Der Heilige Geist geht voran, er ‚weht' (Joh 3,8) wie ein Sturm über die Totenfelder dieser Welt, und die Gemeinde folgt. Sie schafft sich selbst nicht, ordnet sich auch selbst nicht und lebt vor allem nicht von dem dreimal vermaledeiten ‚Selbstverständnis', das nur der verräterische Ausdruck der Abgeschlossenheit in ihrer eigenen Gerechtigkeit ist."[31] Das ist der „Sturm vom Paradiese her" (Walter Benjamin)![32]

Ist die Gemeinde also Gleichnis des Reiches Gottes? Sie kann es *werden.* Sie *ist* es freilich in jenem Sinne, in dem universal gelten kann, soll und darf: „Alles Vergängliche ist nur ein Gleichnis".[33]

---

31 Iwand, *Die Bibel und die soziale Frage* (Anm. 22), 248f.

32 Walter Benjamin, Über den Begriff der Geschichte (1940), These IX: „Er [sc. der Angelus Novus, F.P.] möchte wohl verweilen, die Toten wecken und das Zerschlagene zusammenfügen. Aber ein Sturm weht vom Paradiese her, der sich in seinen Flügeln verfangen hat und so stark ist, daß der Engel sie nicht mehr schließen kann. Dieser Sturm treibt ihn unaufhaltsam in die Zukunft, der er den Rücken kehrt, während der Trümmerhaufen vor ihm zum Himmel wächst." (in: ders., *Gesammelte Werke I/2*, hg. von Rolf Tiedemann und Hermann Schweppenhäuser, Frankfurt a.M. 1991, 691–704, 697f.).

33 Johann Wolfgang von Goethe, Faust II (1832), Fünfter Akt a.E. (Z. 12104f.), in: ders., *Faust. Texte*, hg. von Albrecht Schöne, Darmstadt o.J., 464: „Alles Vergängliche / Ist nur in Gleichnis; / Das Unzulängliche / Hier wird's Ereignis" (Z. 12104–12107). Albrecht Schöne verweist in seinem Kommentar auf die Verse aus dem West-Östlichen Diwan: „Und nun dring ich aller Orten / Leichter durch die ewigen Kreise, / Die durchdrungen sind vom Worte / Gottes rein-lebendigerweise. – Ungehemmt mit heißem Triebe / Läßt sich da *kein* Ende finden, / Bis im Anschaun ewiger Liebe / Wir verschweben, wir verschwinden." (Johann Wolfgang von Goethe, *Faust. Kommentare von Albrecht Schöne*, Darmstadt o.J., 818).

Heinrich Vogel. Der Abdruck der Bilder in diesem Aufsatz erfolgt mit freundlicher Genehmigung des KBA Basel.

Kai-Ole Eberhardt

Nicaea und der „Lobpreis der Wahrheit“

Heinrich Vogel und seine doxologische Auslegung des nicaenischen Glaubensbekenntnisses in ökumenischer Perspektive*

1. Nicaeagedenken und Bekenntnisauslegung: Einleitung unter reformationsgeschichtlichem und ökumenischem Vorzeichen

Das 1700jährige Jubiläum des Konzils von Nicäa, das 2025 ökumenisch gefeiert und akademisch gewürdigt wird, nähert sich dem Ende. Zahlreiche Veranstaltungen z.B. des Ökumenischen Rates der Kirchen (ÖRK)[1] und der Arbeitsgemeinschaft Christlicher Kirchen in Deutschland (ACK)[2], Studientage von Gemeinden, Bistümern, theologischen Vereinen und Instituten,[3] Gedenkgottesdienste und eine ökumenische Osterfeier sowie einige beachtliche Publikationen[4] spiegeln das (überwiegend binnenchristliche) Interesse

---

* Dieser Aufsatz geht auf einen Vortrag zurück, den der Autor auf Einladung der Theologischen Fakultät der Ruhr-Universität Bochum am 8. Juli 2025 gehalten hat.

1 Vgl. den *Veranstaltungskalender* des ÖRK für das Jubiläumsjahr unter https://www.oikoumene.org/events/nicaea-2025 (abgerufen am 3.8.2025).

2 Vgl. den *Veranstaltungskalender* der ACK für das Jubiläumsjahr unter https://www.oekumene-ack.de/nizaea2025/termine (abgerufen am 3.8.2025).

3 Nur exemplarisch hervorgehoben sei hier der von den theologischen Instituten der TU Dortmund, der Leibniz Universität Hannover und der Stiftungsuniversität Hildesheim organisierte Studientag „1700 Jahre Konzil von Nicaea“ vom 11. Juni 2025, den der Autor gemeinsam mit René Dausner (Katholische Theologie, Dogmatik, Hildesheim) und Görge Hasselhoff (Evangelische Theologie, Kirchengeschichte, Dortmund) organisiert hat und der das Fundament für die folgenden Ausführungen gelegt hat. Vgl. die *Veranstaltungseinladung* unter https://www.theo.uni-hannover.de/fileadmin/theo/pdf/Plakat_Nicaea_final_final-jpg.jpg (abgerufen am 5.8.2025).

4 Hervorgehoben seien hier vor allem folgende Titel, die auch den Kontext dieser Studie bilden: Arbeitsgemeinschaft Christlicher Kirchen in Deutschland (Hg.), *1.700 Jahre Konzil von Nizäa im Jahr 2025. Eine Erklärung der Mitgliederversammlung der ACK und ein*

an diesem ökumenischen Großereignis auch in Deutschland wider. Auch wenn das Jubiläum insgesamt eher geringe Resonanz außerhalb der Kirchen zu finden scheint, hat es bereits wertvolle Impulse für die Ökumene und ihre theologische Reflexion hervorbringen können. Im Zentrum des Nicaeagedenkens steht die ökumenische Perspektive, die sich besonders auf das nicaenische Glaubensbekenntnis und seine Christologie, die Jesus Christus als wesenseins (ὁμοούσιος) mit Gottvater bestimmt und damit der klassischen Trinitätslehre den Weg bereitet hat, konzentriert. Nichtsdestoweniger macht das Gedenkjahr deutlich, dass Nicaea mehr ist als sein Bekenntnis. So sind die 20 Kanones und ihre ökumenische Bedeutung für die Gegenwart ebenso in den Vordergrund gerückt worden wie das Ringen um ein gemeinsames Osterdatum (mit kritischen Anzeigen seiner ursprünglichen antijudaistischen Implikationen) oder der theologische und politische Kontext des Konzils.

Hervorzuheben und aus kirchenhistorischer Perspektive zu beanstanden ist der Umstand, dass die ökumenischen und praktischen Interessen an Nicaea zu einer Unschärfe des Gedenkens geführt haben. Zwar ist die Theologie des Nicaenums im Jubiläumsjahr durchaus präsent: Die Verurteilung der Vorstellung einer Subordination Jesu als erstes Geschöpf des Vaters, wie sie der als Erzketzer in die Geschichte eingegangene alexandrinische Presbyter Arius vertreten hatte, und die daraus hervorgegangene Trinitätslehre sind beständiges Thema. Aber eine tiefergehende Auseinandersetzung mit dem Nicaenum, seinem Wortlaut und seinen Verwerfungen, tritt *de facto* ganz in den Schatten seiner Wirkungsgeschichte. Statt seiner ursprünglichen Fassung von 325 widmet man sich ihm fast ausschließlich in Form seiner Bestätigung und Ausgestaltung zu einem identitätsstiftenden und verbinden-

---

Wort des DÖSTA, Oberbergkirchen 2024 (https://shop.oekumene-ack.de/media/pdf/56/d2/43/Wort-des-DOSTA_Nizaa_Download_dtsch_engl.pdf; abgerufen am 3.8.2025); Magnus Striet, *Alte Formeln – lebendiger Glaube. Das Glaubensbekenntnis ausgelegt für die Gegenwart*, Freiburg 2024; Hans-Georg Link/Josef Wohlmuth (Hg.), *Attraktive Fremdheit Gottes. Das Ökumenische Bekenntnis von Nizäa-Konstantinopel (325–2025)*, ausgelegt von Mitgliedern des Altenberger Ökumenischen Gesprächskreises, mit einem Geleitwort von Heinrich Bedford-Strohm, Leipzig 2024; das Themenheft „*Was Nizäa auch bedeutet*" von Una Sancta 79 (3/2024); das Themenheft „*Gottessohn? – 1700 Jahre Nizäa*" von IKaZ Communio 53 (Juli/August 2024); das Themenheft „*Bekenntnis und Bedeutung: 1700 Jahre Konzil von Nizäa*" von Zeitzeichen 5 (2025); Uta Heil/Jan-Heiner Tück (Hg.), *Nizäa – Das erste Konzil. Historische, theologische und ökumenische Perspektiven*, Freiburg/Basel/Wien 2025; Peter Gemeinhardt, Das Konzil von Nizäa (325) in patristischer und reformatorischer Perspektive, in: *ZThK* 122 (1/2025), 45–83.

den Symbol katholischen, orthodoxen und protestantischen Christentums in Konstantinopel 381. Insofern Orthodoxie, Katholizismus und Protestantismus das Nicaeno-Constantinopolitanum (NC) als Fortschreibung des Nicaenums verstehen und das Konzil von Nicaea in eine Linie mit diesem in den Liturgien tatsächlich verwendeten, und darum relevanter erscheinenden Bekenntnis stellen, ist das freilich konsequent, wenn man mit Nicaea die Ökumene der Gegenwart feiern und ausgestalten möchte. Insbesondere in der orthodoxen Ikonographie und Hagiographie wird anschaulich, dass das Konzil von 325 im Spiegel des Bekenntnisses von 381 zu betrachten ist. Denn während die nicaenischen Väter hagiographisch gedeutet und das Konzil ikonographisch gewürdigt werden, ist das NC das zentrale Bekenntnis im orthodoxen Gottesdienst.[5] Diese Linienführung von Nicaea nach Konstantinopel entspricht der Realität christlicher Gottesdienste. Das ökumenische Potential des Jubiläums wird darum in der Auseinandersetzung mit eben diesem Bekenntnis als Spiegel des Konzils von Nicaea zu erschließen versucht, indem man Nicaenum und Nicaeno-Constantinopolitanum aufs engste miteinander verbindet, um sich theologisch vor allem mit letzteren zu beschäftigen.

Die Verbindung des Konzils von Nicaea mit dem nicaeno-constantinopolitanischen Bekenntnis entspricht auch der reformatorischen Position, die beides verbindet und würdigt.[6] Dafür spielt der Umstand eine große Rolle, dass das Konzil von Nicaea kein päpstliches gewesen ist, sondern auf die Initiative des römischen Kaisers Konstantin zurückging. Für Martin Luther entsteht daraus ein wichtiges Argument für die Kritik päpstlicher Autorität.[7] Konstantin wird von Luther als positiver Gegenentwurf zum Papst und christliches Vorbild für einen Fürsten dargestellt.[8] Während die nicaenischen Kanones als menschliche Satzungen ihrer Zeit ambivalent bewertet werden,[9] findet das Nicaenum inhaltlich eine uneingeschränkte Zustim-

5 Vgl. dazu Ioan Moga, Die Bedeutung des Konzils von Nizäa in der Orthodoxie, in: Heil/Tück, *Nizäa – Das erste Konzil* (Anm. 4), 243–264.

6 Vgl. dazu aktuell Gemeinhardt, *Konzil von Nizäa* (Anm. 4) und Jennifer Wasmuth, Die Bedeutung des Konzils von Nizäa für die reformatorische Theologie, in: Heil/Tück (Hg.), *Nizäa – Das erste Konzil* (Anm. 4), 265–287. Leider fehlt ein entsprechender Beitrag in dem sonst so umfassenden Band von Young Richard Kim (Hg.), *The Cambridge Companion to The Council of Nicaea*, Cambridge 2021.

7 Vgl. Jennifer Wasmuth, Bedeutung des Konzils von Nizäa (Anm. 6), 268–270 („Die Rolle des Papstes") und 270–273 („Die Rolle des Kaisers").

8 Vgl. a.a.O., 271f.

9 Vgl. a.a.O., 274–277.

mung, wird doch mit der Göttlichkeit Jesu Christi das Fundament für Rechtfertigungslehre und Freiheitsverständnis gelegt. Im Konkordienbuch ist das Nicaeno-Constantinopolitanum unter dem Titel „Symbolum Nicaenum" als verbindlich aufgenommen[10] und hat bereits zuvor, sei es bei Luther (bes. in „Von den Concilijs und Kirchen" 1539[11]), sei es in der bereits im ersten Artikel in die Tradition der Trinitätslehre des Konzils von Nicaea gestellten Confessio Augustana,[12] sei es bei Johannes Calvin, Eingang in den Bekenntniskanon der Reformation gefunden. Die Reformatoren kritisieren lediglich formale und stilistische Aspekte – so gibt es Vorbehalte Luthers gegenüber dem unbiblischen ὁμοούσιος, das er inhaltlich allerdings als Herzstück des Bekenntnisses durchaus anerkannte,[13] und Johannes Calvin hatte sich über die Worthäufungen des zweiten Artikels echauffiert und als „überflüssigen Wortschwall" kritisiert. Im Streit mit Pierre Caroli (um 1480–1550) heißt es von ihm: „Was soll diese Wiederholung? Verbindet sich damit irgendeine Betonung oder größere Ausdruckskraft? Du siehst also, dass es sich um ein Gedicht handelt, mehr zum Singen geeignet als eine Bekenntnisformel [...]."[14] Unbiblische und poetische Sprache geben hier also Anlass zur Kritik. Inhaltlich stehen die Reformatoren aber fest auf nicaenischem Fundament, wie zuvorderst ihre eigenen Bekenntnisschriften zeigen.[15]

Blickt man von diesem Befund auf die Theologiegeschichte des letzten Jahrhunderts und die Gegenwart, fällt es auf, dass die evangelische Dog-

---

10 Vgl. die Edition des Nicaeno-Constantinopolitanums von Adolf Martin Ritter in den BSELK, 45–50.

11 Vgl. Martin Luther, *Über die Konzilien und die Kirche (1539)*, in: *WA* 50, (488) 509–653 und die Übertragung von Reiner Preul in: Johannes Schilling (Hg.), *Martin Luther. Deutsch-deutsche Studienausgabe, Band 2: Wort und Sakrament*, Leipzig 2015, 527–799.

12 Vgl. *CA* 1 (BSELK 92–95): „Erstlich leren und halten wir eintrechtiglich laut des Beschlus Concilii Niceni, das ein einig Göttlich wesen sey, welchs genent wird und warhafftiglich ist Gott, und sind doch drey personen inn dem selbigen einigen Göttlichen wesen, gleich gewaltig, gleich ewig, Gott vater, Gott Son, Gott heiliger geist [...]."

13 Vgl. mit Belegen Wasmuth, Bedeutung des Konzils von Nizäa (Anm. 6), 277f.

14 Übersetzung aus Johannes Calvin, *Pro G. Darello et collegis eius adversus Petri Caroli theologastri calumias defensio* [...], von Wasmuth, Bedeutung des Konzils von Nizäa (Anm. 6), 279. Vgl. auch die Übersetzung von Peter Opitz, in: *Calvin-Studienausgabe Bd. 1/1: Reformatorische Anfänge 1533–1541*, hg. von Eberhard Busch u.a., Neukirchen-Vluyn 1994, 225–261, hier 243,7–9. Lateinisches Original bei Jean Calvin, *Institution de la religion chrétienne* 17 (CR 35, 315f. Baum).

15 Vgl. auch die ausführliche Analyse von Jennifer Wasmuth, *„Wyr gleuben all an eynen Gott." Das Nicaeno-Constantinopolitanum in seiner Bedeutung für Martin Luther und Philipp Melanchthon* (SMHR 141), Tübingen 2024.

matik dem Konzil und seinem Bekenntnis insgesamt wenig Aufmerksamkeit beigemessen hat und an diese Wertschätzung kaum anknüpfen wollte. Wenn sich evangelische Dogmatik an einem Bekenntnis orientiert, ist es klassischerweise das Apostolikum.[16] Ein Entwurf, wie ihn 2024 der katholische Dogmatiker Magnus Striet vorgelegt hat,[17] der das Nicaenum mit einer Wort-für-Wort-Auslegung (post)liberaltheologisch und kritisch aktualisiert, ist bislang evangelischerseits zwar nicht völlig unauffindbar, aber nahezu singulär. Selbst anlässlich des Nicaeajubiläums findet sich lediglich ein ökumenischer Auslegungsband, den Hans-Georg Link und Josef Wohlmuth für den Altenberger ökumenischen Gesprächskreis unter dem Titel „Attraktive Fremdheit Gottes“ (2024) herausgegeben haben[18]. Eine dezidiert evangelische und im Jubiläumsjahr nahezu vergessene Gesamtauslegung bietet allein der Berliner Lutheraner Heinrich Vogel (1902–1989), der seit dem Kirchenkampf mit Karl Barth (trotz theologischer Spannungen) eng befreundete Pfarrer, Dichter, Komponist und Professor für Systematische Theologie sowohl an der Humboldt Universität in Ostberlin (1946–1967) als auch der KiHo (West)Berlin (1935/1946 bis 1972). Vogel und seine Auslegung des Nicaeno-Constantinopolitanums sind im Jubiläumsjahr bislang vergessen worden, obwohl es eine vergleichbare evangelische Auslegung des Bekenntnisses nicht gibt und Vogels Zugang höchst innovativ und ökumenisch überaus tragfähig ist. Gerade der poetische Zug des Bekenntnisses, an dem Calvin Anstoß genommen hatte, erweist sich für ihn, der Systematikprofessor und Dichter zugleich ist, dazu als Schlüssel. So verdient Vogel, der wirkungsgeschichtlich in die zweite Reihe der deutschen Theologen gerückt worden ist, als herausragender theologischer Lehrer, Ökumeniker und prägender Dogmatiker zwischen Ost- und Westdeutschland im Rahmen des Jubiläums unbedingt eine Erinnerung (Abschnitt 2), und sein Entwurf aus dem Jahr 1964 bedarf einer zumindest schlaglichtartigen Rekonstruktion (Abschnitt 3) und Aktualisierung (Abschnitt 4) in ökumenischer Perspektive.

---

16 Ob der Fülle an evangelischen Apostolikumsauslegungen im 20. Jahrhundert verzichte ich hier auf detaillierte Nachweise. Ursächlich für den Fokus auf das Apostolikum mag der häufigere Gebrauch im Gottesdienst sein, der das Nicaeno-Constantinopolitanum in der Regel für Hochfeste vorbehält. Auch der Umstand, dass die großen Katechismen der Reformation das Apostolikum auslegen, dürfte eine Rolle spielen.

17 Vgl. Striet, *Alte Formeln – lebendiger Glaube* (Anm. 4).

18 Vgl. Link/Wohlmuth (Hg.). *Attraktive Fremdheit Gottes* (Anm. 4).

2. „Bekenntnis, Bekenntnis!“: Eine biographische Hinführung zu Heinrich Vogel und seiner Auslegung des Nicaenums

Heinrich R. G. Vogel (1902–1989)[19] lebte und wirkte in und um Berlin. Er hatte dort und in Jena studiert und war von 1927 bis 1945 Pfarrer in Oderberg (Mark Brandenburg) und Dobbrikow, ca. 60 km südwestlich von Berlin. Seine wichtigsten theologischen Impulsgeber wurden in dieser Zeit zuerst Sören Kierkegaard, mit dessen Konzept der Paradoxie er den Geheimnischarakter des Glaubens systematisch zu bearbeiten begann,[20] Martin Luther und Karl Barth.[21]

Mit Barth verband ihn seit Anfang der 1930er Jahre trotz theologischem Dissens eine Freundschaft, die sich im Kirchenkampf vertiefte und zu ei-

---

19 Die Erforschung von Leben, Werk und Theologie Vogels weist noch große Lücken auf. Eine Biographie fehlt. Wegweisend sind aber Lexikonartikel und Studien von Wilhelm Hüffmeier, Art. Vogel, Heinrich, in: *NDB* 27 (2020), 19f. (Online-Version unter https://www.deutsche-biographie.de/sfz137031.html#ndbcontent; abgerufen am 6.8.2025); ders., Vom Segen einer Berufung. Heinrich Vogel als Synodaler, *BThZ* 20 (2003), 143–153; ders., „Magno consensu in dissensu“. Die theologische Freundschaft zwischen Karl Barth und Heinrich Vogel, in: *ZThK* 105 (2008), 36–62. Unverzichtbar ist auch der BBKL-Artikel von Klaus-Gunther Wesseling, Art. VOGEL, Heinrich, in: *BBKL* XII (1997), 1554–1563. Eine theologiegeschichtliche Einordung bietet Eckhard Lessing, *Geschichte der deutschsprachigen evangelischen Theologie von Albrecht Ritschl bis zur Gegenwart, Band 3: 1945 bis 1965*, Göttingen 2009, 122–128. Vogels Œuvre ist unvollständig, aber zu großen Teilen durch die von ihm selbst zusammengestellte Gesamtausgabe (Heinrich Vogel, *Gesammelte Werke*) in zwölf Bänden erschlossen und 1982–1987 im Radius Verlag Stuttgart erschienen. In Vogels ehemaligem Pfarrhaus in seiner Gemeinde in Dobbrikow befindet sich eine Dauerausstellung zu Leben und Werk mit Schwerpunkt auf seinem frühen Wirken im Widerstand gegen den Nationalsozialismus.

20 Vgl. zur Paradoxie bei Vogel Lessing, *Geschichte* III (Anm. 19), 125f., Hüffmeier, „Magno consensu […]“ (Anm. 19), 51f., und Eberhard Jüngel, Das Geheimnis der Stellvertretung. Ein dogmatisches Gespräch mit Heinrich Vogel (1983), in: ders., *Wertlose Wahrheit. Zur Identität und Relevanz des christlichen Glaubens* (Theologische Erörterungen III), München 1990, 243–260 (Laudatio zum 80. Geburtstag Vogels), hier 244f.

21 Vgl. Hüffmeier, „Magno consensu […]“ (Anm. 19), 39. Vgl. auch Vogels Selbstverortung als von Kierkegaard herkommender Dogmatiker im Diskurs mit Karl Barth im Vorwort zu seiner Dogmatik in: Heinrich Vogel, *Gott in Christo. Ein Erkenntnisgang durch die Geschichte der Dogmatik*, Berlin 1951, viii–ix (auch erschienen als GW 1/2, 1982/1983). Jüngel, Stellvertretung (Anm. 20), 255, bietet demgegenüber mit Blick auf die Stellvertretungschristologie Vogels die Trias wegebnender Denker mit Athanasius, Anselm und Luther.

nem lebenslangen theologischen Austausch führte.[22] Zwar teilt Vogel mit Barth eine betonte Christozentrik, aber diese erschien Barth zu einseitig auf das Stellvertretungsmotiv und die Gottheit Jesu ausgerichtet, so dass Barth angesichts der Unterbetonung von Jesu Person und Menschlichkeit in Vogels Christologie das Faustzitat „Heinrich, mir graust vor Dir“ mehrfach anstimmte.[23] Vogels Christologie erschien ihm neoorthodox und habe in ihm das Verlangen nach ausgleichender Lektüre von Origenes und Schleiermacher geweckt.[24] Insofern bewegte sich das Verhältnis der Theologie und Freundschaft Vogels zu dem 16 Jahre älteren Barth auch in Paradoxie. Es verlief gemäß der Wahrnehmung „magno consensu in dissensu“, womit Wilhelm Hüffmeier passend seine Studie zur Freundschaft von Vogel und Barth überschrieben hat.[25] Die gegenseitige Wertschätzung konnte diese Spannung, die von Anfang an bestanden hat und die vor allem von Barth zwar mit einem schelmischen Augenzwinkern, aber konsequent artikuliert wurde, aber aushalten.[26] Nur eingedenk dieser Spannung kann Vogel als „lutherischer Barthschüler“ bezeichnet werden.[27]

---

22 Mustergültig aufgearbeitet anhand des im Barth-Archiv Basel liegenden Briefwechsels der beiden Theologen ist diese Freundschaft von Hüffmeier, „Magno consensu […]“ (Anm. 19). Vorarbeiten hatten Hermann Deuser, Christologie im Widerspruch. Heinrich Vogel und Karl Barth, in: *EvTh* 41 (1981), 98–113 und Gerhard A. Besier, *Heinrich Vogel – Ein Lutheraner im bruderrätlichen Flügel der Bekennenden Kirche* (BThZ 8), Berlin 1991 (bes. 232–244) geleistet. Neben den Briefzeugnissen und Gesprächsnotizen Barths ist eine maßgebliche Quelle das autobiographische Büchlein von Heinrich Vogel, *Freundschaft mit Karl Barth. Ein Portrait in Anekdoten*, Zürich 1973.

23 So beobachtet Hüffmeier, „Magno consensu […]“ (Anm. 19), 52, Barths Rückgriff auf Johann W. von Goethe, *Faust* I, Vers 4610.

24 Vgl. mit Beleg aus einem Brief von Karl Barth an Heinrich Vogel vom 2.8.1950 Hüffmeier, a.a.O., 52f.

25 Hüffmeier, a.a.O., 37 führt diese Einschätzung Vogels auf die Widmung seiner Christologie an Barth aus dem Frühjahr 1950 zurück, die Barth seinerseits am 2. August desselben Jahres brieflich aufgreift und bestätigt.

26 Das gilt bereits für den Beginn der Freundschaft. Vogel hatte 1930 Kontakt mit Barth gesucht und ihm theologische und poetische Werke von sich zukommen lassen. Barth antwortete offen und direkt mit einer Mischung aus Zuspruch für Vogels „kräftige […] Sprache“ und das „saubere[…] Einhalten […] der theologischen Linie, die ich auch für die richtige halte“. Er warnte aber auch vor dem Eindruck, dass Vogel lediglich eine „neue Orthodoxie“ vertrete und schätzte zudem mit klaren Worten seine Dichtungen deutlich schlechter ein als seine akademischen Schriften. Vgl. dazu mit dem Zitat aus einem Brief Barths an Vogel vom 19.11.1930 Hüffmeier, a.a.O., 40f.

27 So ordnet ihn Lessing, *Geschichte* III (Anm. 19), 125–128, ein.

Nachdem Barth im Rahmen des Reformationstages 1933 in Berlin auf Einladung von Mitgliedern des sich konsolidierenden Pfarrernotbundes, zu dem auch Vogel sich zählte, seinen wirkmächtigen Vortrag „Reformation als Entscheidung“ [28] gehalten und bei dieser Gelegenheit diverse beratende Gespräche zum Kirchenkampf geführt hatte, vertiefte sich die Beziehung der beiden, wie der sich von hier an intensivierte Briefwechsel zeigt. Ab 1935 wurde Vogel Dozent an der „illegalen“ Kirchlichen Hochschule der Bekennenden Kirche in Berlin, und leitete sie von 1937 bis zu ihrem Ende 1941. Vogel zahlte dafür einen hohen Preis, weil das Regime ihn dadurch verstärkt in den Blick nahm. Wiederholt wurde er von der Gestapo verhaftet und verhört. 1941 folgte ein öffentliches Redeverbot. Nach einer Inhaftierung von Mai bis Dezember 1941 wurde er 1942 als Funker zur Wehrmacht eingezogen, kurz vor Kriegsende aber als „kinderreich“ entlassen. Vogel hatte 1928 die Lehrerin Irmgard Vogel (1902–1980) geheiratet und mit ihr sieben Kinder.[29]

Nach der Wiedereröffnung der KiHo (West)Berlin wirkte er hier von 1946 bis 1972 (wie einst Barth ohne Promotion berufen) als Professor für Dogmatik und war zugleich von 1946 bis zu seiner Emeritierung 1967 Lehrstuhlinhaber für Systematische Theologie an der Humboldt-Universität in Ostberlin. Zu seinen Schülern gehörten so renommierte Theologen wie Eberhard Jüngel und Wolfhart Pannenberg.[30] Vogel verstand sich als friedensorientierter Brückenbauer zwischen West und Ost im Kalten Krieg.[31] Sein öffentlicher Protest gegen die Wiederbewaffnung der Bundesrepublik und die atomare Aufrüstung im Schulterschluss mit Kollegen wie Helmut

---

28 Vgl. Karl Barth, Reformation als Entscheidung (1933), in: ders., *Vorträge und kleinere Arbeiten 1930–1933* (GA III), hg. von Michael Beintker/Michael Hüttenhoff/Peter Zocher, Zürich 2013, 516–550. Vgl. zum Kontext bes. Eberhard Busch (Hg.), *Reformationstag 1933. Dokumente der Begegnung Karl Barths mit dem Pfarrernotbund in Berlin*, Zürich 1998.

29 Vgl. zu den biographischen Details vor allem Hüffmeier, Art. Vogel (Anm. 19), und Wesseling, Art. VOGEL (Anm. 19) sowie Hüffmeier, „Magno consensu […]“ (Anm. 19), 39f.

30 Jüngel würdigte Vogel nicht zuletzt mit der Laudatio zu dessen 80. Geburtstag. Vgl. Jüngel, Stellvertretung (Anm 20), und zum Verhältnis der beiden pointiert Hans-Peter Großhans/Malte Dominik Krüger/Micha Kuhn, Einleitung der Herausgeber, in: dies. (Hg.), *Jüngel-Lesebuch* (UTB 6406), Tübingen 2025, 1–12, hier 7. Wolfhart Pannenberg widmet dem Lehrer eine Studie zur Wahrheitsfrage. Vgl. Wolfhart Pannenberg, Was ist Wahrheit? (1962), in: ders., *Grundfragen systematischer Theologie. Gesammelte Aufsätze Band 1*, Göttingen (^{2}1971) 2011, 202–222. (Zuerst erschienen in: Kurt Scharf [Hg.], *Vom Herrengeheimnis der Wahrheit, Festschrift für Heinrich Vogel*, Berlin/Stuttgart 1962, 214–239).

31 Vgl. dazu auch Jüngel, Stellvertretung (Anm. 20), 254.

Gollwitzer brachten ihn ebenso in die Kritik wie sein klares Votum für eine Anerkennung der DDR als eigenständiger Staat und das damit verbundene Diktum, die Atheisten und ihr Kommunismus müssten „tot geliebt" werden[32]. Vogel war fortwährend synodal in EKD und Landeskirche aktiv. Er verstarb am 26. Dezember 1989. Wirkmächtig war er als Dogmatiker ebenso wie als Prediger, Synodaler, Feuilletonist, weltkirchlicher Ökumeniker sowie als Dichter und Komponist geistlichen Liedguts, Gedichten und Psalmenübertragungen.

Dass Heinrich Vogel sich dem Nicaeno-Constantinopolitanum zugewendet hat, beruht auf zwei Charakteristika seiner Theologie. Zum einen erweist sich ihm von seiner Doppelexistenz als Dichter und Systematiker aus der doxologische Charakter des Bekenntnisses als überaus wertvoll, wie im Folgenden noch zu vertiefen sein wird. Zum anderen versteht er (ähnlich wie sein Lehrer Karl Barth[33]) aus den Erfahrungen des Kirchenkampfes heraus christliche Existenz und Theologie immer auch als Bekenntnis. Ausgehend von seinem Engagement im Pfarrernotbund wurde er nicht nur ein frühes Mitglied der Bekennenden Kirche, sondern hat selbst deutlich vor Barmen gegen die Gleichschaltung der Kirche und die politische Instrumentalisierung des Christentums ein Bekenntnis verfasst. Ende 1933 erschienen im Furche-Verlag gegen die deutschchristliche Theologie aus seiner Feder „Acht Artikel Evangelische Lehre, um der gegenwärtigen Irrlehre willen, den Verwirrten zur Weisung, den Angefochtenen zum Trost, bekannt aus dem Grunde der Heiligen Schrift."[34] Dieses lutherische Bekenntnis versuchte Vogel bereits im Oktober 1933 im Pfarrernotbund verbindlich zu machen und forderte am Nachmittag des 31.10. in der Aussprache mit Barth vor Vertretern des Pfarrernotbundes die Abstimmung über die Annahme seines Bekenntnisses. Barth ermahnte ihn daraufhin scharf, dass der *Kairos* für ein gemeinsames Bekenntnis noch nicht gekommen sei.[35] Barth hatte je-

---

32 Vgl. Wesseling, Art. VOGEL (Anm. 19) und Hüffmeier, Art. Vogel (Anm. 19).

33 Vgl. Hanna Reichel, *Theologie als Bekenntnis. Karl Barths kontextuelle Lektüre des Heidelberger Katechismus* (FsöTh 149), Göttingen 2015. Fernerhin: Georg Plasger, *Die relative Autorität des Bekenntnisses bei Karl Barth*, Neukirchen-Vluyn 2000.

34 Heinrich Vogel [i.A. einiger Pfarrer verfasst], *Acht Artikel Evangelischer Lehre um der gegenwärtigen Irrlehre willen den Verirrten zur Weisung den Angefochtenen zum Trost bekannt auf dem Grunde der Heiligen Schrift*, Berlin 1933.

35 Zu Barths Ablehnung eines Bekenntnisses im Oktober 1933 vgl. grundlegend Georg Plasger, *Die relative Autorität des Bekenntnisses bei Karl Barth* (Anm. 33), 150–154. Fernerhin: Georg Plasger, Fehlende Klarheit. Karl Barths Ablehnung eines Bekenntnisses im Herbst 1933, in: Sigrid Lekebusch/Hans-Georg Ulrichs (Hg.), *Historische Horizonte* (Emder

doch nichtsdestoweniger großen Respekt für Vogels Initiative. Er erwies sich ihm hier als ein verlässlicher Theologe und wird zu einem wichtigen Kontakt über den Kirchenkampf hinaus.

Kurz nach der Berliner Begegnung, am 20. November 1933, schrieb Barth zwei Briefe.[36] Zum einen wendete er sich an Vogel, dem gegenüber er seine eigenen Widerworte gegen die Bekenntnisinitiative freundschaftlich einordnete, ihm sein Vertrauen bekannte und zum Erscheinen seiner „Acht Artikel" gratulierte.[37] Zum anderen verfasste Barth ein deutlich bekannteres Schreiben, nämlich nach London an Dietrich Bonhoeffer, den er für den Kirchenkampf zur Rückkehr nach Deutschland zu bewegen bemüht war,[38] nach Berlin, „um treu und brav ihr dort verlassenes Maschinengewehr zu bedienen."[39]

Vogel und seinen Bekenntnisvorstoß hält Barth dem unsicheren Bonhoeffer dabei als Vorbild vor Augen, allerdings in einer bissig-ironischen Brechung, indem er den großen und charismatischen Bonhoeffer einen verhutzelten und schrillen Vogel in karikaturartiger Überzeichnung gegenüberstellt:

Beiträge zum reformierten Protestantismus 5), Wuppertal 2002, 235–244. Vogel selbst verstand Barths Vorbehalte. Klaus Scholder, *Die Kirche und das Dritte Reich. Band 1: Vorgeschichte und die Zeit der Illusion 1918–1934*, Frankfurt a.M./Berlin 1986, 688, zitiert die Einordnung des Disputs durch Günther Dehn, der zwischen der Notwendigkeit des unmittelbaren Bekenntnisses und der Notwendigkeit, auf den richtigen Moment zu warten, vermittelnd meinte, es wäre 1933 ein vorschnelles, allzu menschlich-eigenmächtiges Bekennen geworden, ein Versuch „aus der uns gegebenen Situation herauszufallen. Es ist begreiflich, daß Menschen immer wieder versuchen, herauszufallen aus dem Gehorsam gegen Gott. Erst wenn wir wissen ‚Rede, Herr, dein Knecht hört', dann ist die Stunde des Bekenntnisses." Die „Acht Artikel" Vogels sind freilich neben ihrer evangelischen Stoßkraft gegen die Theologie der „Deutschen Christen" auch von konservativ-lutherischen Werten durchzogen, was insbesondere die Ordnungstheologie des achten Artikels zeigt. Vgl. Vogel, *Acht Artikel* (Anm. 34), 14–16. Es dürfte insofern auch inhaltliche Vorbehalte gegen das Bekenntnis gegeben haben, das nicht so pointiert wie Barmen zugleich konsequent und vermittelnd war.

36 Vgl. zum Folgenden detailliert Hüffmeier, „Magno consensu […]" (Anm. 19), 43f.

37 Vgl. den Brief von Karl Barth an Heinrich Vogel vom 20.11.1933, in: Karl Barth, *Briefe des Jahres 1933*, hg. von Eberhard Busch unter Mitarbeit v. Bartold Haase und Barbara Schenk, Zürich 2004, 538–540.

38 Vgl. den Brief von Karl Barth an Dietrich Bonhoeffer vom 20.11.1933, in: Barth, *Briefe 1933* (Anm. 37), 535–538. (Auch ediert in der Bonhoeffer-Werkausgabe im Band *DBW* 13, 31–34).

39 Barth, Brief an Bonhoeffer (Anm. 38), 536 (Vgl. *DBW* 13, 33).

> „Sollten Sie mit Ihrem schönen theologischen Rüstzeug, und dazu noch eine solche Germanengestalt wie Sie, sich nicht fast ein wenig genieren, etwa vor einem Mann wie Heinz [sic] Vogel, der verhutzelt und aufgeregt, wie er ist, einfach immer wieder – da ist, seine Arme kreisen läßt wie eine Windmühle und ‚Bekenntnis, Bekenntnis'! schreit und in seiner Weise – in Kraft oder Schwachheit, darauf kommt jetzt nicht so viel an, – tatsächlich ablegt?"[40]

Sympathisch selbstironisch und humorvoll ist der von Wilhelm Hüffmeier wunderbar aufgearbeitete Schlagabtausch zwischen Vogel und Barth, der zustande kommt, als dieser ja eigentlich private Brief an Bonhoeffer 20 Jahre später veröffentlicht wird und Vogel die Karikatur seiner selbst, die Barth entworfen hatte, zu lesen bekommt.[41] Wir halten hier fest, dass Vogel die Ernsthaftigkeit des Bekennens im Kirchenkampf erfahren hatte und Barth durch ein besonderes Gespür für die Bedeutung von Bekenntnissen aufgefallen war. Diese Prägung mag seinen Blick dafür geschärft haben, dass ein Text wie das Nicaeno-Constantinopolitanum einen besonderen Wert hat und der Aktualisierung dringend bedarf.

3. Heinrich Vogel und seine doxologische Auslegung des Nicaenums

Orientiert an einer „hohen Christologie" lutherisch-barthianischer Ausprägung entfaltet Heinrich Vogel unter dem Titel „*Das Nicaenische Glaubensbekenntnis. Eine Doxologie*"[42] eine detaillierte Wort-für-Wort-Interpretation des Nicaeno-Constantinopolitanums und schließt damit an der Schnittstelle von Universitätstheologie und Katechese eine echte Lücke in der protestantischen Literatur des 20. Jahrhunderts. Eberhard Jüngel nennt sie in der Laudatio zum 80. Geburtstag des Lehrers dessen „eindrücklichstes Werk"[43].

40 Barth, a.a.O., 536. Vgl. Hüffmeier, „Magno consensu [...]" (Anm. 19), 43.

41 Vgl. Hüffmeier, „Magno consensu [...]" (Anm. 19), 43f.

42 Heinrich Vogel, *Das Nicaenische Glaubensbekenntnis. Eine Doxologie,* Berlin/Stuttgart 1963. Ein Wiederabdruck ist erschienen in GW 6: Die Eiserne Ration/Das Nicaenische Glaubensbekenntnis, Stuttgart 1983 (als Wiederabdruck im zweiten Teil des Bandes bei identischer Seitenzählung). Dass Vogel seine Bekenntnisauslegung mit der „Eisernen Ration" (1954), seinem vom Kirchenkampf geprägten katechetischen Kompass für ein christliches Leben, zusammenstellt, verweist darauf, dass er das Nicaenums-Buch in ähnlicher Weise wie die „Eiserne Ration" verstanden wissen möchte: Es ist nicht primär ein akademisches Buch, sondern zielt auf die Praxis.

43 Jüngel, Stellvertretung (Anm. 20), 256. Vgl. auch die Rezension von Helmut Gollwitzer in: *EvTh* 24 (1964), 445.

Vogels Grundthese nach binde der Geheimnischarakter der Christologie des Bekenntnisses eine diesem nach-denkende Theologie eng an das Gotteslob und überführe sie konsequent in Doxologie. Vogel erweist sich hier gerade als Dogmatiker ganz und gar als Lobpreis-Dichter. Die Verbindung von Dogmatik und Doxologie ist die Signatur seiner Theologie und Dichtung gleichermaßen. Doxologie, der Lobpreis der Ehre Gottes (δόξα: „Herrlichkeit“, „Ehre“), ist sein dogmatischer Kompass und Impulsgeber.[44] Für Vogel ist die Doxologie der Schlüssel seines eigenen theologischen Schaffens, die Klammer um Systematische Theologie und geistliche Dichtung. Dichterisch drückt er diesen Zusammenhang wie folgt aus:

„Doxologisch ausgerichtet
hört die Schrift Orthodoxie.
Zum Anbeten
angetreten
beugt sie scheiternd
noch die Knie.“[45]

Vogel affiziert am Nicaenum, dass bereits in der Fassung von 325 Theologie und Doxologie in eben diesem Sinne aufs engste verbunden sind. Im Lobpreis begegne der Mensch den Paradoxien, denen der Mensch ausgesetzt ist, der sich in die Gefahr begibt, von Christus zu reden. Die Menschwerdung Gottes und das Stellvertretungsgeschehen am Kreuz entfaltet Vogel als paradoxe Ereignisse, in denen Gott Menschsein und Sünde transzendiert. An der Grenze menschlicher Erkenntnis scheiternd wird der Mensch von „Gott in Christo“ zur Anbetung berufen und es zeigt sich hier, dass Theologie, will sie Orthodoxie sein, nur noch als Doxologie möglich ist. Dieses Motiv bestimmt nicht nur seine Bekenntnisauslegung, sondern wird von dort aus weiter entfaltet und schlägt sich sowohl akademisch als auch dichterisch in seinem Œuvre nieder.[46] Bereits 1954 hatte er dem Bekenntnis eine Aktualisierung in

44 Vgl. grundlegend zur Doxologie auf der Basis von Edmund Schlink und Heinrich Vogel Geoffrey Wainwright, Art. Doxologie II. Theologiegeschichtlich und dogmatisch; III. Liturgisch, in: *RGG*[4] 2 (1999), 963f.

45 Heinrich Vogel, Doxologische Orthodoxie, in: ders., *Gotteslob an der Grenze* (GW 12), Stuttgart 1987, 302.

46 Ich verweise exemplarisch auf das eben zitierte Gedicht und auf den Aufsatz von Heinrich Vogel, Orthodoxie als Doxologie, in: *ThLZ* 89 (1964), 641–650.

Form eines Kirchenliedes gewidmet,[47] was Barth seinerseits etwas spöttisch mit der Bemerkung kommentiert hatte: „Du wagst auch alles, das Nicänum in Verslein ...“.[48] Vogels Nicaenums-Auslegung von 1963 wurde seiner Erinnerung nach von Karl Barth aber grundsätzlich soweit geschätzt, dass sie von ihm passagenweise auch in seiner Baseler Sozietät besprochen worden sei.[49]

Vogel, der selbst engagierter Ökumeniker ist, z.B. im ÖRK aktiv die Weltkirchenkonferenzen mitgestaltet, wirkt mit seinem doxologischen Ansatz wegebnend für die ökumenische Theologie der 1980er Jahre – ich erinnere hier nur exemplarisch an Edmund Schlinks „Ökumenische Dogmatik“ (1983)[50], Geoffrey Wainwrights „Doxology“ (1980)[51] oder die ökumenischen Impulse von George A. Lindbecks Besprechung von Nicaea und Chalcedon in seiner „Christlichen Lehre als Grammatik des Glaubens“ (1984)[52]. Dass der doxologische Ansatz aber auch für das Nicaeajubiläum 2025 weiterführend ist, ließe sich anhand der Beobachtungen und Empfehlungen der ACK, des ökumenischen Arbeitskreises um Link und Wohlmuth oder auch der Beiträge des Wiener Professor für Orthodoxe Theologie Ioan Moga gut zeigen. Sie alle plädieren für die Aktualisierung des Bekenntnisses vor allem durch häufige liturgische Verwendung und betonen das verbindende Poten-

---

47 Vgl. Heinrich Vogel, Unser Christlicher Glaube nach dem Nicaenischen Bekenntnis (1954), in: ders., *Erhebet eure Herzen. Neue geistliche Lieder* (Edition Merseburger 716), 2. veränderte Aufl., Berlin 1959, 6–8. Das sechsstrophige Lied folgt ähnlich wie Calvins Institutio einer trinitarischen Gliederung nach den drei Artikeln des Bekenntnisses, wobei der dritte Artikel den Heiligen Geist als trinitarische Person und die aus ihm hervorgehende Kirche separat behandelt. Gott gebührt eine Strophe, Christus drei und dem Geist die letzten beiden. Der christologische Schwerpunkt entspricht ganz Vogels theologischem Akzent und er gestaltet ihn weit über die altkirchlichen Bekenntnisse im Sinne seiner eigenen Stellvertretungschristologie aus.

48 Vogel, *Freundschaft mit Barth* (Anm. 22), 50. Vogel hatte aufbrausend reagiert, Barth gefragt, ob er denn theologische Abhandlungen für die einzig adäquate Interpretation eines solchen Textes hielte, und darauf verwiesen, dass es möglich sei, dass sein Lied in 100 Jahren noch von der Gemeinde gesungen werde.

49 Vgl. Vogel, *Freundschaft mit Barth* (Anm. 22), 50.

50 Geoffrey Wainwright, *Doxology. The Praise of God in Worship, Doctrine and Life: A Systematic Theology*, New York 1980.

51 Edmund Schlink, *Ökumenische Dogmatik. Grundzüge*, Göttingen 1983.

52 George A. Lindbeck, *Christliche Lehre als Grammatik des Glaubens. Religion und Theologie im postliberalen Zeitalter* (Theologische Bücherei 90), mit einer Einleitung v. Hans G. Ulrich und Reinhard Hütter, aus dem amerikanischen Englisch v. Markus Müller, Gütersloh 1994, 134–142 (=The Nature of Doctrine 1984).

tial für die Ökumene, das aus der gemeinsamen Anbetung entsteht[53]. Schauen wir uns Vogels nicaenische Doxologie also im Detail an.

3.1 Vogels „Hinführung": Die Aktualisierung des Nicaenums im Diskurs mit der liberalen Theologie

In seiner Einführung in die Nicaenumsauslegung[54] erinnert Vogel zunächst an den liturgischen Kontext des Bekenntnisses, seine Verwendung zu den hohen Festtagen und die Wertschätzung des „hymnischen Klang[s]" der „geheimnisschweren, erhabenen Aussagen" wie „‚Gott von Gott, Licht von Licht […]'".[55] Die Kehrseite des doxologischen Charakters des Nicaenums sei aber seine mangelnde Zugänglichkeit für die Gemeinde heute: „[W]er versteht das?"[56] Wer kann sich das als persönliches Bekenntnis zu Christus aneignen? Dass diese Problemanzeige hochaktuell ist, haben jüngst Magnus Striet mit seiner eigenen Auslegung des Bekenntnisses[57] oder auch Christoph Markschies in Kommentaren zum Nicaea-Jubiläum betont.[58]

---

53 Vgl. ACK (Hg.), *1.700 Jahre Konzil von Nizäa* (Anm. 4), 3; 11f.; vgl. Altenberger Ökumenischer Gesprächskreis, 2025 – Jahr mit dem Bekenntnis! Ein Plädoyer aus Altenberg zu Pfingsten 2023, in: Link/Wohlmuth (Hg.). *Attraktive Fremdheit Gottes* (Anm. 4), 269–272, sowie Hans-Georg Link, Ein Glaube und eine eucharistische Gemeinschaft. Erläuterungen zum Konzil und Bekenntnis von 325/381 im Jahr 2025, in: Link/Wohlmuth (Hg.). *Attraktive Fremdheit Gottes* (Anm. 4), 273–284. 3. Vgl. Moga, Die Bedeutung des Konzils von Nizäa (Anm. 5), 262–264.

54 Vgl. Vogel, *Nicaenisches Glaubensbekenntnis* (Anm. 42), 13–18.

55 A.a.O., 13.

56 Ebd.

57 Vgl. Striet, *Alte Formeln – lebendiger Glaube* (Anm. 4).

58 Auf kirchliche Reaktionen zu diesem Umstand hat Markschies mit Stirnrunzeln hingewiesen, als er in einem Vortrag im März 2025 über das Konzil von Nicaea eine Anekdote aus der Berliner Kirchenleitung referierte. Markschies, der sehr wohl den doxologischen Charakter des Bekenntnisses erfasst, berichtete, dass ein Superintendent aus einem Gottesdienstentwurf das Nicaeno-Constantinopolitanum habe streichen wollen, weil es heute niemand mehr verstehe. Vgl. den Vortragsmitschnitt: https://www.youtube.com/watch?v=F_zIQybO6Ec&t=781s (ab Minute 16:23; abgerufen am 7.8.2025). Er wiederholte diese Anekdote auch in der online-Kolumne von Zeitzeichen. Vgl. Christoph Markschies, Sollen wir knien? Wie man das Jubiläum des Konzils von Nicäa feiern kann, in: Zeitzeichen online am 28.3.2025, https://zeitzeichen.net/node/11759?utm_source=browser&utm_medium=push-notification&utm_campaign=cleverpush-1743153661 (abgerufen am 7.8.2025).

Eine wesentliche Ursache für dieses Unverständnis in der Gemeinde schreibt Vogel der liberalen Theologie zu, die für die „hymnische[n] Sprengstücke“ [59] des Bekenntnisses keinen Sinn habe und sie darum auch nicht mehr erschließen könne. Vogels Gewährsmann dafür ist vor allem Adolf von Harnack, der von ihm aufmerksam gelesen wird und ihm zu einer gewissenhaften Rekonstruktion zentraler Kritikpunkte am Nicaenum dient. Ausgehend von dessen Dogmenkritik, die bis heute auch in der Befreiungstheologie oder aktuellen liberaltheologischen Entwürfen weitergeführt wird – man denke z.B. an die „Symbole des Christentums“ (2022) von Ulrich Barth[60] –, erinnert Vogel an die Vorwürfe einer unbiblischen Metaphysik, der Wahrheitsverdunklung, machtpolitischer Instrumentalisierung, an Konstantin als „verschlagene[n] Gewaltmensch[en]“ [61] und an den Missbrauch des Bekenntnisses für den willkürlichen Häresievorwurf gegen kirchenpolitische Gegner.[62]

---

59 Vogel, *Nicaenisches Glaubensbekenntnis* (Anm. 42), 13.

60 Die altkirchliche Dogmenbildung ist dargestellt und kritisch eingeordnet bei Ulrich Barth, *Symbole des Christentums. Berliner Dogmatikvorlesung*, hg. von Friedemann Steck, ²Tübingen, 338–350. Bereits a.a.O., 338, erklärt Barth die altkirchliche Christologie im Zeitalter der Aufklärung als überwunden, so dass es im Folgenden lediglich noch zu prüfen gelte, was das „Vernünftige und seinerzeit Richtige“ an diesem „Holzweg“ gewesen sei. Zurecht weist bereits Edmund Schlink, Ökumenische Dogmatik (Anm. 50), 531, allerdings darauf hin, dass der Vorwurf, es werde in Nicaea lediglich hellenisierende Metaphysik betrieben, nicht haltbar sei. Es geht in Nicaea gerade nicht um Metaphysik, sondern um Doxologie! Vgl. zur Hellenisierungsfrage aktuell Christian Danz, Hellenisierung des Christentums? Überlegungen zur Kritik Adolf von Harnacks am trinitarischen Dogma und ihren systematischen Voraussetzungen, in: Heil/Tück, *Nizäa – Das erste Konzil* (Anm. 4), 221–227, und Helmut Hoping, Ist die Deutekategorie der Hellenisierung stumpf geworden?, in: Heil/Tück, *Nizäa – Das erste Konzil* (Anm. 4), 228–239. Wertschätzender als Ulrich Barth, aber in ähnlicher Weise emanzipiert von dem Wahrheitsanspruch nicaenischer Dogmatik, benutzt der katholische Systematiker Magnus Striet in seiner aktuellen postliberalen Auslegung des Bekenntnisses das Nicaenum sehr frei für ein Gespräch mit Immanuel Kant und Hans Blumenberg, das einladen soll, sich mit dem Nicaenum auf das Risiko des Glaubens an die „Hypothese“ Gott unter den Bedingungen der Gegenwart einzulassen. Vgl. Striet, *Alte Formeln – lebendiger Glaube* (Anm. 4), 15 (Einleitung) u.ö.: „[…] der freie Gott kann nur noch als eine Hypothese geglaubt werden, was einschließt, dass er nicht existieren könnte […].“

61 Vogel, *Nicaenisches Glaubensbekenntnis* (Anm. 42), 14.

62 Vgl. a.a.O., 14f. Die Distanzierungen von Nicaea sieht Vogel durch die historische Erforschung der Entstehungsgeschichte des Bekenntnisses begründet, die u.a. die Verquickung von kirchen- und machtpolitischen Interessen aufdecke. Dabei zeige sich, wie seine Theologie hierarchisch durchgesetzt und aus politischem Kalkül als Waffe gegen die Arianer eingesetzt werde. Die liberal- und befreiungstheologische, dogmenkritische

Dass diese Entstehungs- und Wirkungsgeschichte des Nicaenums nicht ignoriert werden dürfe, sondern als Schuldgeschichte der Kirche, als „Versündigung an der Wahrheit des Kreuzes“[63] aufgearbeitet werden müsse, ist für Vogel ebenso klar wie der Umstand, dass das Bekenntnis trotz seines Missbrauches nicht verworfen werden dürfe. Es enthalte eine tiefere Wahrheit über seinen Entstehungskontext hinaus. Daher bedürfe es einer Aktualisierung, infolge derer das Bekenntnis gegen solchen Missbrauch immunisiert werden kann, um „neu zu begreifen, was es um das Bekenntnis als Lobpreis, um die Anerkenntnis der Wahrheit Gottes in Anbetung, um Orthodoxie als Doxologie ist.“[64]

3.2 Vom Geheimnis der Homoousie zur Doxologie

Vogel wendet sich von hier aus der Auslegung des Nicäno-Konstantinopolitanum abschnittsweise zu, trinitarisch gegliedert in Hauptkapitel nach seinen drei Artikeln.[65] Dabei kreist die Auslegung um das ὁμοούσιος, für Vogel der Kulminationspunkt des doxologischen Charakters des Bekenntnisses.

Perspektive zum Nicaenum erscheint vor dem Hintergrund von Vogels Überlegungen bei aller Wichtigkeit wirkmächtig das heutige Verständnis des Bekenntnisses zu behindern und auf eine Sammlung gegen das historisch-kritischen Bewusstsein anzuerkennender Glaubenswahrheiten zu verkürzen. Er moniert darum abschließend die „Verwandlung des hymnischen Lobpreises in ein Zwangsgesetz, dessen Durchsetzung eine herrschende Kirche mehr als einmal mit der Verwandlung des Kreuzes in ein Schwert zu erreichen suche.“ (a.a.O., 16).

63 A.a.O., 16.

64 Ebd. Das ist nur möglich, weil er davon ausgeht, dass jenseits der Entstehungsbedingungen und Intentionen der Verfasser in Bekenntnistexten eine Überlegenheit „über das Verständnis derer, deren Denken und Sprechen die Bezeugung der Wahrheit anvertraut ist“ (a.a.O., 16), hinaus angelegt sei. Die Orientierung an dieser „Überlegenheit der Wahrheit – letztlich ist es die des Wortes Gottes selbst! – […]“ (a.a.O., 17f.) ist es, worum es Vogel bei der Aktualisierung des Nicaenums geht. Vgl. a.a.O., 16–18. Der historische Zugang kann für ihn darum nicht das letzte Wort sein, sondern von hier aus muss die theologische Auslegung der Gegenwart immer neu zu Bekenntnis und Lobpreis führen und konfrontiert mit der Wahrheit Jesu Christi, die menschliche Wahrheitserkenntnis übersteigen muss. Insofern muss auch die moderne Auslegung des Nicaenums vom Ringen um Orthodoxie her doxologisch ausgerichtet sein.

65 Die drei Fassungen sind der Auslegung vorangestellt: Vgl. Vogel, a.a.O., 7–11. Unterschiede wie z.B. der Unterschied der grammatischen Person der Anfänge (Ich glaube/wir glauben) werden thematisiert und in der Auslegung harmonisiert. Die deutsche Fassung folgt den evangelischen Bekenntnisschriften.

Zu Beginn seiner Auslegung des zweiten Artikels entfaltet Vogel das christologische Grundproblem des nicaenischen Glaubens „an einen einigen Herrn Jesus Christus“.[66]

> „Besagt das nicht entweder die Vergöttlichung eines Menschen [scil. Arianismus = liberaltheologische Jesulogie] oder die Vermenschlichung Gottes [scil. Sabellianismus/Modalismus = Mystik]? […] ‚Ich glaube an Jesus Christus…‘, warum eigentlich, warum ausgerechnet an ihn?! Kann und darf dieses ‚glauben an‘ überhaupt auf einen Menschen sich richten, mag er sein, wer er sei, und mag er interpretiert werden wie nur immer?!“[67]

Das Nicaenum beantworte diese Frage mit dem Bekenntnis zu Jesus als Christus und den einen Herrn, also dem Verweis auf seine Gottheit, und nehme damit den Begriff der Wesenseinheit bereits vorweg.[68] Im Geist dieser hohen Christologie zieht Vogel eine klare Grenze gegenüber der liberaltheologischen Jesusdeutung. Christologie könne nicht auf eine jesuanische Liebesethik und Nachfolge verkürzt werden.[69] Weil nicht der Mensch Jesus im Bekenntnis geglaubt wird, sondern Jesus Christus als Person des dreieinigen Gottes, der „nicht nur ein noch so qualifizierter und designierter Mensch, sondern *Gott selbst*“[70] ist, ist für Vogel klar: „Es geht im Nicaenum nicht um *Jesuanismus*, sondern um *Christologie.*“[71] Bestimmte Formen liberaler Theologie werden von Vogel hier zum Arianismus erklärt.

Vogel führt seine Auslegung damit zur „leuchtenden Mitte des Bekenntnisses im Zeichen des Geheimnisses, das seine zentralen, diesem Nicaenum in besonderer Weise eignenden Aussagen doxologisch umkreist.“[72]. Er bespricht die hymnischen Christusbeschreibungen, in deren Zentrum das ὁμοούσιος steht: Gottessohnschaft, Gottheit und Lichtcharakter Jesu.[73] Dabei entfaltet er diese hochchristologischen Aussagen[74] als unabdingbares Vorzeichen dafür, dass sich das Nicaenum anschließend der Inkarnation Jesu wid-

66 Vgl. a.a.O., 46–51 (Zitat 46).

67 A.a.O., 46.

68 Vgl. a.a.O., 48. Vgl. zur vertieften Auslegung des „einigen Herrn“ a.a.O., 48–50, und zur Auslegung des Christustitels a.a.O., 50.

69 Vgl. a.a.O., 50.

70 A.a.O., 51.

71 A.a.O., 50.

72 A.a.O., 51.

73 Vgl. a.a.O., 51–67.

74 Vgl. explizit a.a.O., 67 („‚hohe[]‘ Aussagen“).

men kann.[75] Der Geheimnischarakter des Bekenntnisses wird in der Spannung von Christi Höhe und Tiefe herausgestellt. Den hochchristologischen Rahmen der Menschlichkeit Jesu interpretiert Vogel als „Pfeil-Richtung", die von der Tiefe des Kreuzes zu Gott führe.[76] „Hier gilt es zunächst einmal zu erkennen, daß die ‚doxologischen' Aussagen den in diese *Tiefe* Erniedrigten als den preisen, der aus dieser *Höhe* kommt."[77] Zugleich verbiete sich damit der Vorwurf metaphysischer Eintragungen in den Gottesbegriff: Vogel differenziert scharf das Konzept einer Gottesschau, die Gott als für menschliche Spekulation zugänglich verstehe und damit letztlich selbst vermenschliche, von der Perspektive des Glaubens, die in Christus das Geheimnis Gottes gezeigt bekomme.

Die einzelnen Elemente der Beschreibung Jesu im Nicaenum führt Vogel dann auf das ὁμοούσιος zu.[78] Während die „Väter von Nicaea"[79] 325 lange um das ὁμοούσιος hätten ringen müssen, zeige sich aus der Perspektive der Gegenwart die „innere[] Notwendigkeit" dieser Formulierung, die „schon zur Stelle war, ehe sie laut wurde."[80]

Er legt das ὁμοούσιος dann mit einer Antwort auf die Frage: „Was heißt nun aber: *Doxologie?*"[81] aus. „Daß Gott selbst in Christus zu uns kam, Gott selbst in ihm sich unser erbarmt, Gott selbst durch ihn uns als seine Kinder annimmt, das bekennt der Glaube in dem Satz von der Wesenseinheit des Sohnes mit dem Vater."[82] Als *Glaubens*-bekenntnis zieht das ὁμοούσιος eine klare Grenze gegen jedwede metaphysische Spekulation über Gottes We-

75 Vgl. a.a.O., 72–104 für die Auslegung von Inkarnation bis Begräbnis Jesu.

76 Vgl. a.a.O., 51–55.

77 A.a.O., 53.

78 Besprochen werden Gottessohnschaft (a.a.O., 55f.), Zeugung und Ungeschaffensein (a.a.O., 56f.; 62–64) und die „wie leuchtende Quader[] aufeinander getürmte[n] Bruchstücke[] des Gotteslobes" (a.a.O., 57) Gott von Gott, Licht vom Licht etc. als Auslegung von Joh 1 (vgl. a.a.O., 57–62).

79 A.a.O., 64.

80 Ebd. Die schon im Kontext des Konzils von Nicaea diskutierte Frage, ob nicht das ὁμοούσιος als nicht-biblischer Begriff eine problematische Eintragung in das Bekenntnis sei, wird hier implizit von Vogel verneint, indem er ihn geradezu zu einem notwendigen Zielpunkt der Theologie des Nicaenums erklärt, der allein zwischen den Versuchungen einer arianischen und einer modalistischen Jesusdeutung hindurchführe. Vgl. zur Einführung des Begriffs in das Bekenntnis David M. Gwynn, Reconstructing the Council of Nicaea, in: Kim, *Companion* (Anm. 6), 90–110, hier 100f.

81 Vogel, *Nicaenisches Glaubensbekenntnis* (Anm. 42), 67; der Exkurs umfasst a.a.O., 67–72.

82 A.a.O., 66f.

sen.[83] Denn, so Vogel, in der Interpretation der hochchristologischen Aussagen des Nicaenums sei die Erfahrung des Scheiterns menschlicher Begriffe und Vorstellungen eklatant. Zugleich seien wir von „der *Anerkenntnis* der Wahrheit"[84] Gottes dazu getrieben, „die Erkenntnis in bestimmten Aussagen zu suchen und zu wagen."[85] Und diese dialektische Spannung von der Verpflichtung zur Begriffsbildung und ihrem Scheitern rufe uns zur „Anbetung". Theologische Aussagen erweisen sich damit als doxologisch:[86] Unser Verstehen müsse Stückwerk bleiben und stehe im Zeichen des Hoffens, „das eben nicht das Schauen ist und sein kann." Theologische Aussagen seien darum nie „Sätze des Wissens über eine verobjektivierte Wahrheit, sondern antwortender Lobpreis der Wahrheit, die sich dem Hörenden in ihrer Gnade und Herablassung erschließt."[87] Vogels Doxologie bietet in gewisser Weise eine Variation zur Bedrängnis der Theologie des frühen Karl Barth. Dieser hatte 1925 das „Wort Gottes als Aufgabe der Theologie" folgendermaßen bestimmt

> „Wir sollen als Theologen von Gott reden. Wir sind aber Menschen und können als solche nicht von Gott reden. Wir sollen Beides, unser Sollen und unser Nicht-Können, wissen und eben damit Gott die Ehre geben. Das ist unsre Bedrängnis. Alles andere ist daneben Kinderspiel."[88]

Der Theologe und Dichter Vogel sieht offenbar im Modus des hymnischen Lobpreises die adäquate Art, angesichts des menschlichen Unvermögens vom Geheimnis Gottes zu reden und ihm die Ehre zu geben, „orthodoxe" Dogmatik und Doxologie zu verbinden. Er ebnet damit der Verbindung von Doxologie und Ökumene den Weg.

83 So auch Schlink, *Ökumenische Dogmatik* (Anm. 50), 531.

84 Vogel, *Nicaenisches Glaubensbekenntnis* (Anm. 42), 67.

85 Ebd.

86 Vgl. a.a.O., 67.

87 A.a.O., 72.

88 Karl Barth, Das Wort Gottes als Aufgabe der Theologie (1922), in: ders. *Vorträge und kleinere Arbeiten 1922–1925* (GA III), hg. von Holger Finze, Zürich 1990, 144–175, hier 151.

4. Vier Thesen zur bleibenden Bedeutung von Vogels Nicaenumsauslegung für die ökumenische Theologie

Link und Wohlmuth werben in ihrem ökumenischen Sammelband zum Nicaenumsjubiläum für die „Attraktive Fremdheit Gottes“[89], die das Nicaenum zu allen Jahrhunderten verkörpert habe, und blicken zuversichtlich auf die theologische „*Wiederentdeckung* und „*Wiederbeheimatung* des ökumenischen Bekenntnisses von 381 in unseren Kirchen und Gottesdiensten.“[90] Zugleich wissen sie um die Schwierigkeit:

> „Wer wollte bezweifeln, dass ein Bekenntnis zu einem ‚Gott-mit-uns‘ gerade in unserer Gegenwart erhebliche Fremdheit hervorruft und zugleich den attrahierenden Seufzer hervorruft: Wäre ein solcher Glaube doch auch heute von Herzen glaubwürdig!“[91]

Von derselben Ausgangslage geht auch Magnus Striet aus, und wir haben sie auch bei Vogel sechzig Jahre zuvor vorgefunden. Tatsächlich muss man verschärfend fragen, ob die „Fremdheit Gottes“ im Nicaenum heute noch als „attraktiv“ empfunden wird. Edmund Schlink hat bereits 1983 so geurteilt – wenngleich man die Potentiale der Fremdheit nicht unterschätzen darf – und setzt dem wie Vogel die Aktualisierung der nicaenischen Doxologie entgegen, gerade auch im ökumenischen Interesse:

> „[D]ie Fremdheit, die heute von vielen gegenüber diesem Bekenntnis empfunden wird, [wird man] vor allem darauf zurückzuführen haben, daß die Doxologie vielen fremd geworden ist. [...] Die Wiedergewinnung der Doxologie als Struktur dogmatischen Redens und Denkens ist von großer Bedeutung für die Einigung der getrennten Kirchen.“[92]

Dass sich mit Vogel das ökumenische Potential der Doxologie für die Gegenwart weiter entfalten lässt, sei abschließend an vier Thesen demonstriert.[93]

---

89 Link/Wohlmuth (Hg.), *Attraktive Fremdheit Gottes* (Anm. 4).

90 Hans-Georg Link/Joseph Wohlmuth, Vorwort der Herausgeber, in: Link/Wohlmuth (Hg.). *Attraktive Fremdheit Gottes* (Anm. 4), 11–13, hier 12.

91 A.a.O., 11.

92 Schlink, *Ökumenische Dogmatik* (Anm. 50), 531.

93 Wichtige Impulse zu diesen Thesen verdanke ich dem Austausch mit meinem Lehrer Marco Hofheinz.

Vogels Doxologie verbindet aufs engste kirchliche Glaubenspraxis mit dogmatischer Reflexion. Sie richtet sich insbesondere am Gottesdienst und seinen liturgischen Vollzügen aus. Der Lobpreis der Kirche ist Impulsgeber und bindender Rahmen des theologischen Nachdenkens und stellt die (ökumenische) Bekenntnisgemeinschaft unter einen verbindenden Themenhorizont. Ökumenische Dogmatik folgt denkerisch der im Lobpreis anerkannten und eröffneten Wahrheit des dreieinigen Gottes.

Eine solche Dogmatik muss sich nicht neu erfinden, sondern darf sich mit dem Lobpreis ihren Reflexionsgegenstand gegeben sein lassen. Sie gewinnt ihr Profil im Folgen – entsprechend dem Richtungssinn der alten Formel *lex orandi – lex credendi*:[94] die Art und Weise, was und wie wir anbeten, wird zur Richtschnur für die Art und Weise, wie und was wir glauben.

Vogels Doxologie setzt ein kritisches Bewusstsein der Entstehungs- und Wirkungsgeschichte ihrer Formeln voraus, rechnet aber mit Gottes Wahrheit trotz des menschlichen Scheiterns, von dieser Wahrheit adäquat zu reden und sie adäquat zu interpretieren.[95] In ökumenischer Perspektive wird

---

94 Ihren beiden Teilen widmet z.B. auch je ein Kapitel Wainwright, *Doxology* (Anm. 50), 218–250 und 251–283. Fernerhin: ders., Der Gottesdienst als „Locus Theologicus“. Oder: Der Gottesdienst als Quelle und Thema der Theologie, in: *KuD* 28 (1982), 248–258, bes. 253f. Auch Karl Barth, *Das christliche Leben. Die Kirchliche Dogmatik IV/4, Fragmente aus dem Nachlaß, Vorlesungen 1950–1961* (GA II), hg. von Hans-Anton Drewes und Eberhard Jüngel, Zürich 1976, 77, wendet die Formel als Richtschnur des christlichen Lebens – als „lex vivendi“ – an. Vgl. zu der Formel allgemein Klaus Peter Dannecker, Lex orandi – lex credendi. Liturgie im Kontext, in: Markus Luber (Hg.), *Kontextualität des Evangeliums. Weltkirchliche Herausforderungen der Missionstheologie* [Jahrestagung des Instituts für Weltkirche und Mission im September 2011], Regensburg 2012, 38–50 (https://publikationen.uni-tuebingen.de/xmlui/handle/10900/119629; abgerufen am 7.8.2025).

95 Vogel hat, wie wir gesehen haben, die liberaltheologischen Vorbehalte gegenüber dem Konzil von Nicaea, die sich in Missbrauch des Bekenntnisses, Macht- und Elitenkritik und der politischen Instrumentalisierung konkretisiert haben, aufgenommen, aber den Wahrheitsgehalt des Nicaenums von seinen Entstehungsbedingungen und Verfassern emanzipiert. Er rechnet mit der Partizipation von Bekenntnistexten „an der Überlegenheit der Schrifttexte über das Verständnis derer, deren Denken und Sprechen die Bezeugung der Wahrheit anvertraut wurde. Diese Überlegenheit der Wahrheit – letztlich ist es die des Wortes Gottes selbst! – ist ebenso demütigend wie befreiend, ebenso richtend wie rettend.“ (Vogel, *Nicaenisches Glaubensbekenntnis* [Anm. 42], 17f.) Sie überwindet den historischen Graben zwischen uns und dem Jahr 325. In ähnlicher Weise eignet sich der orthodoxe Systematiker Ioan Moga ein kritischeres Bewusstsein für die „nicht-theologischen Faktoren rund um Nizäa und ihre langen Schatten“ an. Seine These: „Der Heilige Geist war dort am Werk nicht *wegen* oder gar *dank* großer Kaiser, sondern *trotz* dieser politischen Implikationen.“ (Moga, Die Bedeutung des Konzils von Nizäa [Anm. 5], 262).

die verbindende Wirkung dieser Doxologie auf polyphone Sprach- und Deutungstraditionen des Lobpreises über die Grenzen konfessioneller und theologischer Unterschiede hinweg ebenso bedeutsam wie die Notwendigkeit des gemeinsamen Ringens um die adäquate Form des Lobpreises im Rückbezug auf die Schriftauslegung. (In Bezug auf das Nicaenum zeigt sich das 2025 z.B. an der Relativierung des *filioque*-Streits.[96]) Zugleich zieht die Doxologie aber als Modus der Anerkennung der Wahrheit des dreieinigen Gottes auch verbindliche Grenzen, die dem ökumenischen Gespräch einen verlässlichen Rahmen geben. Sie stiftet damit den Raum der Kirche als Gemeinschaft der Gott Hörenden und ihm in Dank und Bitte, Klage und Lobpreis Antwortenden.

Vogels Doxologie wird von einer eschatologischen Dimension getragen, die ihrerseits Ökumene stiftet: Im Lobpreis aktualisiert sich proleptisch die Heilsverheißung Gottes in Jesus Christus, indem sie schon jetzt als Wahrheit anerkannt, nachvollzogen und in der Bekenntnisgemeinschaft konkret werden darf. Indem Doxologie Partizipation und Prolepse, also die Vorwegnahme der Verheißung im Jetzt eröffnet, überwindet sie menschliche Grenzen und macht die ökumenische Bekenntnisgemeinschaft zur Gemeinschaft der Heiligen.

Er zeigt damit eine Öffnung des orthodoxen Wahrheitsanspruchs von Konzil und Bekenntnis und verweist darauf, dass sich gerade über die ökumenischen Gespräche plurale Bekenntnishermeneutiken und historisches Bewusstsein in der Orthodoxie einen Weg bahnen konnten.

96 So plädiert der Altenberger Ökumenische Gesprächskreis, 2025 (Anm. 53), 271, explizit für eine Zurücknahme des filioque um der Ökumene willen. Auch die ACK (Hg.), *1.700 Jahre Konzil von Nizäa* (Anm. 4), 12, weist in diese Richtung.

Karl Barth und Heinrich Vogel bei einem Treffen Barths mit Dozenten der Kirchlichen Hochschulen der Bekennenden Kirche, Driebergen bei Doorn / Niederlande (April 1936). Der Abdruck erfolgt mit freundlicher Genehmigung des KBA Basel.

Heinrich Vogel und Karl Barth auf der zweiten Vorbereitungstagung für die Evanstoner Weltkirchenkonferenz (ÖRK) im Ökumenischen Institut Château de Bossey (bei Genf), September 1952. Der Abdruck erfolgt mit freundlicher Genehmigung des KBA Basel.

Dario Colombo

Verkünder des Wortes

Karl Barths Herausforderung an Prediger und Predigerinnen

1. Einleitung

Wer predigt stellt sich der spannungsvollen Aufgabe, Gottes Wort zu verkünden. Ganz alltäglich ist die Gefahr, Gottes Wort auf der einen Seite in solch moralisierende Rede zu verwandeln, dass sie sauer aufstößt, oder auf der anderen Seite nicht viel mehr als aufmunternde Luft zu produzieren, der die Kraft abgeht, irgendetwas in Bewegung zu setzen. Eine dritte Gefahr stellt sich, wenn in der Predigt nur noch informiert wird, was denn alles wohl Interessantes und historisch Faszinierendes in jenem Buch steht, das eigentlich als Heilige Schrift für Menschen Weisung sein will. Alle diese Dinge müssten in einer echten und guten Predigt eigentlich feinsäuberlich abgewogen zugleich vorkommen. Aber wie? Wie kann es gelingen, dass eine Predigt der Offenbarung Gottes in der Heiligen Schrift gerecht wird, so dass Gottes ergangenes und niedergeschriebenes Wort auch heute bei den hörenden Menschen nicht nur passiv vernommen wird, sondern tatsächlich und aktiv ankommt?

Es war einmal ein Mann, der mit solcher Wucht predigte, dass seine Worte heute noch nachklingen, der solch gehaltvolle Gedanken äußerte, die mögliche Antwortperspektiven auf die Frage nach dem Predigen versprechen. Dieser Mann war der evangelische Theologe Karl Barth. Als wichtiger, wenn nicht wichtigster Vertreter der dialektischen Theologie betont Barth die Unmöglichkeit einer natürlichen Erkenntnis Gottes, d.h. einer Erkenntnis Gottes allein aus menschlichem Vermögen heraus. Vielmehr ist es Gott selbst, der sich den Menschen zu erkennen gibt. Dieser Gott will sich aber durch die Predigt offenbaren. Gottes Wort soll durch Verkündigung in der Predigt beim Menschen ankommen. In diesem Artikel soll den Gedanken

Barths[1] in Bezug auf diese Thematik nachgegangen werden. Dabei soll in einem ersten Schritt aufgezeigt werden, was Barth unter Wort Gottes versteht. In einem zweiten Schritt ist die Frage zu stellen, wie dieses Wort Gottes zu verkündigen ist. In einem letzten Schritt soll Barths eigentliche Herausforderung an Prediger und Predigerinnen skizziert werden. Was in diesem Artikel nicht geschehen kann und auch nicht geschehen muss, ist den verschiedenen Interpretationsmöglichkeiten von Barths Schrift- und Predigtverständnis nachzugehen, da dies bereits auf vielfache Weise geschehen ist.[2]

---

1 Hier soll keine umfassende Studie zu Barth vorgelegt, sondern vielmehr seinen Grundintentionen besonders in zwei seiner zentralen Werke nachgespürt werden. Diese sind: Karl Barth, *Der Römerbrief (Zweite Fassung). 1922* (GA II), hg. von Cornelis van der Kooi und Katja Tolstaja, Zürich 2020; Karl Barth, *Die Kirchliche Dogmatik. Die Lehre vom Wort Gottes (KD I/1)*, Zürich 1932. Barth selbst betrachtet seine *Kirchliche Dogmatik* (bereits in seinem ersten Versuch, der *Christlichen Dogmatik im Entwurf*) als Fortsetzung seines Projektes, das er in seinem Römerbrief gestartet hat. Vgl. KD I/1, XXXVII. Für den späten Barth ist hinzuweisen auf die Schrift: Karl Barth, *Homiletik. Wesen und Vorbereitung der Predigt*, Zürich 1966. Auf dieses Werk wird hier nicht eingegangen. Auch einige Predigten Barths werden einbezogen. Besonders: Karl Barth, *Der Pfarrer, der es den Leuten recht macht.* Predigt über Hesekiel 13, 1–16 gehalten in Safenwil am Sonntag, den 6. Februar 1916. Die Predigt ist online zugänglich.

2 Siehe besonders den aufschlussreichen Artikel: Folkart Wittekind, Karl Barth und die moderne Predigt. Homiletik und Glaubensverständnis bei Niebergall, Tillich und Karl Barth, in: *Zeitschrift für Theologie und Kirche* 98 (3/2001), 344–371. In diesem Artikel zeigt Wittekind sowohl die Rezeptionsgeschichte (nach Henning Luther und Wilhelm Jannasch) als auch die Entstehungsgeschichte (nach Friedrich Niebergall, Paul Tillich) von Barths homiletischer Theologie, in der sich die Predigt und die Theologie auf den individuellen Glaubensakt beziehen. Gemäß Wittekind lässt sich damit die postmoderne Vielfalt im Glauben und in der Predigt verstehen und begründen. Besonders rezeptionsgeschichtlich zeigt sich, wie Barths Denken auf der einen Seite (von Luther) als unmodern und weil pluralitätsfeindlich abgelehnt, und auf der anderen Seite (von Jannasch) als antimodernes Beharren auf der Eindeutigkeit des Christusgeschehens gefeiert wird. Beide greifen zu kurz: „Kommt bei Henning Luther gleichsam jener Aspekt von Barths Aufsatz zu kurz, der die ernsthafte Nötigung von Gott zu reden benennt und damit das Gewißheit tragende Element aller individuellen Glaubensrede – in und jenseits ihrer Vielfalt – herausstellt, so wird umgekehrt bei Wilhelm Jannasch Barths Einschränkung vernachlässigt, dass wir trotz aller Nötigung doch nicht recht von Gott reden können". Wittekind, Karl Barth und die moderne Predigt (Anm. 2), 369. Wittekind entwickelt Barths Verständnis der Predigt weiter, so dass Predigt verstanden wird „als ein offener Deutungsraum für die je individuelle Formulierung eines eigenen Selbst- und Weltverhältnisses, in dem aber zugleich die Vielfalt dieser Deutungsweisen an das zugrundeliegende, in Jesus Christus abgebildete Selbstverständnis des Menschen als eines notwendig sich selbst deutenden und im Vollzug dieser Deutung Evidenz erlebenden Subjektes gebunden bleibt". Wittekind, Karl Barth und die moderne Predigt (Anm. 2), 370. Ob dies eine sinnvolle Weiterentwick-

Fest steht, wie Georg Pfleiderer gezeigt hat, dass das Genre der Predigt Form und Struktur von Barths Theologie bestimmt[3] und, wie Barth selbst sagt, seine Theologie eine Theologie eines Predigers für Prediger ist.[4] Das ist es, was in diesem Artikel interessiert, diesen Gedanken Barths nachzuspüren, um der hohen Aufgabe des Predigens demütig, aber mutig entgegentreten zu können. Dabei vertrete ich die These, Barth bleibe durch seine Dialektik hinter seiner „Theologie" zurück. Denn das, was Barth von jenen, die predigen, fordert, macht eigentlich nur dann Sinn, wenn sich seine Dialektik, die Gott und Welt auseinanderzureißen droht, heilen lässt.

2. Wort Gottes

Gottes Wort ist, was Gott zur Menschheit geredet hat. Bis hierhin sind sich alle einig. Die Frage ist, wie sich Gottes Wort ins Menschliche kleidet und wie dieses Verhältnis näher zu bestimmen ist. In dieser Frage scheiden sich die Geister. Es reicht von jenen, die Wort Gottes und Heilige Schrift so sehr in eins setzen, dass zwischen beiden überhaupt kein Unterschied mehr besteht, zu jenen, für welche die Heilige Schrift schlicht etwas vom göttlichen Weltganzen ausdrückt, wie dies auch andere religiöse Texttraditionen tun. In diesem Verhältnis sieht Barth zunächst in beiden Positionen eine gewisse Richtigkeit.

Er gibt dem traditionell sogenannten „konservativen" Flügel recht, wenn er die Wichtigkeit der Heiligen Schrift als Kanon betont und daran festhält, dass die Unterschiede von damals und heute im Verhältnis zu der Sache, um die es in der Heiligen Schrift geht, „im Wesen der Dinge *keine* Bedeutung

---

lung von Barth ist, sei den Lesenden selbst überlassen. Zu Barths Schriftauslegung siehe besonders: Otto Bächli, *Das Alte Testament in der Kirchlichen Dogmatik von Karl Barth*, Neukirchen-Vluyn 1987; Richard E. Burnett, *Karl Barth's Theological Exegesis. The Hermeneutical Principles of the Römerbrief Period* (WUNT II / 145), Tübingen 2001. In diesem Artikel sollen keine solch großen Linien gezogen werden, sondern vielmehr nahe am Text des frühen Barth untersucht werden, was daraus für heutiges Predigen gewonnen werden kann.

3 Vgl. Georg Pfleiderer, Karl Barth und die Zukunft der evangelischen Predigt, in: ders./ Ruben Cadonau (Hg.), *Karl Barth und die Zukunft der evangelischen Predigt*, Zürich 2025, 10. Er verweist auf seine umfangreiche Studie: Georg Pfleiderer, *Karl Barths praktische Theologie. Zu Genese und Kontext eines paradigmatischen Entwurfs systematischer Theologie im 20. Jahrhundert*, Tübingen 2000, 17–20; 239–244, 265–167; 272–276; 401–408; 418–424.

4 Vgl. Karl Barth, *Letzte Zeugnisse*, Zürich 1969, 19.

haben".[5] Damit meint er, dass es in Bezug auf die in der Heiligen Schrift bezeugte Offenbarung von Gott, d.h. der Sache, um die es in der Heiligen Schrift geht, keine Rolle spielt, zu welchem Zeitpunkt ich die Bibel lese. Damit beginnt Barth „eine Pauluslektüre zu praktizieren, die den Text nicht länger historisierend auf Distanz hält, sondern sich seinem Anspruch vorbehaltlos auszusetzen versucht".[6] Die „Sache", von der Paulus sprach, über die Luther und Calvin, ja auch Thomas von Aquin oder wer auch immer nachdachten, kann, weil Gott der Offenbarer ist, keine verschiedene sein. Wenn Gott gesprochen hat, dieses Wort gehört und aufgeschrieben wurde, dann ist die „Sache", sobald sie verschriftlicht ist, für alle bleibend zugänglich. Deshalb ist die Bibel *norma normans non normata*, d.h. die Norm, die normiert, aber selbst von nichts normiert werden kann.[7] Deshalb tritt die Bibel der Kirche auch normierend und korrigierend gegenüber und lässt sich von ihr nicht gänzlich in Beschlag nehmen. An der Schriftlichkeit des biblischen Kanons „hängt seine Selbständigkeit und Unabhängigkeit und also seine freie Macht gegenüber der Kirche".[8] Die Heilige Schrift ist insofern Gottes Wort, als sie Kanon ist, d.h. insofern sie von der Sache kündet, die Gott gesprochen hat.

---

5 Barth, *Römerbrief 1922* (Anm. 1), XI.

6 Matthias Zeindler/Magdalene L. Frettlöh, *Theologie am Nullpunkt. Karl Barth und die Krise der Kirche*, Zürich 2022, 10.

7 Der Alttestamentler Konrad Schmid betont, dass Barth nicht mehr, aber auch nicht weniger einfordert, „als eine Besinnung auf die Entdeckung der Reformation, dass die Bibel keine historische Quelle, kein Mysterienbuch, kein dogmatischer Traktat ist, sondern eine Sache verhandelt, die für die Gegenwart unmittelbar relevant ist". Konrad Schmid, Karl Barths Schriftauslegung und die Bibelwissenschaft, in: *Theologische Zeitschrift* 66 (4/2010), 334. Siehe auch Konrad Schmid, Sind die Historisch-Kritischen kritischer geworden? Überlegungen zu Stellung und Potential der Bibelwissenschaften in der Theologie, in: *JBTh* 25 (2010).

8 KD I/1, 107. Dies ist auch eine Kritik gegenüber einem katholischen Verständnis der Heiligen Schrift. Es richtet sich gegen Johann Adam Möhlers Aussage, dass es einen *sensus ecclesiae* gebe, ein fortwährend in den Herzen der Gläubigen lebendes Wort, das sich nicht in der Schrift festlegt, sondern sich als lebendige Tradition entwickelt. Vgl. Johann Adam Möhler, *Symbolik oder Darstellung der dogmatischen Gegensätze der Katholiken und Protestanten nach ihren öffentlichen Bekenntnisschriften*, Köln 1958, 415. Barth gesteht zu, dass es in der Kirche so etwas zweifellos gebe, hält aber dagegen: „Sofern es Gott gefallen hätte, diese ungeschriebene geistig-mündliche Überlieferung zum Kanon seiner Kirche zu machen, dann wäre der Kanon vom Leben der Kirche selbst so wenig zu unterscheiden, wie etwas das in unseren Adern rollenden Blut unserer Väter von unserem eigenen Blut zu unterscheiden vermöge, d.h. aber die Kirche wäre dann doch wieder mit sich selbst allein und auf sich selber, auf ihre eigene Lebendigkeit angewiesen". KD I/1,

Auf der anderen Seite gesteht er dem sogenannten „liberalen“ Flügel insofern ein Recht zu, als dass dieser Gottes Wort und Heilige Schrift nicht als Synonyme betrachtet. Es gibt eine Differenz zwischen dem, was Gott gesprochen hat, und dem, was Menschen anschließend niedergeschrieben haben. Der „liberale“ Flügel geht in mancher Ausgestaltung so weit, dass Gottes Wort in der Heiligen Schrift überhaupt nicht mehr vorkommt. Das lehnt Barth dezidiert ab. Was Barth mit der Differenz zwischen Gottes Wort und Heiliger Schrift meint, bezieht sich darauf, dass ganz offensichtlich nicht einfach deshalb bereits Offenbarung geschieht, weil die Bibel gelesen wird. Das Ereignis der Offenbarung, d.h. Reden Gottes, das beim Menschen ankommt, liegt nicht in der Hand der Lesenden, sondern einzig und allein in der Hand Gottes: „Eben dieses Ereigniswerden des Redens Gottes selber im Menschenwort der Bibel ist aber Gottes und nicht unsere Sache“.[9] Damit weist Barth darauf hin, dass die Bibel als Menschenwort erst dann zum Gotteswort wird, wenn Gott während des Lesens selbst spricht, d.h. sich dem oder der Lesenden offenbart: „Die Bibel ist Gottes Wort, sofern Gott sie sein Wort sein lässt, sofern Gott durch sie redet“.[10] In gewisser Weise tritt mit diesem Ereignischarakter Gott jenen Menschen entgegen, welche die Bibel in Beschlag nehmen wollen, so wie die Bibel der Kirche entgegentritt, welche sie in Beschlag nehmen will. Damit will Barth betonen, dass die Autorität der Bibel nicht in den biblischen Autoren besteht, sondern jener die Autorität hat, den sie bezeugen. Deshalb tut man „also der Bibel eine schlechte und ihr selbst unwillkommene Ehre an, wenn man sie mit diesem Andern, mit der Offenbarung selbst direkt identifiziert“.[11] Erst wenn Gott ereignishaft im Lesen und Verkünden der Bibel selbst redet, wird menschliches Wort zu göttlichem Wort und kommt beim Menschen an. Über dieser Ereignishaftigkeit wird noch einmal nachzudenken sein.

Überhaupt gibt es für Barth nur ein einziges unmittelbares Wort Gottes. Es gibt nur einen einzigen Punkt, in dem Gott nicht durch einen Menschen vermittelt wird, sondern sich selbst vermittelt. Es ist jenes Wort, von dem im Johannesprolog gesagt wird, es sei im Prinzip (*in principio* / von Anfang an) Gott und in der Zeit Fleisch geworden. Dieses göttliche Wort ist der Mensch Jesus Christus, der deshalb, weil er ganz Gott ist, der einzige Mittler ist und

107. Kurz: Die Bibel muss ein kritisches Gegenüber zur Kirche sein, weil der Kirche diese Lebendigkeit offensichtlich fehlt.

9 KD I/1, 112.

10 KD I/1, 112.

11 KD I/1, 115.

sein kann. Er spricht nicht Gottes Wort, wie die Schreiber der Heiligen Schrift Gottes Wort aufschreiben, sondern Jesus ist Gottes Wort: „Hier *Deus dixit*, hier *Paulus dixit*".[12] Etwas umständlich spricht Barth an anderer Stelle von zwei Ebenen – einer uns bekannten irdischen und einer uns unbekannten göttlichen Ebene –, die an einem Punkt senkrecht von oben geschnitten werden.[13] Es meint dasselbe: Es gibt im eigentlichen und „wörtlichen" Sinne nur ein einziges Wort Gottes, Jesus Christus. Nur er kann vollwertig so genannt werden, während die Heilige Schrift Zeugnis von ihm gibt – das Alte Testament, indem es auf Christus vorausweist, das Neue Testament, indem es Jesus im Lichte des Alten Testaments deutet. Die berühmte Aussage von Augustinus – *Novum testamentum in vetere latet, et in novo vetus patet*[14] – ist in dieser Hinsicht etwas umzuschreiben. Es müsste vielmehr heißen, *Jesus* sei im Alten Testament verborgen, und er werde im Neuen offenbar.

In Jesus Christus teilt sich Gott selbst mit, d.h. er offenbart sich, wie er sich immer wieder offenbart hat: „Nachdem Gott vorzeiten vielfach und auf vielerlei Weise geredet hat zu den Vätern durch die Propheten, hat er zuletzt in diesen Tagen zu uns geredet durch den Sohn, den er eingesetzt hat zum Erben über alles, durch den er auch die Welten gemacht hat".[15] Weil Gott sich offenbart, deshalb gibt es die Heilige Schrift, oder wie Barth sagt: „Die Offenbarung erzeugt die sie bezeugende Schrift".[16] So wie Gottes gesprochenes Wort das Alte Testament hat hervorbringen lassen, so das geborene Wort das Neue Testament. Es ist von daher nicht nur kein Zufall, sondern Kern der Sache, dass Jesus nichts aufgeschrieben hat: Er ist das Wort Gottes selbst und dieses Wort Gottes wird, genau wie im Alten Testament, verschriftlicht durch jene, die dem Wort Gottes durch ihre Bezeugung dienen. Darin sind sich, so Barth, Propheten und Apostel gleich, beide sind Diener des Wortes.[17] Die große Frage ist, wie diese Offenbarung nicht nur bezeugt wird, sondern wie sie bei anderen Menschen ankommt. Denn ganz offensichtlich gibt es nicht nur Streitigkeiten über das Verhältnis von Gottes Wort und menschlichem Wort, sondern ganz offensichtlich lassen sich viele Menschen nicht nur von der Heiligen Schrift nicht ansprechen, sondern nicht einmal von dem Wort

12 KD I/1, 116.

13 Barth, *Römerbrief 1922* (Anm. 1), 5f.

14 „Das Neue Testament liegt im Alten verborgen, das Alte wird im Neuen offenbar".

15 Hebr 1,1f.

16 KD I/1, 117.

17 Vgl. KD I/1, 114.

Gottes, wenn es selbst die Bühne betritt: So sagt Jesus im Gegenüber von Pharisäern und Schriftgelehrten: „Warum versteht ihr meine Rede nicht?“[18]

Da uns heute das Privileg fehlt, Jesus leibhaft zu hören, fokussieren wir uns auf die Frage, wie Gottes verschriftlichtes Wort, das von Gott Zeugnis gibt, zur Rede Gottes, d.h. zur Offenbarung wird. Es wird also nach dem Ereignis der Offenbarung gefragt. Wie bereits betont, weist Barth darauf hin, dass die Bibel nicht mittels logischer Gleichung als Gottes Wort verstanden werden kann. Denn wenn die Bibel und Gottes Wort schlichtweg dasselbe wären, so müsste sich konsequenterweise sogleich jeder, der sich mit diesem Buch auseinandersetzt, bekehren, wie Amos, der nach ergangenem Wort Gottes gar nicht anders kann, als im Glauben zu verkünden: „Der Löwe brüllt, wer sollte sich nicht fürchten? Gott der HERR redet, wer sollte nicht Prophet werden?“[19] Wenn wirklich Gott als Gott redet, dann wird jedes Knie sich ihm auf der Stelle beugen. Weil dies offensichtlich bei der Lektüre der Bibel nicht der Fall ist, so sagt Barth, muss die Bibel Gottes Wort je und je *werden*. Die Bibel gibt Zeugnis von Gottes Wort, aber dafür, dass sie Gottes Wort für jemanden wird, d.h. dass jemand anderem dieses Wort Gottes als Wort Gottes offenbart wird, muss etwas geschehen.

Bis hierhin sollte klar geworden sein, dass Gottes Wort sich in mehreren Gestalten zeigt. Barth unterscheidet drei[20]: Das geschriebene Wort Gottes, die Bibel als Erinnerung daran, dass Gott geredet hat, d.h. Gott sich offenbart hat. Es gibt aber auch das offenbarte Wort Gottes, der Moment, indem jemandem aufgeht, dass hier Gott selbst spricht, auf den man zu reagieren hat. Es gibt aber noch eine dritte Gestalt des Wortes Gottes, bei Barth die erste, die er darstellt – das verkündigte Wort Gottes, eben der Akt, indem der Versuch unternommen wird, Gottes ergangenes Wort weiter zu vermitteln. Dieser dritten Gestalt wollen wir uns nun zuwenden.

---

18 Joh 8,43.

19 Amos 3,8.

20 Vgl. KD I/1, §4. Siehe auch Barths sogenannte Göttinger Dogmatik: „Das Wort Gottes, auf das sich die Dogmatik besinnt – ich brauche auf das Bedeutsame, dem wir gleich hier begegnen, nur durch die Formel hinzuweisen – eines in dreien, drei in einem: Offenbarung, Schrift, Predigt; Wort Gottes die Offenbarung, Wort Gottes die Schrift, Wort Gottes die Predigt, nicht zu vermischen und nicht zu trennen.“ Karl Barth, *„Unterricht in der christlichen Religion“. Erster Band: Prolegomena 1924* (GA II), hg. von Hannelotte Reiffen, Zürich 1985, 19.

3. Verkündigung

Verkündigung ist – so Barth – Auftrag und die entscheidende Mitte des Lebens der Kirche.[21] Verkündigung ist der Ort in der Kirche, wo man sich der Sache erinnert, um die es in Gottes bereits geschehener Offenbarung im geschriebenen Wort geht. Was *war* soll in der Verkündigung *gegenwärtig* werden – das ist die Aufgabe der Verkündigung. Insofern ist Verkündigung „menschliche Rede, in der und durch die Gott selber spricht, wie ein König durch den Mund seines Herolds, und die auch gehört und aufgenommen sein will als Rede, in der und durch die Gott selber spricht, also gehört und aufgenommen im Glauben: als göttliche Entscheidung über Leben und Tod, göttliches Urteil und göttlicher Freispruch, ewiges Gesetz und ewiges Evangelium miteinander".[22] Verkündigung ist nichts geringeres als der Wille, Gottes Wort selbst zu reden.[23] Weil Gottes Wort nicht mit der Bibel in eins fällt, kann es nicht darum gehen, die Bibel einfach vorzulesen, es kann auch nicht darum gehen, sein eigenes Verständnis des Bibeltextes kundzutun, sondern es geht einzig und allein darum, sich selbst Gott als Instrument der Verkündigung zur Verfügung zu stellen. Barths Anspruch ist kein geringerer, als dass in der Verkündigung das Wunder der Offenbarung nicht unmittelbar von Gott, sondern durch einen Menschen geschieht: „Das Wunder der wirklichen Verkündigung besteht nicht darin, daß das Wollen und Vollbringen des verkündigenden Menschen mit seiner ganzen Bedingtheit und in seiner ganzen Problematik in Wegfall käme, daß irgendwo in der Wirklichkeit der Schöpfung ein Verschwinden stattfände und also eine Lücke entstünde und irgendwie in diese Lücke hinein träte dann, durch einen bloßen übrigbleibenden Schein menschlicher Wirklichkeit kaum verborgen, nackte, göttliche

21 Vgl. KD I/1, 58.

22 KD I/1, 52.

23 Was in der Lektüre von Barth immer wieder fasziniert, ist seine Fähigkeit, subtil an große philosophische Statements zu erinnern, diese aufzugreifen, abzuändern, zu kritisieren, oder neu zu färben. Gewiss ist der Wille, Gottes Wort selbst zu reden (Verweis auf Nietzsches Wille zur Macht), nicht ganz so subtil. Subtiler und mit polemischem Charme weist Barth an anderer Stelle den idealistischen Pegasus zurecht, wenn er sagt „die ‚vernünftig geschauten' Tatsachen zeugen von der ‚*ewigen* Gottheit' Gottes und protestieren im Voraus gegen den religiösen Übermut, der im Taumel seiner Erlebnisse von Gott redet und sich selbst meint". Barth, *Römerbrief 1922* (Anm. 1), 24. Schöner und subtiler lässt sich Hegel wohl nicht kritisieren. In ähnlicher Weise spricht er auch von Kant oder Heidegger. Vgl. Barth, *Römerbrief 1922* (Anm. 1), 24; KD I/1, 97.120f.

Wirklichkeit".[24] Kurz: In der Verkündigung eines fehlbaren Menschen redet Gott selbst und zwar in und durch diesen Menschen, der nicht wegfällt, sondern Verkünder des Wortes wird.[25] Das ist der Anspruch. Aber wie lässt sich – wie Barth sagt – Wahrheit als Wirklichkeit[26] predigen?

Barths Antwort ist frustrierend: gar nicht. Die Kirche hat nicht die Möglichkeit, Gottes Wort zu verkünden, sondern nur den Auftrag dazu. Es gehöre „entscheidend zu der Einsicht aller wahren Prophetie, daß der Mensch als solcher keine Möglichkeit hat, das Wort Gottes zu sagen. Nicht Gnade, sondern Dienst an der Gnade, Gnaden*mittel*, will die menschliche Rede von Gott sein, wenn sie Verkündigung sein will."[27] Einen ähnlichen Gedanken formulierte Barth bereits in einer seiner frühen Predigten, als er Pfarrer in Safenwil war.[28] Dort sagt er, ein falscher Prophet sei ein Pfarrer, der es den Leuten recht macht, und fordert damit seine Gemeinde auf, mit ihm die Last der wahren Prophetie zu tragen, nämlich, dass „Gott allein recht hat und Meister sein will".[29] Ein Pfarrer wird es überhaupt nie jemandem recht machen, weil er es nicht kann und auch nicht darf: „Ein Pfarrer, der es irgendjemandem recht machen , ein Pfarrer, der irgendjemand beruhigen und zufrieden stellen würde, ein solcher Pfarrer wäre ein falscher Prophet".[30] Nicht der Pfarrer meistert Gottes Wort, sondern Gott allein ist der Meister, welcher den Pfarrer in seinen Dienst nimmt. Dies ist Barth so wichtig, dass er denselben Gedanken gleich zweimal sagen muss, „dass Gott allein gelten und recht haben will".[31]

In der Kirchlichen Dogmatik wird Barth sagen, demjenigen, der Gottes Wort verkünde, fehle die Möglichkeit, Wahrheit als Wirklichkeit zu predi-

---

24 KD I/1, 95f.

25 Siehe zu diesem Gedanken den detaillierten Artikel: Christiane Tietz, Barths „Wiederentdeckung" der Predigt als „Wort Gottes", in: Pfleiderer/Cadonau (Hg.), *Karl Barth und die Zukunft der evangelischen Predigt* (Anm. 3), 45–63.

26 KD I/1, 60. Es ist eines die Wahrheit zu predigen, dass Christus auferstanden ist. Wie aber predigt man diese Wahrheit, so dass sie für jemanden zur Wirklichkeit wird?

27 Barth KD I/1, 53.

28 Zu Barths Predigten in Safenwil siehe: Eberhard Busch, Verbi Divini Minister. Karl Barths Predigten in Safenwil 1911–1921, in: Pfleiderer/Cadonau (Hg.), *Karl Barth und die Zukunft der evangelischen Predigt* (Anm. 3), 65–78.

29 Barth, *Der Pfarrer, der es den Leuten recht macht* (Anm. 1), 53.

30 A.a.O., 56.

31 A.a.O., 60.

gen.[32] Diese Möglichkeit liegt nicht im Menschen und kann auch nicht im Menschen liegen. Deshalb ist jegliche Verkündigung auf Gottes Gnade angewiesen. So ist eine menschliche Rede selbst in höchster Vollkommenheit noch keine wahre Verkündigung, und zugleich kann auch die geringste Qualität menschlicher Rede Gott nicht hindern, wenn er sich denn offenbaren möchte. Verkündigung ist der Auftrag der Kirche, und wenn sie verkündigt, dient sie dem Wort Gottes, das sie verkündigen will.[33] Es liegt aber nicht an der Intention der Kirche, ob Verkündigung wirklich ankommt. Gott will eben allein Meister sein. Es ist etwas anderes, zu fragen, was Gott tun kann, und was der Kirche aufgetragen ist: Ersteres nötigt zur Demut, weil Gott derjenige ist, der sich offenbart, und letzteres zu Gehorsam, weil Gott uns gebrauchen will, auch wenn er dies in gewisser Weise nicht muss.[34] Programmatisch betont Barth in einem Vortrag im Oktober 1922 in der Gegenwart der Elite liberaler Theologie: „*Wir sollen als Theologen von Gott reden. Wir sind aber Menschen und können als solche nicht von Gott reden. Wir sollen beides,* unser Sollen und unser Nicht-Können, *wissen und eben damit Gott die Ehre geben*".[35]

Auch wenn diese Dialektik beinahe auseinanderzufallen droht, so betont Barth doch etwas Zentrales. Die Kirche ist niemals Herrin über den zu verkündenden Gegenstand, sondern Gott allein ist der Herr. Gewiss nimmt Barth nicht ernst genug, dass Gott sich ja ganz offensichtlich und wortwörtlich in die Hände seiner Kirche gelegt hat, und insofern der Kirche wohl etwas mehr Autorität zukommt, als Barth ihr zugestehen möchte. Es bleibt dennoch – und darin muss Barth recht behalten –, dass die Autorität jegli-

32 Vgl. KD I/1, 60. Tietz resümiert deshalb in ihrem Artikel: „Die Pointe von Barths Predigtverständnis besteht nun darin, dass die Pfarrperson gar nicht von ihrem eigenen Glauben reden muss. Sie muss die Predigt nicht mit ihrem eigenen Glauben tragen, sondern legt nur die Bibel und die dort bezeugte Offenbarung aus". Tietz, Barths „Wiederentdeckung" der Predigt als „Wort Gottes" (Anm. 25), 62. Auch wenn Barth so ausgelegt werden kann, gibt es Grund für eine andere Pointe zu Barths Predigtverständnis. Seine radikale Dialektik gilt es zu überdenken. Siehe dazu weiter unten.

33 „Will also menschliche Rede Verkündigung sein, so kann das nur heißen, dass sie dem Worte Gottes *dienen*". KD I/1, 53. Vgl. Apg 6,4.

34 Vgl. KD I/1, 55.

35 Karl Barth, *Das Wort Gottes und die Theologie. Gesammelte Vorträge*, München 1925, 158. Diese Aussage war so gehaltvoll, dass Grözinger sagen kann, die Geschichte der deutschsprachigen Homiletik des 20. Jahrhunderts ließe sich im Grunde „als Nachhall dieser drei Sätze verstehen – im Pro und Contra". Albrecht Grözinger, Karl Barth „Das Wort Gottes als Aufgabe der Theologie". Nach 90 Jahren wiedergelesen, in: *Praktische Theologie* 47 (1/2012), 38.

cher Kirche nicht in sich selbst gründet, sondern in der Autorität des Herrn. Die Kirche hat sowohl die Bibel als kritisches Korrektiv als auch in der Bibel selbst Gottes Handeln, das sich nicht von der Kirche in Beschlag nehmen lässt.[36] Entgegen Barth ist im Sinne einer katholischen Ekklesiologie zu betonen und letztlich auch nicht zu bestreiten, dass Gott in Jesus Christus seiner Kirche stellvertretende Autorität verliehen hat: „Nehmt hin den Heiligen Geist! Welchen ihr die Sünden erlasst, denen sind sie erlassen; welchen ihr sie behaltet, denen sind sie behalten".[37] Diese Spannung gilt es auszuhalten, auflösen lässt sie sich wohl nicht, will man nicht entweder Gott oder seine der Kirche übergebene Autorität abschaffen.

Sicher ist, dass die Kirche den Auftrag hat, Gottes Wort zu verkünden. Dies geschieht nach Barth in zwei Gestalten: in der Predigt und dem Sakrament. Es ließe sich sagen, Verkündigung geschieht in dem Versuch, Wort Gottes zu reden, und in der darauf reagierenden Handlung des hörenden Gottesvolkes. Kurz: Verkündigung geschieht in Wort und Antwort, d.h. im Wort Gottes an Menschen und in der Antwort der Menschen an Gott. Erst wenn diese beiden Elemente zusammenkommen, ist nach Barth Verkündigung geschehen. Dem Verständnis dieser beiden Elemente soll nun im Sinne Barths nachgegangen werden.

Barth selbst definiert die Predigt wie folgt: Predigt ist „der von einem in der Kirche dazu Berufenen unternommene Versuch, in Form einer Erklärung eines Stücks des biblischen Offenbarungszeugnisses die Verheißung der heute und hier zu erwartenden Offenbarung, Versöhnung und Berufung Gottes in seinen eigenen Worten auszusprechen und Menschen der Gegenwart verständlich zu machen".[38] Die Predigt ist also der Versuch, die geschehene Offenbarung, an die man sich in der Lektüre der Bibel erinnert, für heute neu zu sagen. Aktualität ist also eines der zentralen Elemente der Predigt.[39] Nicht aber, weil wirklich etwas Neues gesagt wird, sondern weil die bereits ergangene und niedergeschriebene Offenbarung verstanden werden

36 So paraphrasiert Grözinger Barth, wenn er auf die Schwierigkeit hinweist, wenn Prediger und Predigerinnen das Wort „Gott" in den Mund nehmen: „Wer dies nicht mit Furcht und Zittern tut (und ich merke, dass ich nun selbst pathetisch werde), der spricht nicht von ‚Gott'". Grözinger, Karl Barth „Das Wort Gottes als Aufgabe der Theologie" (Anm. 35), 40.

37 Joh 20, 22f.

38 KD I/1, 56.

39 Barth zählt folgende Bestimmungen für die Predigt auf: Berufung, Verheißung, Schrifterklärung, Aktualität. Vgl. KD I/1, 60.

muss, um sie erklären zu können. Das ist die zentrale Aufgabe der Predigt, so lange über die in der Bibel verschriftlichte Offenbarung nachzudenken, d.h. sich solange mit ihr auseinanderzusetzten, bis die Mauer zwischen dem Jahr, in dem die Offenbarung niedergeschrieben wurde, und dem Jahr, in dem es erklärt werden soll, transparent wird.[40] Erst wenn die Sache, um die es Paulus ging, heute als eben dieselbe Sache gehört wird, ist eine Predigt gelungen, ist der erste Schritt der Verkündigung geschehen.

Damit die Verkündigung ganz wird, muss eine Antwort folgen. Dies umschreibt Barth mit dem Begriff Sakrament. Sakrament ist „die in der Gemeinschaft der Kirche nach Anweisung des biblischen Offenbarungszeugnisses vollzogene, die Predigt begleitende und bestätigende symbolische Handlung, die als solche das die Verheißung nicht nur erfüllende, sondern schon begründende Ereignis der Offenbarung, Versöhnung und Berufung Gottes bezeugen will".[41] Autoritativ für Barth ist der Heidelberger Katechismus, den er für eine erschöpfende Bestimmung des Sakramentenbegriffs hält: Sakramente „sind sichtbare heilige Wahrzeichen und Siegel. Gott hat sie eingesetzt, um uns durch ihren Gebrauch den Zuspruch des Evangeliums besser verständlich zu machen und zu versiegeln: dass er uns auf Grund des einmaligen Opfers Christi, am Kreuz vollbracht, Vergebung der Sünden und ewiges Leben aus Gnade schenkt".[42] Es ist hier nicht zu fragen, ob diese Beschreibung den Begriff des Sakraments tatsächlich ausschöpft, sondern vielmehr zur Kenntnis zu nehmen, dass Barth ein die Predigt begleitendes Tun der Menschen für jegliche gelungene Verkündigung für konstitutiv hält. Gewiss geschieht für Barth das Sakrament um der Predigt willen[43] und ist insofern der Predigt untergeordnet, aber es ist dennoch eine notwendige Bedingung der Verkündigung. Wenn das Wort Gottes ergeht, hat der Mensch darauf zu antworten. Es gibt bei Barth in dieser Hinsicht kein göttliches Alleinwirken, sondern Gottes Wirken ist immer ein Aufruf, der an Menschen ergeht.[44] So kann es bei Barth weder das Sakrament noch die Predigt allein

---

40 So ähnlich formuliert Barth eindrücklich in seinem Vorwort zur zweiten Auflage des Römerbriefes. Vgl. Barth, *Römerbrief 1922* (Anm. 1), XVII.

41 KD I/1, 56.

42 Heidelberger Katechismus, Frage 66: „Was sind Sakramente?"

43 Vgl. KD I/1, 71.

44 Ganz allgemein spricht Barth in einem späteren Text (in einer Vorlesung 1947) sogar von einer aktiven Beteiligung des Menschen an der Tat Gottes: „Es geht um den Menschen, welcher an der Tat Gottes beteiligt, und zwar aktiv beteiligt ist". Karl Barth, *Dogmatik im Grundriß*, Zürich 2017, 160.

geben. Er sagt: „Nicht das Sakrament allein, auch nicht die Predigt allein und wenn man exakt reden will, auch nicht einfach zweispurig: die Predigt und das Sakrament, sondern: die Predigt *mit* dem Sakrament, mit dem ihre menschliche Rede als göttliches Werk bestätigende sichtbaren Handeln ist das konstitutive Element, die anschauliche Mitte des Lebens der Kirche".[45] Verkündigung gelingt, wenn A) Gott in der Predigt selbst spricht und B) dieses Wort bei jenen, welche die Verkündigung hören, ankommt bzw. angenommen wird.

Noch einmal zusammengefasst: Gott hat sich offenbart und wird sich offenbaren. Diese Offenbarung ist in der Bibel als Erinnerung zugänglich. Zugang dazu findet man aber erst, wenn diese Offenbarung verstanden und im Erklären so verkündigt wird, dass sie bei einem anderen Menschen ankommt. Insofern ist weder Bibel (geschriebenes Wort Gottes als geschehene Offenbarung) noch Verkündigung (verkündigtes Wort Gottes als zu erwartende Offenbarung[46]) an und in sich offenbartes Wort Gottes, sondern „die als Gottes Wort zu uns redende und von uns gehörte Bibel *bezeugt* diese geschehene Offenbarung. Die als Gottes Wort zu uns redende und von uns gehörte Verkündigung *verheißt* die künftige Offenbarung".[47] Deshalb sind Bibel und Verkündigung Gottes Wort, indem sie es je und je werden, wobei es bei der Offenbarung gerade umgekehrt ist: „Sie *wird* Gottes Wort, nämlich in Bibel und in Verkündigung, indem sie es in sich selber *ist*".[48]

4. Herausforderung an Prediger und Predigerinnen

Die Gedanken Barths haben eine faszinierende Kraft und fordern alle, die predigen, heraus. Denn auch wenn das Ereignis der Offenbarung nicht produziert werden kann, so fordert Barth doch ein hohes Engagement. Besonders im Römerbrief betont er die Wichtigkeit des Verstehens der Bibel, damit diese erklärt werden kann. Er bewundert Calvin, wie dieser so lange über das, „was da steht", nachdenkt, d.h. sich so lange mit der Bibel auseinandersetzt, „bis die Mauer zwischen dem 1. und dem 16. Jahrhundert *transparent* wird, bis Paulus dort *redet* und der Mensch des 16. Jahrhundert hier *hört*, bis das Gespräch zwischen Urkunde und Leser ganz auf die *Sache* (die hier

45 KD I/1, 71.

46 Die zu erwartende und künftige Offenbarung ist natürlich keine andere als die ein für alle Mal geschehene, „aber eben diese als die nun auch an uns gerichtete". KD I/1, 123.

47 KD I/1,114.

48 KD I/1, 121.

und dort keine verschiedene sein *kann!*) konzentriert ist".[49] Eine ungeheure Aufgabe. Denn damit ist der Anspruch viel größer, als einen Text, wie es akademische Manier ist, historisch einzuordnen und in seinem Kontext zu erklären. Es geht darum, die Sache – die nichts Geringeres als der sich offenbarende Gott ist – so zu verstehen und zu verinnerlichen, dass das, „was da steht"[50], in der Verkündigung so erklärt werden kann, dass sich erneut die Kraft entfaltet, die bei der Niederschrift einmal vorhanden war.

Bei Barth ist immer wieder ein gewisser universitärer Frust spürbar. Zum Beispiel, wenn er sagt: „Ich weiß, was es heißt, jahraus jahrein den Gang auf die Kanzel unternehmen zu müssen, verstehen und erklären sollend und wollend und doch nicht könnend, weil man uns auf der Universität ungefähr nichts als die berühmte ‚Ehrfurcht vor der Geschichte'[51] beigebracht hatte, die trotz des schönen Ausdrucks einfach den Verzicht auf jedes ernsthafte ehrfürchtige Verstehen und Erklären bedeutet".[52] Hier ist gleich zu betonen, dass Barth an keiner Stelle die historisch-kritische Arbeit ablehnt. Im Gegenteil: „Die historisch-kritische Methode der Bibelforschung hat ihr Recht"[53], und Barth erkennt deren *Notwendigkeit* ausdrücklich an.[54]

Was Barth betont haben will und worin er unweigerlich recht hat, soll die Bibel Gottes Wort im Menschenwort (egal in welcher Weise) sein, ist, dass die historisch-kritische Methode noch nicht zum Verstehen der Sache führt, sondern Vorbereitung zum Verständnis ist, „die nirgends überflüs-

49 Barth, *Römerbrief 1922* (Anm. 1), XVII.

50 Der späte Barth betont in seiner Einführung in die evangelische Theologie: „‚Was da steht' [...] will aber fort und fort entdeckt, ausgelegt und erkannt, will also, was ohne Bemühung darum nicht abgehen wird, *erforscht* sein". Karl Barth, *Einführung in die evangelische Theologie*, Zürich 2013, 44.

51 Damit ist die im 19. Jahrhundert anhebende Tendenz gemeint, nicht mehr bei der Rede von Gott an den Menschen, sondern bei der Rede und dem Denken von Menschen über Gott anzuknüpfen. Barth hält mit voller Kraft dagegen: „Den Inhalt der Bibel bilden eben gar nicht die rechten Menschengedanken über Gott, sondern die rechten Gottesgedanken über den Menschen. Nicht wie wir mit Gott reden sollen, steht in der Bibel, sondern was er zu uns jagt, nicht wie wir den Weg zu ihm finden, sondern wie er den Weg zu uns gesucht und gefunden hat, nicht das rechte Verhältnis, in das wir uns zu ihm stellen müssen, sondern der Bund, den er mit allen, die im Glauben Abrahams Kinder sind, geschlossen und in Jesus Christus ein für allemal besiegelt hat. Das steht in der Bibel. Das Wort Gottes steht in der Bibel". Barth, *Das Wort Gottes und die Theologie* (Anm. 35), 28.

52 Barth, *Römerbrief 1922* (Anm. 1), XIX.

53 Barth, *Römerbrief 1922* (Anm. 1), XI. Aus dem Vorwort zur ersten Auflage.

54 Vgl. Barth, *Römerbrief 1922* (Anm. 1), XVI. Aus dem Vorwort zur zweiten Auflage.

sig ist".[55] Es kann nicht nur, sondern es muss so sein, wenn es sich bei der Sache tatsächlich um den sich offenbarenden Gott handelt. Die historisch-kritische Methode kann jeweils nur untersuchen, was sich in der Geschichte abgespielt hat, und darin ist der *Ehrfurcht vor der Geschichte* recht zu geben. Es gibt aber auch eine Ehrfurcht vor Gott, die bekanntlich der Anfang der Weisheit ist. Insofern gleicht die historisch-kritische Methode Johannes, der den Weg bereitet, damit die Steige für Jesus eben wird. Insofern hilft die historisch-kritische Methode, das Verständnis des Textes vorzubereiten. Sie sollte sich jedoch nicht mit dem Verstehen des Textes verwechseln. Dieses beginnt da, wo der Text nicht historisierend auf Abstand gehalten wird, sondern man sich den Text so einverleibt, dass die Wand zwischen Niederschrift und Verkündigung transparent wird.

An dieser Stelle wird Barths Dialektik brisant. Denn es wird nicht klar, warum es dieses Verstehen der Bibel überhaupt braucht. Gerade weil Barth – wie wir gesehen haben – immer wieder (und eigentlich in seinem gesamten Werk) auf das freie Wirken Gottes hinweist, auf das der Mensch keinen Einfluss hat, ist letztlich nicht genau ersichtlich, warum es nicht reicht, wenn die Heilige Schrift einfach vorgelesen wird. Anders gefragt: Warum es neben der Schriftlesung einen Auftrag zur Verkündigung im Sinne Barths gibt. Denn nach Barth hängt gelingende Verkündigung von der freien Handlung Gottes ab und nicht von der Intention oder gar der Eloquenz derer, die verkünden. Es kann daher eigentlich keine Rolle spielen, ob eine Predigt über den Bibeltext gehalten oder dieser einfach vorgelesen wird.

Barth meint, weil Predigt als Homilie bzw. als Schrifterklärung den Auftrag hat, zu wiederholen, was Gott bereits verheißen hat: „Soll sie aber wirkliche Wiederholung dieser Verheißung sein, dann kann sie nicht in bloßer Schriftlesung bzw. in Repetition und Umschreibung des Wortlauts des biblischen Zeugnisses bestehen, dann kann sie dieses vielmehr nur zur Voraussetzung haben. Das konkrete und heutige Gegenüber von Gott und Mensch, dessen Wirklichkeit freilich nur durch das Wort Gottes selbst zu schaffen ist, muß dann in dem menschlichen Ereignis der Verkündigung seine Entsprechung haben, d.h. der Berufene muß dann die der Kirche gegebene Verheißung in *eigenen* Worten den Menschen *seiner* Zeit *verständlich* zu ma-

---

55 Barth, *Römerbrief 1922* (Anm. 1), XI. Schmid betont deshalb, Barths Schriftauslegung wolle ihrem Selbstanspruch nicht nur eine theologische Exegese, „sondern eben gerade auch historische Exegese sein". Schmid, Karl Barths Schriftauslegung und die Bibelwissenschaft (Anm. 7), 338.

chen willens sein".[56] Barths Ansicht ist, dass, weil die Kirche den Auftrag zur Verkündigung hat, diese Verkündigung in dem oben umschriebenen Sinne gewagt werden muss, so dass Gottes Wort in jede Zeit hinein wiederholt werden kann. Eben dieses Wiederholen meint nicht Wiederholen der fixierten Schrift, sondern ein Wiederholen der Sache in eigenen Worten, um die es in der fixierten Schrift geht, so dass der Geist der Schrift gerade durch den Buchstaben in Vermittlung der Predigt zu unserem Geist reden will.[57]

Das, was Barth hier betont, klingt richtig, kann aufgrund seiner Dialektik aber nicht überzeugen. Gottes Gebot zur Verkündigung bleibt ein rein formales, das mit dem Inhalt der Verkündigung nichts zu tun hat und auch nichts zu tun haben kann. Egal, wie gut der Bibeltext verstanden und transparent gemacht wurde, es hängt an Gottes Wollen oder Nichtwollen, ob die Verkündigung bei einem Menschen ankommt. Barth hat bleibend recht, wenn er gelingende Verkündigung nicht an die Eloquenz der gehaltenen Predigt knüpft, aber er will doch wohl zu wenig, wenn die Offenbarung Gottes gar nichts mit der Art der Verkündigung zu tun hat. Warum ist Calvin zu bewundern, der sich den Bibeltext so einverleibt, dass die Wand zwischen seiner Zeit und der Zeit des Paulus transparent wird? Warum hätte er an der Universität mehr als historisch-kritische Exegese lernen wollen? Warum will er den Bibeltext verstehen und erklären? Alle diese Dinge machen erst dann Sinn, wenn sich seine Dialektik heilen lässt. Erst, wenn Nachdenken, Verstehen und Erklären für gelingende Verkündigung konstitutiv werden, sind sie auch sinnvolle Unternehmungen für Theologen und Theologinnen. Wenn alles in Barths dialektischem Sinne an Gottes Wollen und Vollbringen hängt, ist nicht ersichtlich, warum es Verkündigung braucht, bzw. ist es besser, wenn die Bibel einfach vorgelesen wird.

Barth hat in seiner eigenen Theologie ein Heilmittel für seine Dialektik. Er will die Bibel ja verstehen und erklären und er hat sich gewünscht, in der Universität nicht nur historisch-kritische Exegese, sondern auch Verstehen des Textes (im Sinne Calvins) zu lernen. Zudem fordert er zu diesen Dingen durch sein Werk hindurch immer wieder auf. Er will sowohl historisch-kritische Forschung oder zumindest deren Studium als auch eine vertiefte Aneignung der Sache, um die es in der Schrift geht. Bezeichnend ist daher, was er bei seinem Abschied von Bonn 1935 seinen Studenten zurief: „Exegese,

56 KD I/1, 59f.

57 So ähnlich spricht Barth in seinem Römerbrief. Vgl. Barth, *Römerbrief 1922* (Anm. 1), XXIXf.

Exegese, Exegese". Anders formuliert: Bibellesen, Bibellesen, Bibellesen ist gefordert, und zwar so lange, bis (wie bei Calvin) die Wand zwischen Bibel und uns transparent wird, d.h. so lange, bis wir die Schrift nicht mehr lesen, sondern eigentlich leben, weil sie Teil von uns selbst geworden ist. Die Bibel ist so lange zu lesen, bis wir sie nicht nur kennen, sondern aus ihr heraus leben, das heißt so lange, bis wir in den biblischen Geschichten so sehr verwurzelt sind, dass die Sache, um die es in der Bibel geht, auch in unseren eigenen Worten durchscheint und zu Offenbarung werden kann. Mit anderen Worten: Bibellesen und Verstehen lernen ist für gelingende Verkündigung konstitutiv. Ob wir Bibellesen oder nicht, macht einen Unterschied, auch wenn dieser nicht klar benannt werden kann. Hierin ist auch das bleibende Recht der Dialektik – Offenbarung kann nicht produziert, d.h. Gott kann nicht gezwungen werden.

Was Barth also von jenen, die predigen, fordert, ist Mut und Demut zugleich: Mut, weil Gott der Kirche den Auftrag zur Verkündigung, d.h. zum Verstehen und Erklären der in der Bibel niedergelegten Offenbarung gegeben hat, und es eine Rolle spielt, ob wir diesem Auftrag nachkommen oder nicht. Demut, weil Gott sich dennoch nicht in Beschlag nehmen lässt und sich selbst schenkt, wann *er* will, und nicht, wann wir wollen. Beides ist zusammen- und auszuhalten. Also selbst dann, wenn man diesen Anforderungen genügen würde, hat man Gott noch nicht in Beschlag, aber doch zumindest den Auftrag, Verkünder des Wortes zu sein, ernst genommen. Eines aber tut Not: Um ein Verkünder des Wortes zu werden, musst man zuerst und vor allem dessen immerwährender Hörer sein.

Georg Plasger

„Von der Versuchung vom Bekenntnis zu weichen."

Karl Barth – das Bekenntnis – und unser Bekennen heute[1].

1. Barth in Göttingen, oder: Die Entdeckung der reformierten Tradition

Barth war von Haus aus ein reformierter Theologe – und er war es doch nicht. Oder anders: er war von Haus aus kein reformierter Theologe und war es doch. Karl Barth stammte aus einer Theologenfamilie aus der reformierten Schweiz. Sein Vater Fritz Barth war ein Professor für Neues Testament und Kirchengeschichte, seit 1891 in Bern tätig. Und natürlich wuchs Karl Barth in einer reformierten Sphäre auf und ist darum von Haus aus als reformierter Theologe anzusehen.

Aber sein Theologiestudium zeigt, dass er nicht konfessionelle Theologie studierte, sondern sein Augenmerk auf die liberale Theologie setzte. Die liberale Theologie verstand sich selbst zumindest gegen Ende des 19. Jahrhunderts bis zum 1. Weltkrieg als antikonfessionell. Denn jede Konfession sei zu begreifen als Infragestellung des freien Denkens. In der Schweiz ist aufgrund liberaltheologischer Einflüsse im 19. Jahrhundert die Verpflichtung auf das Bekenntnis abgeschafft worden.

Barth studierte die wichtigste Zeit in Marburg bei dem liberalen Theologen Wilhelm Hermann. Und er nannte ihn sein ganzes Leben lang seinen Lehrer. Nach seinem Studium war Barth noch ein Jahr Sekretär bei der wichtigsten liberalen Zeitschrift mit dem Namen „Christliche Welt". Zum Ende seines Studiums ist daher das Resultat zu ziehen, dass Barth eigentlich nicht

---

1 Vortrag auf der Mitgliederversammlung der Karl Barth-Gesellschaft e.V. am 23. September 2023 in Wuppertal.

als konfessionell geprägter reformierter Theologe anzusehen ist, sondern als liberaler, obwohl er natürlich Pfarrer in der reformierten Kirche in der Schweiz geworden ist.

Darum ist beides zu sehen: Barth ist ein reformierter Theologe. Und er ist es doch eher nicht, denn es gibt bei ihm scheinbar kein positives Verhältnis zur reformierten Theologie oder zum reformierten Bekenntnis.

Während des 1. Weltkrieges begann Barth Abschied von der liberalen Theologie zu nehmen; das ist vor allem in seinem Kommentar zum Römerbrief zu sehen. Und auch wenn zu würdigen ist, dass Barth in dieser Zeit die Frage nach dem reformierten Bekenntnis noch nicht in den Vordergrund stellte, so ist doch zu sehen, dass beispielsweise Martin Luther und Johannes Calvin oft und auch meistens zustimmend zitiert werden. Aber weder die Confessio Helvetica posterior noch der Heidelberger Katechismus als wichtigste deutschsprachige Bekenntnisse werden auch nur ein einziges Mal in der 2. Fassung des Römerbriefkommentars aufgenommen. Vielleicht ist schon als reformiertes oder reformatorisches Kennzeichen zu sehen, dass er sich dem biblischen Text zuwendet, um von dort Orientierung zu empfangen.

In engeren Kontakt mit der reformierten Tradition kam Barth erst in Deutschland – in einer lutherischen Umgebung. Seine berufliche Situation hatte sich mit der Berufung auf die Professur in Göttingen verändert – und die Professur hatte die Bezeichnung: „Einführung in das reformierte Bekenntnis, die reformierte Glaubenslehre und das reformierte Gemeindeleben."[2] Und eine der Folgen dieser neuen beruflichen Situation war, dass Barth sich intensiv mit den reformierten Bekenntnisschriften zu beschäftigen begann – später hat er berichtet, dass er zu seinem Göttinger Beginn die reformierten Bekenntnisschriften weder gelesen noch besessen habe.[3]

In den ersten Jahren von Barths Wirksamkeit in Göttingen sind dann verschiedene Themen und Personen der reformierten Tradition in Vorlesungen vertieft worden – zum Heidelberger Katechismus, zu Calvin, zu Zwingli, zu den reformierten Bekenntnisschriften.

2 Zitiert nach: *Karl Barth – Rudolf Bultmann. Briefwechsel 1922–1966* (GA V), hg. von Bernd Jaspert, Zürich 1971, 215. Vgl. ausführlich über Barths Berufung nach Göttingen und seine dortige Wirksamkeit Matthias Freudenberg, *Karl Barth und die reformierte Theologie*, Neukirchen 1997, 15–86.

3 So schrieb es Barth 1927 in einer autobiographischen Skizze im Fakultätsalbum der Evangelisch-theologischen Fakultät Münster (vgl. Eberhard Busch, *Karl Barths Lebenslauf*, München ^{3}1978, 142).

Ohne auf alle diese Texte ausführlich einzugehen, ist doch schon von ferne zu sehen, dass und wie er in beeindruckender Weise mit der reformierten Tradition umgeht. Immer ist es ein eigenständiges Studieren – und nebeneinander stehen Respekt und auch Kritik.

Barths Neuentdeckung der reformierten Tradition und des reformierten Bekenntnisses ist eben nicht einfach orthodox; vielmehr liest der Karl Barth die Bekenntnisse, der in seinem Kommentar zum Römerbrief Gott als den ganz anderen verstanden hat, der nie von Menschen, der Theologie oder auch der Kirche einzufangen ist. Und natürlich auch nicht vom reformierten Bekenntnis. Aber Barth entdeckt in der Beschäftigung mit dem reformierten Bekenntnis auch – für ihn überraschend – große Nähe.

Deutlich wird das in einem 1923 gehaltenen Vortrag mit dem Titel „Reformierte Lehre, ihr Wesen und ihre Aufgabe“.[4] Und seine Frage ist präzise: Was bedeutet es, sich dem Erbe der Reformation und speziell der reformierten Reformation zuzuwenden? Oft habe er, so Barth, drei verschiedene Antworten gehört: Erstens, man wende sich dem Bekenntnis zu wegen der Tradition, aus der man stammt. Natürlich, so Barth, frage jeder aus einem bestimmten Standpunkt heraus – und das kann z.B. ein reformierter sein. Aber sich nur mit der Liebe des Antiquars mit dem Bekenntnis zu beschäftigen, könne nicht im evangelischen Sinne sein – schließlich stehe am Beginn der Reformation ein Bruch mit der Tradition. Die zweite Möglichkeit, von der Barth gehört habe, sei die Wertschätzung bestimmter Erkenntnisse oder Einsichten – etwa der presbyteriale-synodale Aufbau der reformierten Kirche oder die Nüchternheit der Gottesdienste. Aber – so Barth: Es sei zwar möglich, diesen Weg zu gehen, aber das genüge nicht, weil die verschiedenen Ideale noch nicht der Brunnen seien. Die dritte Antwort sieht Barth in der Bewunderung der Frömmigkeit der Reformatoren. Auch wenn diese durchaus beeindruckend seien, sei zugleich zu sehen, dass diese von sich selber weggewiesen hätten.

Und – so Barth – eigentlich gebe es nur einen Grund, warum es gut ist, sich der Reformation und auch den Bekenntnissen zuzuwenden: Das „Schriftprinzip“. „Am Anfang der reformierten Kirche steht die Erkenntnis, daß die Wahrheit allein im Worte Gottes und das Wort allein in der alt- und neutestamentlichen Schrift enthalten sei, daß alle Lehre der Wahrheit also in der Schrift ihre unveränderliche und unüberschreitbare Regel zu aner-

4 Karl Barth, Reformierte Lehre, ihr Wesen und ihre Aufgabe, in: ders., *Vorträge und kleinere Arbeiten 1922–1925* (GA III), hg. von Holger Finze, Zürich 1990, 202–247.

kennen habe."[5] Rückwendung zum Erbe der Reformation ist allein als Hinwendung zum „durch Gottes Wort reformiert" sinnvoll und, so Barth, auch nötig. Alle spezifischen dogmatischen Lehrinhalte seien die Folge des reformierten Schriftprinzips. Deshalb hat Barth in der Folge auch deutliche Anstrengungen unternommen, das Grundanliegen der Reformation, die Bibel, zentral zu stellen, neu zu fassen. Und das heißt dann eben auch, die Reformation und damit die Bibel neu zu verstehen.

2. Barth und die deutsche reformierte Theologie in den 20er Jahren – Nähe und Distanz

Barth war natürlich als reformierter Professor – der einzige für die reformierte Kirche in der Provinz Hannover – in vielfältige Kontakte innerhalb der deutschen reformierten Theologie eingebunden. Später dann, im Umfeld der Bekennenden Kirche und der Barmer Theologischen Erklärung von 1934, wird sich zeigen, wie zerrissen das kleine deutsch-reformierte Lager war.

Um Barths eigenen Weg mit dem reformierten Bekenntnis zu verstehen, ist es notwendig, kurz die Positionen der wichtigsten deutschen reformierten Theologen in den 1920er Jahren zu zeichnen. In ihrer Gesamtheit können alle als theologisch konservativ bezeichnet werden. Eine kleine Gruppe nannte sich „Freunde des Heidelberger Katechismus"[6]; sie waren Herausgeber einer kleinen Zeitschrift „Biblische Zeugnisse" und bildeten die Kohlbrügge-Schule in Deutschland. Sie fühlten sich Barth sehr nahe, und es gab immer wieder Abdrucke von Barth-Texten in den „Biblischen Zeugnissen"; vor allem waren es Predigten. Ziel dieser Gruppe war es, ein Bollwerk gegen das Denken vom Subjekt aus zu sein, das sich aus ihrer Sicht in der liberalen Theologie zeigte. Ganz in der Nähe befand sich die „Jungreformierte Arbeitsgemeinschaft". Sie war inspiriert von einer Schweizer Arbeitsgemeinschaft, die dem Liberalismus eine Rückbesinnung auf reformierte Traditionen entgegensetzen wollte. Daran bleibt der deutsche Kreis interessiert, sich „vor allem um die Wiedergewinnung und Befestigung eben dieses Bekenntnisses

5 A.a.O., 223.

6 Wichtig sind hier z.B. Theodor Stiasny (1875–1952) und Peter Schumacher (1878–1950). Vgl. Karl Koch, Kohlbrüggianer in der Grafschaft Bentheim. Eine Studie zur reformierten Kirchengeschichte der Grafschaft Bentheim zwischen 1880 und 1950. Gleichzeitig ein Beitrag zur Geschichte des Kirchenkampfs, in: *Jahrbuch der Emsländischen Landschaft* 12, Sögel 1996, 355–432.

zu bemühen.“[7] Und „eben dieses Bekenntnis“ war das reformierte Bekenntnis. Die Worte „Wiedergewinnung“ und „Befestigung“ sind unverwechselbar: Was das reformierte Bekenntnis ist, steht fest. Es ist auch nicht nötig, das Bekenntnis neu zu schreiben, denn seine Geradlinigkeit war in der Zeit der Reformation wohl erkannt. Die sogenannten „Jungreformierten“[8] sahen das zu überwindende Problem in ihrer Gegenwart in der liberalen Zeit: Der Liberalismus vergisst die Tradition, und zentrale theologische Kapitel verschwinden. Und deshalb ist es wichtig, sich wieder mit dem Heidelberger Katechismus zu beschäftigen, um zu sehen, dass seine zentralen Anliegen in der Bibelauslegung gefunden und dauerhaft relevant gehalten werden können. Durch die Kenntnis der reformierten Tradition versuchten die Jungreformer, die Lehre wiederherzustellen.

Bevor ich näher auf Barth eingehe, soll gezeigt werden, dass der Anspruch Barths, einen grundlegend neuen Ansatz in der Theologie zu entwickeln, von vielen reformierten Theologen nicht gesehen wurde. Vielmehr sahen sie Barth als jemanden, der ihre antiliberale und konfessionelle Position unterstützte – und viele von ihnen gehörten dann in der Zeit des Kirchenkampfs nicht zur Bekennenden Kirche, weil sie ihnen nicht bekenntnistreu genug war.

3. Die unterschiedlichen Auffassungen und die Barmer Theologische Erklärung

In reformierten Kreisen herrscht oft der Eindruck, dass 1934 reformierte Christen von Anfang an, die lutherischen Kirchen aber nur zögernd, ein positives Verhältnis zur Barmer Theologischen Erklärung gewonnen haben. Doch dieser Eindruck ist falsch. Vielmehr ist zu sehen, dass neben einigen lutherischen Kirchen auch die beiden reformierten Kirchen (Ostfriesland und Lippe) sich entschieden gegen die Barmer Theologische Erklärung stellten.

Am 30. Januar 1933 kam Hitler in Deutschland an die Macht. Die deutschen evangelischen Kirchen, von ihrer Tradition her eng mit dem Staat verbunden, hatten keine klare Orientierung. Neben den „Deutschen Christen“,

7 Vorläufige Sätze der Jungreformierten Arbeitsgemeinschaft in Bonn, zitiert nach: *RKZ* 82 (1932), 392.

8 Wichtig waren u.a. der Bonner Kirchengeschichtler Wilhelm Goeters (1878–1953), Wilhelm Langenohl (1895–1969) und auch der spätere Göttinger Professor Otto Weber (1902–1966).

die den nationalsozialistischen Kurs programmatisch offiziell auch theologisch trugen (z.B. die Übernahme zentralistischer Strukturen in der Kirche), trat bei den Kirchenwahlen 1933 die „Jungreformatorische Bewegung“[9] (nicht zu verwechseln mit den „Jungreformierten“) an. Die „Jungreformatorische Bewegung“ unterschied sich in ihrer (auch theologischen) Beurteilung des Nationalsozialismus[10] nicht wesentlich von den „Deutschen Christen“, lehnte aber die Vermischung von Staat und Kirche entschieden ab und sprach sich deshalb auch gegen die Existenz einer eigenen rassischen jüdischen Kirche oder den Ausschluss von Vikaren, die von Juden abstammten, aus. Karl Barth stand beiden Bewegungen kritisch gegenüber und mahnte die Kirche, nicht kirchenpolitisch, sondern theologisch zu handeln.[11] Und das bedeutete, zu fragen, worauf die Kirche gegründet ist und wozu sie berufen ist. Immer mehr Kirchenführer und Theologen unterstützten die von Barth initiierte Bewegung (auch weil die Kirchen Anfang 1934 von Hitler düpiert wurden). Dies war der Nährboden für die Entstehung der Bekennenden Kirche und der Barmer Theologischen Erklärung vom Mai 1934.

Aber die „Barmer Theologische Erklärung“ war kein Bekenntnis der Reformierten. Vielmehr waren reformierte, lutherische und unierte Delegierte in Barmen anwesend, um gemeinsam gegen eine Irrlehre zu protestieren und den Weg Gottes aufzuzeigen. Das Ziel war nicht, eine neue Kirche zu gründen. Doch die Jungreformatoren waren damit nicht einverstanden, denn ihr Ziel war eine lehrmäßig reine Kirche – und eine Mischung aus reformierten und lutherischen Ideen betrachteten sie nicht als rein. Kirchenführer[12] und

---

9 Vgl. Peter Neumann, *Die Jungreformatorische Bewegung*, Göttingen 1971. Das Standardwerk von Klaus Scholder (D*ie Kirchen und das Dritte Reich, Band 1*, Berlin 1977) hat der „Jungreformatorischen Bewegung“ deutlich zu wenig Aufmerksamkeit gegeben.

10 Vgl. die 16 Thesen der Jungreformatorischen Bewegung, abgedruckt in: Kurt Dietrich Schmidt (Hg.), *Die Bekenntnisse und grundsätzlichen Äußerungen zur Kirchenfrage des Jahres 1933*, Göttingen 1934, 146–148.

11 Vgl. Karl Barth, *Theologische Existenz heute!* (Beiheft 2 von Zwischen den Zeiten), München 1933.

12 Etwa der reformierte Landessuperintendent Walther Hollweg. Vgl. Sigrid Lekebusch, *Die Reformierten im Kirchenkampf. Das Ringen des reformierten Bundes, des Coetus reformierter Prediger und der reformierten Landeskirche Hannover um den reformierten Weg in der Reichskirche*, Köln 1994; Helma Wever, *„Wir wären ja sonst stumme Hunde gewesen…!“ Zur Lage innerhalb der Evangelisch-reformierten Landeskirche der Provinz Hannover in der Zeit des Nationalsozialismus unter besonderer Berücksichtigung der Jahre 1933–1937*, Wuppertal 2009, 69–94; Georg Plasger, Die ev.-ref. Landeskirche Hannovers und Otto Weber von 1933 bis 1945, in: ders. (Hg.), *Otto Weber: Impulse und Anfragen*, Wuppertal 2002, 33–54.

Theologen aus dem Umfeld der Jungreformierten waren deshalb gegen die Barmer Theologische Erklärung und auch gegen die Bekennende Kirche: Sie sahen darin eine kirchliche Handlung, die das reformierte Bekenntnis tendenziell überflüssig machte. Die schärfsten Kritiker waren auch diejenigen, die in den 1920er Jahren für den Erhalt des reformierten Bekenntnisses gekämpft hatten. Und Barth, dem sie sich nahe fühlten und nahe sahen, war in ihren Augen ein Abtrünniger geworden, der zu den Unionisten übergelaufen war.

Barth und andere in der Bekennenden Kirche (z.B. auch Karl Immer[13] in Barmen und andere) verstanden ihre Aufgabe darin, die evangelische (und nicht nur reformierte) Kirche und die Theologie in ihr zu erneuern – und ein ganz wesentliches Problem bestand aus Sicht der Barmer Theologischen Erklärung darin, Gott vom Menschen aus zu verstehen (und vor allem vom deutschen Menschen her).[14]

Die anderen Theologen führten einen Kampf um die rechte Lehre, die sich im Bekenntnis wiederfindet. Durch die Relativierung des reformierten Bekenntnisses im Liberalismus (in der Kritik am Liberalismus sind sich beide Gruppen einig) und in der Union sei die wahre Lehre verdunkelt worden; das müsse nun wieder rückgängig gemacht werden. Barth hingegen sagte: Wir benutzen eine Erneuerung, um etwas Neues zu sagen. Und die „anderen“: Wir haben unsere alten Bekenntnisse – und das ist genug.

4. Barths Bekenntnislehre

In KD I/2 hat Barth seine eigene Lehre vom Bekenntnis entwickelt.[15] Es zeigt sich, dass dabei unterschiedliche Erfahrungen verarbeitet wurden – und die Barmer Theologische Erklärung kann zentral im Hintergrund gesehen werden, nicht nur in ihrem Inhalt, sondern auch in ihrer Entstehung.

13 Vgl. zu Karl Immer B. Klappert (Hg.), *Tut um Gottes Willen etwas Tapferes! Karl Immer im Kirchenkampf*, Neukirchen 1989.

14 Das wird deutlich bei Karl Barth, *Für die Freiheit des Evangeliums* (ThExh 2), München 1933.

15 Vgl. Karl Barth, *Kirchliche Dogmatik I/2*, 652–740. Ausführlich ist der folgende Passus nachzulesen in meinem Buch: *Die relative Autorität des Bekenntnisses bei Karl Barth*, Neukirchen 2000.

4.1 Das Bekenntnis als Kommentar zur Heiligen Schrift

Zunächst ist das Verhältnis des Bekenntnisses zur Heiligen Schrift zu benennen. Und oft verwendet Barth hier den Begriff „Kommentar". Ein Kommentar erkläre die Bibel in der Sprache seiner Zeit – und damit sei nicht nur eine Wiedergabe der Bibel gemeint. Denn wer meine, das Bekenntnis sei nur eine Wiedergabe der Bibel, überhöhe das Bekenntnis und verewige es. Und denke vom Bekenntnis, dass seine Übereinstimmung mit der Bibel gegeben ist. Aber diese Gegebenheit stellt Barth programmatisch in Frage – immer sei zu prüfen, ob der Kommentar eine zuverlässige Auslegung darstellt. Mit der Betonung, dass das Bekenntnis ein Kommentar zur Heiligen Schrift ist, akzentuiert Barth die prinzipielle Überordnung der Heiligen Schrift. Kritik am Inhalt der Bibel ist daher nicht Aufgabe des Bekenntnisses, sondern der Theologie. Barth geht hier seinen eigenen Weg zwischen Positivismus und Liberalismus,[16] den Grundströmungen der Theologie im 19. und beginnenden 20. Jahrhundert.

4.2 Das Bekenntnis ist kirchlich

Das Bekenntnis sei nur als ein Bekenntnis der Kirche zu verstehen. Damit sei nicht ein Bekenntnis der reformierten oder lutherischen Kirche gemeint, sondern ein Bekenntnis der Kirche als Leib Christi – weltweit. Historisch oder empirisch betrachtet sei ein Bekenntnis natürlich als ein Bekenntnis einer Konfession in einer bestimmten Zeit zu sehen, weil es z.B. im sechzehnten Jahrhundert geschrieben wurde. Aber die Absicht eines Bekenntnisses bestehe darin, die Wahrheit der ganzen Kirche zu sagen – und deshalb sei das Bekenntnis immer auch ein Wagnis. Wagnis bedeute, dass ein Bekenntnis nicht nur als Bekenntnis dieser Gruppe oder dieser Kirche gesehen werden könne und deshalb für eine bestimmte Kirche nur gelte – der Anspruch ist höher: Ein Bekenntnis habe den Anspruch, eine richtige Erkenntnis für

16 In Deutschland sind Ende des 19. Jahrhunderts zwei verschiedene Weisen des Umgangs mit dem Bekenntnis entstanden. Hermann Cremer war Vertreter des Positivismus und vertrat die Auffassung, das aufgrund der Übereinstimmung von Bibel und Bekenntnis jede Kritik am Bekenntnis eine Kritik an der Bibel ist. Und Adolf Harnack fragte nach einer neuen und zeitgemäßen Theologie, welche verschiedene biblische Inhalte (z.B. die Jungfrauengeburt) nicht mehr beinhaltete. Der Streit zwischen beiden Gruppierungen formte den „Apostolikumsstreit" 1892/93.

die ganze Kirche, den ganzen Leib Jesu Christi auszusagen. Wenn man ein Bekenntnis von vornherein auf eine Teilkirche beschränkt, ist das nach Barth als eine Einschränkung der Heiligen Schrift zu verstehen. Ziel eines jeden Bekenntnisses müsse daher die Zustimmung aller Teilkirchen sein: Ein Teil der Kirche formuliert in einem Bekenntnis für die ganze Kirche ein bestimmtes Verständnis der Heiligen Schrift.

4.3 Das Bekenntnis ist verbindlich

Versteht sich das Bekenntnis als gegebene Erkenntnis, habe es verbindlicheren Charakter als jedes andere theologische Produkt. Und um es noch einmal zu sagen: Der Anspruch, im Bekenntnis gehört zu werden, werde nicht im Bekenntnis selbst, sondern in der Heiligen Schrift begründet. Und weil das Bekenntnis nach Barth mehr ist als eine Überzeugung, habe es deshalb einen verbindlicheren Charakter. Alle theologischen Aussagen seien grundsätzlich diskursiv, ein Bekenntnis „erhebt den Anspruch, kirchliches Dogma zu sein“[17]. Das klingt römisch-katholisch, aber der Vorbehalt, dass ein Dogma menschliches Verständnis bleibt, bleibt erhalten. Und doch ist hier eine größere Verbindlichkeit des Bekenntnisses zu sehen – es fordert auf, Stellung zu beziehen. Es fordert alle Menschen innerhalb und außerhalb der Kirche auf, zu prüfen, ob das Bekenntnis mit dem Zeugnis der Heiligen Schrift übereinstimmt, ob man das Bekenntnis „als mit dem Worte Gottes übereinstimmend sich selber zu eigen machen müsse.“[18] Diese Aufgabe ist immer wieder neu zu bewältigen. Und solange die Antwort nicht negativ, sondern positiv ausfalle, sei ein Bekenntnis obligatorisch. Hier geht Barth nicht konform mit der liberalen Theologie, die die Fähigkeit, Wahrheit zu formulieren, nur dem Individuum zuschreibt.

4.4 Das Bekenntnis ist begrenzt

Die Universalität des Bekenntnisses werde durch seine Partikularität begrenzt. Es scheint, als ob die beiden Beschreibungen nicht zusammen gedacht werden können. Die Partikularität ist charakteristisch für jedes Be-

17 KD I/2, 699.

18 Ebd.

kenntnis: Es ist geographisch begrenzt, weil nicht jedes Bekenntnis überall gilt,[19] es ist zeitlich begrenzt, weil es möglich ist, ein Bekenntnis durch ein neues zu ersetzen, vor allem aber ist es sachlich begrenzt, weil jedes Bekenntnis eine bestimmte Irrlehre im Blick hat und deshalb auch spezifische Merkmale aufweist. Kein Bekenntnis sei in der Lage, die Gesamtheit des christlichen Glaubens einzubringen. Und hier ist zu Recht ein Widerspruch zur lutherischen Bekenntnislehre zu finden, die zumindest in weiten Teilen mit dem Entstehen der Konkordienformel 1577 und des Konkordienbuches 1580 einen prinzipiellen Abschluss der Bekenntnisschriften postulierte. Das, so Barth, überzeichne das Bekenntnis. Das Bekenntnis sei begrenzt.

Aber widerspricht das nicht den Worten von der Universalität? Barth demonstriert hier die Blickrichtung. Wer von der Partikularität her schaue, sehe nur die Partikularität. Wer aber ein Bekenntnis „geistlich" verstehe, der könne eher die Begrenztheit sehen, weil Gott selbst in seiner Schöpfung wirkt. Ein Bekenntnis könne Autorität gewinnen, wenn es Gott selbst bezeugt und Gott die Worte des Bekenntnisses gebraucht.[20]

Autorität habe ein Bekenntnis aber immer nur auf geistliche Weise. Die Begrenztheiten seien immer mit dabei. Oder sogar noch mehr: Nach Barth kann das Bekenntnis den Anschein von Universalität nur in der Begrenztheit haben, weil die Autorität nicht im Bekenntnis zu finden sei, also im Inhalt und nicht im Bekenntnis als solchen.

4.5 Entstehung und Existenz des Bekenntnisses

Wenn ein Bekenntnis entsteht, müsse die größte Anstrengung unternommen werden, „höchstmögliche Allgemeinheit, Ordentlichkeit und Billigkeit des ganzen Vorgehens"[21] zu finden. Und wenn das geschehen ist – de facto werde es nie die ganze Kirche sein, die bekennt, sondern eine größtmögliche

---

19 Barth hat 1923 formuliert, dass die reformierten Reformatoren nicht das Ziel hatten, ein gemeinsames Bekenntnis zu formulieren. Eher gelte: „von einer Insel zur anderen grüßt man herüber von Genf nach Zürich, von Basel nach Straßburg" (Karl Barth, *Die Theologie der Reformierten Bekenntnisschriften 1923*, Zürich 1998, 19).

20 Vgl. ausführlich Georg Plasger, Universality in particularity. The ecumenical meaning of the reformed confession, in: *Faith and Ethnicity* Vol. 2 (= Studies in Reformed Theology 7), hg. v. E.A.J.G. van der Borght/D. v. Keulen/M.E. Brinkmann, Zoetermeer 2002, 267–279.

21 KD I/2, 715.

Gruppe, die es im Namen der ganzen Kirche tut – dann ist es nach Barth notwendig, die Öffentlichkeit zu suchen. Ein Bekenntnis ist also nichts für den privaten Raum. Und deshalb müsse man auch mit deutlichen Reaktionen rechnen – auch mit negativen. Und dann auch mit der Versuchung, „vom Bekenntnis zu weichen“[22]. Aber dort, wo das Vertrauen zu Gott da sei, wo „die Furcht vor Gott größer ist als die Furcht vor den Menschen, da ist die Versuchung schon überwunden.“[23]

5. Bekenntnis und Bekennen

Gerade beim Thema „Bekenntnis“ geht es Barth nicht nur um die Frage, wie mit den überkommenen Bekenntnissen umzugehen ist, sondern auch um das Bekennen. Ist das reformierte Bekenntnis nur ein Text aus der Vergangenheit und eine Zusammenfassung der reformierten Lehre? Ja, das ist wichtig. Aber es geht nicht allein um eine Beziehung zu einem Verständnis eines vergangenen Textes. Sondern es geht immer um die Frage, wie man das Evangelium heute bekennen kann.

In einem Vortrag 1935 in der Schweiz, wo die Bindung an das reformierte Bekenntnis im neunzehnten Jahrhundert von einer liberalen Kirche abgeschafft wurde, sagte Barth – vielleicht etwas überraschend: „Aber wir haben ja gesehen, daß die Existenz und Geltung von Bekenntnisformeln und Bekenntnisschriften nicht einmal zu den absoluten Kriterien des Bekenntnisses gehört, daß es jedenfalls nicht völlig unmöglich ist, solche zu entbehren.“[24] Eine bekennende Kirche kann auch ohne Bekenntnisschriften bestehen – wenn nur die Heilige Schrift „faktisch wenigstens den Anknüpfungs- und Ausgangspunkt der Verkündigung, den organisierenden Mittelpunkt des Gottesdienstes und mindestens das Hauptproblem der Theologie in unseren Kirchen bildet.“[25] Natürlich kann das, was Barth „Bekenntnisschwäche“[26] nennt, nicht als Tugend bezeichnet werden. Aber er plädiert in der Vorlesung nicht für eine Wiederherstellung der alten Tradition und eine Wiedereinführung der alten reformierten Bekenntnisse. Denn es sei notwendig, so Barth, dass die Kirche eine Anfechtung erlebe, um zu bekennen. „In solcher

---

22 A.a.O., 720.

23 A.a.O., 723.

24 Karl Barth, Das Bekenntnis der Reformation und unser Bekennen, in: ders., *Theologische Fragen und Antworten, Gesammelte Vorträge Bd. 3*, Zollikon-Zürich 1957, 257–281, 274.

25 A.a.O., 274f.

26 A.a.O., 278.

Anfechtung ergibt sich dann die konkrete Notwendigkeit des Bekenntnisses. In solcher konkreten Notwendigkeit entstand das reformatorische Bekenntnis."[27] Mehr als zu Gott zu beten, um auf ein solches Bekenntnis vorbereitet zu sein, kann die Gemeinde nicht tun. Und dann wird die Frage nicht sein, welche Punkte aus den reformatorischen Bekenntnissen übernommen werden können, sondern vielmehr, „wie wir vom reformatorischen Bekenntnis her das sagen sollen, was wir heute notwendig bekennen müssen."[28] Das Bekenntnis führt zum Bekennen – deshalb sind für Barth Bekenntnis und Bekennen nicht zu trennen. Und ohne Anfechtung kann die Kirche nicht wirklich bekennen. Und die Bekenntnisschriften helfen dabei, vorbereitet zu sein. Nicht mehr, aber auch nicht weniger.

6. Die konfessionelle Haltung

Am Ende ist dann noch zu fragen, was Barths Umgang mit Bekenntnis und Bekennen mit der gewöhnlichen Arbeit der Theologie und Kirche zu tun hat. Oder anders gefragt: Wenn es letztlich nicht um das reformierte oder lutherische Bekenntnis geht, wenn es letztlich das Ziel des christlichen Lebens ist, den Herrn in einer gegebenen Situation recht zu bekennen: Ist dann die Existenz von Konfessionen mit unterschiedlichen Bekenntnissen nicht ein Hindernis, um glaubwürdig zu bekennen? Und welche Rolle spielen nach Barth die reformierten Bekenntnisse für die reformierten Kirchen?

Nach Barth stellen die reformierten Bekenntnisse „Heimat und Horizont"[29] der dogmatischen Arbeit dar. Das Bekenntnis ist die Heimat, weil hier die rezeptive Aufgabe zu sehen ist: nicht nur eine passive Bestimmung, sondern eine Durchdringung der Tradition. Sie will bearbeitet und verstanden werden, also ist die Heimat nicht nur ein Gefühl oder eine Vermutung, sondern ein bestimmtes Wissen. Und das Bekenntnis ist der Horizont, denn die produktive dogmatische Arbeit geschieht immer im Angesicht der überlieferten dogmatischen Lehrsätze der Kirche, die ihr eigenes Tun – allein durch ihre Existenz – fragend und kritisch begleiten. Die dogmatische Arbeit findet nicht außerhalb einer bestimmten Kirche statt, sondern innerhalb – weshalb Barth seine Dogmatik „Kirchliche Dogmatik" nannte –, und Theologie ist als eine Funktion der Kirche[30] zu verstehen. Kon-

27 A.a.O., 280.
28 A.a.O., 281.
29 KD I/2, 919.
30 Vgl. KD I/1, 1.

fessionelle Haltung ist also die Würdigung des Gebotes, Vater und Mutter zu ehren. „Konfessionelle Haltung der Dogmatik und der kirchlichen Verkündigung bedeutet: die durch das Wort Gottes geforderte Treue gegenüber den Vätern und dem Bekenntnis der Kirche als der Stimme derer, die vor uns in der Kirche waren.“[31] Damit ist das letzte Wort noch nicht gesprochen, denn auch gegen Eltern ist Widerspruch möglich, ja aus dem Wort Gottes heraus sogar notwendig. Aber Vater und Mutter zu ehren, heißt ja auch nicht, immer gehorsam zu sein.

Barth und das reformierte Bekenntnis – das ist eine spannende Beziehung. Es ist zu sehen, wie das Thema Barths theologischen Weg im Ganzen leitete. Schon in Göttingen, wo er die reformierte Tradition entdeckte, hatte er das heutige Bekenntnis im Blick. Aber erst im Zusammenhang mit dem Nationalsozialismus in Deutschland und dem Bekenntnis, das er selbst mitverfasst hat, wurde ihm klar, wie wichtig das Bekenntnis ist und wie gefährlich das Bekenntnis als Rezitation der Tradition ist.

Barths Theologie ist in ihrer Gesamtheit Verarbeitung und Auseinandersetzung mit dem reformierten Bekenntnis. Sein Ziel ist es nicht, Menschen zu finden, die seine Theologie rezitieren. 1935, in seinem letzten öffentlichen Wort in Deutschland, predigte Barth in Siegen über das zweite Gebot – zentral für reformierte Kirchen und Theologie. Und fast am Ende der Predigt heißt es: „Aber laßt mich gleich das Eine sagen; ihr werdet doch nur dann recht kämpfen und schließlich gekrönt werden, wenn ihr gerade auch alle Gottesbilder, vor allem auch die der Theologie – auch die der Theologie, die ihr bei mir gelernt habt – von euch tut, um ganz frei zu werden für das Wort Gottes selbst. Gefangene eines Prinzips und Systems, heiße es, wie es wolle, sind dem Kampf gegen den Götzendienst nicht gewachsen, weil sie selbst noch Götzendienst treiben. Laßt euch, ich bitte euch darum, durch eine rechte Theologie auch von der Theologie befreien, damit sie ganz allein Diener Christi sei.“[32]

Auch das reformierte Bekenntnis ist in Gefahr, ein solches gottloses System zu werden. Barths Theologie ist ein eindrucksvolles Experiment, mit Hilfe der reformierten Tradition und insbesondere mit Hilfe der reformierten Bekenntnisse diese Gefahr zu erkennen. Deshalb hat er sein Leben lang viel Zeit und Kraft investiert, um das Apostolische Glaubensbekenntnis,[33]

---

31 KD I/2, 929.

32 Karl Barth, *Predigten 1921–1935* (GA I), hg. von Holger Finze, Zürich 1998, 439.

33 Vgl. Karl Barth, *Credo. Die Hauptprobleme der Dogmatik dargestellt im Anschluß an das Apostolische Glaubensbekenntnis. 16 Vorlesungen, gehalten an der Universität Utrecht im*

den Heidelberger Katechismus,[34] Calvins Genfer Katechismus[35] und die Confessio Scotica[36] auszulegen. Die reformierten Bekenntnisse sind kein Selbstzweck. Sie wollen und können helfen, die Geschichte von Jesus Christus in der Gegenwart zu bezeugen. Deshalb sind sie so wichtig.

Die letzten von Karl Barth geschriebenen Sätze waren für eine Lesung mit dem Titel „Aufbrechen – Umkehren – Bekennen" bestimmt. Die ersten beiden Teile der Tabelle, „Aufbrechen" und „Umkehren", hatte Barth bereits geschrieben; das „Bekennen" fehlte noch – er ist vorher gestorben. Aber gerade hier versteht Barth das Bekennen als Teil der Bewegung der Kirche. „Reden wir heute von der einen Bewegung des Aufbrechens, des Umkehrens und des Bekennens der Kirche"[37]. Im Nachwort schrieb Eberhard Busch mit Blick auf Barths Stichworte über den fehlenden Teil, der ihm zufolge gemeindlich ist: „Bekennen geschieht recht nur als ein Bekennen zu dem, in dem alle Gottesverheißungen ‚Ja und Amen' sind (2. Kor 1,10)".[38]

7. Bekenntnis und Bekennen – heute?

Warum war Barth so zurückhaltend im Blick auf die Entstehung neuer Bekenntnisse? 1925 warnte er die damalige reformierte Weltgemeinschaft, ein verbindendes Bekenntnis zu formulieren, das als Ziel hatte, die Gemeinsamkeiten zu benennen. Barth warnte davor, weil er die Gefahr sah, dass ein Bekenntnis zu billig wird. Gleichsam nur ein Statement. Eine Erklärung. Eine Darstellung vorhandener Überzeugungen. Natürlich kann man so etwas for-

---

Februar und März 1935, München 1935; ders., *Dogmatik im Grundriß im Anschluß an das apostolische Glaubensbekenntnis*, München 1947.

34 Vgl. Karl Barth, *Die christliche Lehre nach dem Heidelberger Katechismus. Vorlesung gehalten an der Universität Bonn im Sommersemester 1947*, Zürich 1948; ders., *Einführung in den Heidelberger Katechismus*, Zürich 1960. Demnächst wird innerhalb der Karl Barth-Gesamtausgabe auch Barths Vorlesung über den Heidelberger Katechismus von 1921/1922 erscheinen – Barths allererste Vorlesung.

35 Karl Barth, *La confession de fio de l'Eglise – Explication du Symbole des Apôtres d'aprés le catéchisme de Calvin*, Neuchatel/Paris 1949; ders., *Das Glaubensbekenntnis der Kirche. Erklärung des Symbolum Apostolicum nach dem Katechismus Calvins*, übersetzt von H. Goes, Zürich 1967.

36 Karl Barth, *Gotteserkenntnis und Gottesdienst nach reformatorischer Lehre. 20 Vorlesungen (Gifford-Lectures) über das Schottische Bekenntnis von 1560, gehalten an der Universität Aberdeen im Frühjahr 1937 und 1938*, Zollikon 1938.

37 Karl Barth, *Letzte Zeugnisse*, Zürich 1969, 62.

38 Ebd.

mulieren. Aber wenn so etwas passiert, dann steht schnell ein Bekenntnis neben anderen. Und vielleicht nennt man das Pluralität.

Wir haben in den evangelischen Kirchen seit 1973 die Leuenberger Konkordie. 50 Jahre ist sie alt, wir haben dieses Jahr häufig ihrer gedacht. Sie erklärt Kirchengemeinschaft trotz unterschiedlicher Auffassungen zwischen den Konfessionen. Jesus Christus ist der Einladende – und wir sind Gäste. Es ist gut, dass die Gemeinsamkeit stärker gewichtet wird als die Unterschiede. Und dass wir in den Unionskirchen, etwa im Rheinland und in Westfalen, uns nicht nur als Verwaltungsunion oder Buchbinderunion verstehen können. Aber wir sind gerade dabei, die Frage der Unterschiede nicht nur als Ausgangspunkt für die Suche nach Gemeinsamkeiten zu suchen, sondern danach zu fragen, wie sie theologisch zu verstehen sind. Ich will das am Beispiel des Abendmahls erläutern. Luther und Zwingli haben sich 1529 nicht einigen können, ob Jesus Christus im Abendmahl leiblich oder geistlich gegenwärtig ist. Dieser Dissens – so die Leuenberger Konkordie – ist mit der Möglichkeit, Kirchengemeinschaft zu haben und also gemeinsam Abendmahl zu feiern, nicht aufgelöst. Oder anders: Auch wenn ich in einer lutherischen Kirche am Abendmahl teilnehme, habe ich größte Mühe mit dem lutherischen Verständnis des „Das ist mein Leib.“ Und andererseits gehe ich davon aus, dass für eine Lutheranerin ähnliche Mühen beim reformierten Abendmahl bestehen könnten. Bedeutet jetzt die Leuenberger Konkordie, meine reformierte Einsicht einfach als meine Wahrheit abzutun und damit letztlich nur für mich gültig zu erachten? Damit würde ich dann aber das Bekenntnis verharmlosen – den Anspruch auf Universalität würde ich preisgeben. Aber – das kann ich theologisch nicht. Verschiedenheit, auch konfessionelle Verschiedenheit, ist nicht einfach nur ein buntes Mosaik, sondern immer wieder neu eine Herausforderung, sich miteinander über der aufgeschlagenen Bibel um grundlegende Fragen zu mühen. Und natürlich auch zu fragen, wo sich Änderungen und neue Einsichten ergeben können. Wenn ich keine Mühen mit den Auffassungen anderer habe, kann die Einsicht des anderen schnell zur Gleichgültigkeit werden. Aber meine Geschwister im Glauben können mir, auch wenn sie mir Mühe machen, nicht gleichgültig sein. Sie sind mir vielleicht zur Geduld gesetzt, das mag sein. Ich ihnen gegenüber aber vielleicht auch.

Es ist übrigens gut, dass sich die Union evangelischer Kirchen nicht als eine unierte Kirche neben den lutherischen Kirchen versteht. Vielmehr sind in ihr ursprünglich reformierte und lutherische Gemeinden zusammengeschlossen – und von nicht wenigen Gemeinden wird man heute sagen können, dass sie weder lutherisch noch reformiert, sondern uniert sind und kein konfessionelles Profil mehr haben. Die Union evangelischer Kirchen ist eine Gemeinschaft von Kirchen mit lutherischen, reformierten und unierten Gemeinden.

Und warum forderte Barth 1935 in der Schweiz nicht einfach die Einführung eines neuen Bekenntnisses? Weil ein Bekenntnis kein Selbstzweck ist. In einer Kirche, in der zum Beispiel die reformierten Gemeinden in der Minderheit sind, darf das reformierte Bekenntnis nicht dazu missbraucht werden, um nur aus Traditionspflege Bestandsschutz zu sichern. Aber ebenso darf eine Kirchenleitung nicht einfach über Bedenken hinweg gehen, wenn hier Fragen theologisch-geistlich brennend werden. Es ist gut, wenn hier die Rheinische und die Westfälische Kirche auf der Suche nach Ideen sind, Bekenntnisse in Gemeinden nicht einfach abzuschaffen, sondern vielleicht juristische und theologische Fragestellungen nicht zu schnell zu identifizieren. Ein Bekenntnis ist kein Selbstzweck zur Identifikation oder Identität einer Gemeinde. Natürlich sind Fragen berechtigt, ob mit dem Verschwinden der Katechismen aus dem Kirchlichen Unterricht nicht eine Menge verloren wurde. Aber der Blick in die Fleischtöpfe Ägyptens früherer Jahre ist ja keine Lösung. Und die Wiederholung früherer Wege ist letztlich fast nur vergangenheitsorientiert.

Die Bekenntnisse früherer Zeiten sind die Bekenntnisse früherer Zeiten – und nicht automatisch unsere. Wir können sie uns aneignen, auch kennenlernen – das nimmt sie ernst. Und wir sollten uns durch sie fragen lassen, wo und was wir heute zu bekennen haben. Nicht, was wir bekennen möchten. Es gibt manchmal – gerade im reformierten Bereich – einen Hang dazu, zu schnell bekennen zu wollen. Vielleicht auch, um damit unserer Erkenntnis zusätzliche Legitimation geben zu wollen.

Barth plädierte für Zurückhaltung, weil er sah, dass ein Bekenntnis nicht unsere Wahl ist. Bekenntnis heißt: Wir können nicht anders als gerade dies zu bekennen.

Es geht letztlich nicht um unsere Formulierungen oder um die unserer Väter und Mütter. Es geht – so mit Recht Hans-Georg Geyer – letztlich auch nicht um einen Sprechakt: „Das Bekenntnis des christlichen Glaubens ist in erster Linie und immer ein Lebensakt und nur in zweiter Linie und gelegentlich auch ein Sprechakt – und niemals ein Lehrsatz oder eine Aussage.“[39] Ein Bekenntnis dient dazu, uns zu helfen, heute zu bekennen, dass Gott sich zu uns bekannt hat – und immer wieder neu bekennt.

Die Bekenntnisse unserer Väter und Mütter sind so etwas wie Wegweiser. Sie zeigen uns Wege, die sie gegangen sind und die aus ihrer Sicht die richtigen waren. Wir müssen heute eigene Wege gehen. Vielleicht auch neue Wege finden. Und vielleicht zeigen sich manchmal neue Wege auch als Holzwege, von denen wir umkehren müssen. Die Bekenntnisse unserer Väter und Mütter zeigen uns Wege, die nicht unsere Wege sein müssen. Aber da wir in Glaubensfragen kein Navigationsgerät haben, auf das wir uns verlassen könnten, ohne verlassen zu werden, ist es wichtig, immer wieder neu zu fragen, was unser Weg als Kirche oder als einzelne ist. Und dann selber zu bekennen, dass Gott es ist, der uns versöhnt und geschaffen hat und uns die Zusage der Erlösung gegeben hat – für uns und die ganze Welt. Auf die zu hoffen und unser Leben in Wort und Tat dahin auszurichten, ist das grundlegende Lebensbekenntnis. Und – so Hans-Georg Geyer: „So verstanden möchte sich zu Gott bekennen nichts weiter heißen, als mit seinem Tun und Lassen auf dieser Erde ein wenig Ehre für seinen Gott einlegen wollen.“[40]

---

39 Hans-Georg Geyer, Thesen zu einer kritisch-systematischen Revision des Begriffs der kirchlichen Lehre im Protestantismus, in: ders., *Andenken*, hg. von Hans Theodor Goebel u.a., Tübingen 2003, 287–293, 292.

40 A.a.O., 293.

Rezensionen / Reviews

Rezensionen / Reviews

Matthias Zeindler, Sich Gottes Einspruch gefallen lassen. Beiträge zur reformierten Theologie. Mit einem Geleitwort von Marco Hofheinz (reformiert! 16), Zürich 2024.

Nachdem er, wie er eingangs schreibt, ein „gesamtes Berufsleben im Dienste" zweier „Institutionen" (19) verbracht hat, nämlich der Theologischen Fakultät Bern und der Reformierten Kirchen Bern-Jura-Solothurn, legt der emeritierte Titularprofessor für Dogmatik Matthias Zeindler (*1958) einen sehr lesenswerten Band vor, der ebenfalls an der Schnittstelle von (reformierter) Kirche und Theologie zu verorten ist. Er enthält 15 bereits publizierte und zwei bis anhin unveröffentlichte Texte, die in ihrem breiten Themenspektrum von den weit über kirchlich-theologische Binnendiskurse herausweisenden Forschungsfeldern und -interessen des Verfassers zeugen. Durch alle Texte hindurch zieht sich aber wie ein roter Faden das Interesse an reformierter Dogmatik in einer gegenwartsbezogenen, auf aktuelles kirchliches (und insbesondere gottesdienstliches) Leben ausgerichteten Perspektive.

Formal ist der Band in vier Teile unterteilt, wovon die ersten beiden stärker (wenn auch bei weitem nicht ausschließlich) historisch-deskriptiven Charakter tragen, die letzten beiden primär (wenn auch wiederum historisch fundiert) systematisch-konstruktiv ausgerichtet sind. Teil I (*Reformierte Diskursgemeinschaft: Positionen)* setzt sich mit Stimmen der reformierten Tradition (in einem breiten Sinn) auseinander, die wohl als klassisch gelten dürfen: Je eigene Aufsätze werfen einen neuen Blick auf Zwingli, auf Calvin, auf Jonathan Edwards, Reinhold Niebuhr, Emil Brunner und Kurt Marti. Teil II (*Gottes Menschlichkeit: Karl Barth)* beschreibt und interpretiert Karl Barths Freundschaft mit Eduard Thurneysen, eröffnet neue Zugänge zu Barths Anthropologie, stellt die Frage nach der Heilsuniversalität in seinem Werk und wirft einen neuen Blick auf Barths Verhältnis zu Mozart. In Teil III (*In Gottes Freiheit leben: Themen)* folgen eigene Positionierungen Zeindlers zum Verhältnis Gottes zu den „harmlosen Götter[n]" unserer Zeit; zur Verbindung von Schrift und Kirche über die Bezeichnung letzterer als „Interpretationsgemeinschaft" (in weiterführendem Dialog mit der literaturwissenschaftlichen Hermeneutik Stanley Fishs); zum Gedanken eines „Priestertums aller Gläubigen" sowie zu einer Theologie des Kirchenraums. Teil IV (*„...und sich für immer an ihm zu erfreuen": Gottesdienst)* fragt nach der (Un-)Möglichkeit einer „reformierte[n] Spiritualität" (die u.a. als eine *„Spiritualität der Leere"* vorgestellt wird; 332) sowie in zwei

Aufsätzen nach den Charakteristika reformierter Gottesdienstfeiern. Erschienen ist der Band, passenderweise, in der in Zürich und Bern domizilierten Reihe *reformiert!*; eingeleitet wird er durch ein ausführliches und den Verfasser würdigendes Vorwort von Marco Hofheinz.

Hofheinz betont darin zu Recht, dass Zeindler in seinen Beiträgen eine „Hermeneutik der Gleichzeitigkeit" verfolge, die auf direkten Dialog mit der Tradition ziele (12). Jede „Orthodoxie" ist dem Verfasser dabei zugleich fremd (26). Exemplarisch wird diese Haltung freier Dialogizität in Zeindlers lesenswerten Barth-Exegesen deutlich, auf die im Rahmen dieser Zeitschrift zunächst knapp hingewiesen werden soll. Das für Barth so typische „Pochen auf eine spezifisch theologische Rationalität" (193) ordnet Zeindler in den Kontext gegenwärtiger Rationalitätstheorien ein und attestiert seinem Gegenstand dabei eine „lange nicht entdeckte Aktualität" (194) – eine, in der sich „Offenbarungstheologie [...] – gegen verbreitete Missverständnisse – [als] grundsätzlich antifundamentalistisch" erweist (205). Barth wird als ein Theologe vorgestellt, der eine „fast schon provozierende Unterordnung der menschlichen Entscheidung unter die göttliche" vorgenommen habe (222), bis hin zur „unvermeidlichen Konsequenz", dass bei ihm „der Ausgang der eschatologischen Vollendung nicht mehr schlechthin offen bleibt", wie Zeindler differenziert erläutert (221). Auch außerhalb des ihm gewidmeten Abschnitts tritt Barth mehrfach als produktiver Gesprächspartner in Erscheinung; so etwa im sehr originellen Text zur Frage, was „bei Zwingli über Säkularisierung zu lernen ist" (47f.).

Schon in den oben als stärker historisch charakterisierten Teilen des Bandes ist Zeindler stets positionell spürbar und als Theologe präsent, der Positionen einordnet und von ihnen her Linien zu Gegenwartsdebatten zieht. Nochmals stärker aber geben die in den Teilen III und IV gebotenen eigenverantworteten, aktualitätsbezogenen Positionierungen dem Sammelband sein besonderes, unverkennbares Gesicht. Hier wird deutlich, mit wem man es zu tun hat; hier liest man, wie Zeindler denkt. Wenige Beispiele seiner Gedanken seien im Folgenden – anstelle detaillierter Inhaltsangaben aller Aufsätze – ausgeführt.

Interessant und originell ist etwa, was Zeindler zur Erarbeitung des oft verwendeten, dogmatisch aber selten durchdachten Begriffs der *Heiligkeit* beisteuert. Heilig sei ein Gott, der sich „aus uneinholbar eigener Initiative dem Menschen öffnet und in seinem Verhältnis zu diesem Menschen der Freie bleibt" (250). Diese Dialektik aus Nähe und Distanz wird zu einem Verständnis von Gottes Heiligkeit als der „Exklusivität dessen" weitergeführt, „von dem allein das Geschaffene sein Bestes zu erwarten hat" (252). Gott in diesem Sinne heilig, heilschaffend zu nennen, bedeutet zugleich eine Kritik jeder Nostrifikation des Gegenstands der Theologie: „Die Heiligkeit Gottes [...] ist Gottes Widerstand gegen seine Vereinnahmung, gegen seine Domestikation, seine Zähmung“ (254). Kreuzestheologisch gewendet ist Gottes Heiligkeit schließlich eine, die „im Elend der Gottverlassenheit“ dessen „sichtbar und hörbar“ wird, der „in die Hände der römischen Soldateska geraten ist“ (253).

Durch diese Überlegung erfährt das reformierte Unterstreichen der exklusiven Heiligkeit Gottes bei Zeindler eine einleuchtende Explikation und Applikation. Auf den möglichen Einwand, bei einer Theologie dieser Sprache und solchen Stils handle es sich um „religiöse Insidersprache“, reagiert der Verfasser mit einer grundsätzlichen Erwägung: dass nämlich „gerade eine gefüllte, eine von der unverschämten biblischen Hoffnung durchdrungene Sprache Aussicht“ haben könnte, nach wie vor „gehört zu werden“ (260). Er lässt den betreffenden Aufsatz daher nicht mit dem Ausweis der „Relevanz“ (ebd.) der Rede von Gottes Heiligkeit enden – obwohl er eine solche in der Performanz seiner inhaltlichen Auslegung faktisch geboten hat! –, sondern mit der bemerkenswerten, zurückhaltend vorgetragenen Diagnose: „Vielleicht krankt unsere Gottesrede nicht an zu wenig, sondern an zu viel Verständlichkeit“ (ebd.). Von hier her, so erwägt der Autor, könnte es lohnender sein, „nicht weiterhin zu fragen, wozu wir Gott brauchen“, sondern „wozu Gott uns braucht“ – aber nicht ohne sogleich, das eigene Anliegen bescheidend, hinzuzufügen: „Wie gesagt, lediglich eine Vermutung“ (ebd.).

Dieser die Leserin an keiner Stelle überfahrende, sondern um ihre Zustimmung werbende Stil ist auch anderen Aufsätzen eigen. Er dürfte kein Zufall sein, sondern sich sachlich auf Zeindlers eigenes Dialogverständnis zurückführen lassen. In einem Beitrag zu Barth argumentiert der Autor, im interdisziplinären Diskurs sei der Gottesbezug des Menschen nicht zu *beweisen*, aber auch nicht einfach zu „*behaupten*“ (207), sondern er „dürfte“ heute vornehmlich „im Modus der *Frage* ins Spiel gebracht werden“: etwa in Form der Frage, „ob denn der Mensch unter Absehung eines göttlichen Gegenübers angemessen zu erfassen sei“ (ebd.). Wobei aber „mit der Frage geltend gemacht werden müsste, dass die Antwort letztlich nicht theoretisch, sondern nur in einem Lebensvollzug zu finden sein wird“ (ebd.) – also niemandem „anzudemonstrieren“ ist (206), sondern letztlich nur vorgelebt werden kann.

Als weiteres Beispiel seien die Ausführungen zum Kirchenraum erwähnt, der – ganz im Sinne des eben skizzierten Heiligkeitsbegriffs – nicht als heilig oder als Garant für Gottes

Gegenwart gedacht wird, sondern als Raum, „in dem die christliche Gemeinde das befreiende Gotteswort erwartet" (321). Diese Erwartung verbindet Zeindler mit der zunächst überraschend klingenden Beobachtung, im Kirchenraum ereigne sich stets – oder doch oft – ein „Streit um die Macht" (311), was anhand einer kritisch-differenzierten Betrachtung der Kaiserloge im Berliner Dom exemplifiziert wird („Sicher kann man festhalten, dass der Berliner Dom kein Bau ausschliesslich zur Ehre Gottes, *Soli Deo Gloria* ist"; 311). Aber nicht bloß den Kirchenraum, sondern auch die Kirche selbst möchte Zeindler nur in einem abgeleiteten, nichtgegenständlichen Sinne als heilig verstanden wissen: Die – immerhin zu ihren klassischen altkirchlichen Attributen gehörende – „*Heiligkeit* der Kirche" bezeichne „kein registrierbares Merkmal"; die Kirche sei zwar das „von Gott geheiligte, zum besonderen Dienst herausgerufene und beauftragte Volk" (283), doch Zeindler erinnert zugleich daran: „Heilig verdient allein Gott genannt zu werden" (ebd.).

Sehr erfrischend ist schließlich, um ein nochmals anders gelagertes Beispiel zu nennen, wie Zeindler mit der gerade in (schweizerisch-)reformierten Kreisen so allgegenwärtigen, aber auch gemeinprotestantisch identitätsstiftenden Formel vom allgemeinen Priestertum verfährt. Er würdigt das Priestertum aller Gläubigen, verleiht dieser Würdigung aber dadurch dialektischen (und nicht-konfessionalistischen) Tiefgang, dass er sich ihm als einem „zehnfache[n] Ärgernis" nähert, mit Blick auf welches es gute Gründe gäbe, „seinen reformierten Stolz etwas zurückzuhalten" (293). Zeindler warnt: es sei „weder einfach noch bloss angenehm, zu Gottes Priesterschaft zu gehören" (294). Erwählung bedeute auch in diesem Fall „Enteignung von sich selbst" (295). Zur großen Aufgabe eines allgemeinen Priestertums komme zudem jene hinzu, auch das Priestertum der anderen anzuerkennen: „Priestersein heisst, alle sind begabt (auch die anderen!)" (297). Der Beruf des Priesters, auch des „allgemeinen", sei zudem mit „Arbeit verbunden, man muss dafür auch etwas können" (299). Und schließlich richtet sich der Gedanke eines allgemeinen Priestertums keinesfalls gegen die Institution des Pfarramts, legt dieses aber neu aus (vgl. 307).

Man könnte noch viele weitere solche Beispiele für gelungene Zusammenfassungen, Weiterschreibungen und Relektüren reformierter Theologumena anführen, etwa Zeindlers apodiktische Plausibilisierung der reformierten Denkweise in *einem* Regiment, in *einer* Königsherrschaft Christi („Nur der Christus, der Herr der Welt ist, kann auch Herr unserer Seelen sein"; 336) oder seine lesenswerte Auseinandersetzung mit dem Schriftprinzip (vgl. etwa bes. 272f.). An vielen Stellen wird auch deutlich, dass der Band nicht nur in dieser Tradition steht, ihr nicht bloß „verhaftet" ist, sondern sie produktiv weiterführt. Zeindler selbst zitiert Alexander Schweizers in seinem ungebrochenen Essenzialismus sehr einprägsames Diktum: „Protestation wider alle Kreaturvergötterung ist also überall der vorherrschende, alles bestimmende Trieb des reformirten [sic!] Protestantismus" (250). Der vorliegende Band wirkt wie ein deutliches, gut sichtbares Ausziehen der in diesem Satz angelegten Linie über historische Positionen bis in aktuelle Debattenlagen hinein. Er führt Andreas Martis treffend-hintergründige Einschätzung an, die Reformierten hätten „nicht eine karge Ästhetik, sondern eine Ästhetik der Kargheit" (331) – um dann in mehreren Beiträgen zum Gottesdienst selbst Hinweise dafür zu geben, was es heißen könnte, in diesem Kontext ansprechende (und in ihrer Weise zweifellos ästhetische) reformierte Feiern zu gestalten. Und er zitiert Fulbert Steffenskys warnendes Wort, die „klerikalsten Gottesdienste", die er kenne, seien „die reformierten" (333 Anm. 29), um von daher mit einem präzisen Sensorium nachzuzeichnen, welche Gefahren dem reformierten Pathos des „Selber denken" (296; vgl. 334); und der – insbesondere schweizerischen – Tradition des Traditionsabbruchs inhärent sein könnten: „So hat man als Reformierte zwar keinen Papst in Rom und auch keinen Bischof in Basel, Chur oder Lausanne, umso mehr aber einen Pfarrer oder eine Pfarrerin im Dorf, die oft faktisch darüber entscheiden, was in der Gemeinde für richtig zu halten ist", wie Zeindler an einer Stelle lakonisch notiert (293).

Wer wird den vorliegenden Band mit Gewinn lesen? Zunächst alle, die einen fundierten, engagierten, aber nicht apologetischen Einblick in aktuelle reformierte Theologie gewinnen wollen – ob als Beschreibung des Eigenen oder als transkonfessionellen Außenblick. Dann Pfarrer:innen, die gut geschriebene, zugängliche und gewinnbringend pastoral vermittelbare systematische Theologie schätzen. Schließlich universitäre Forschende in den zahlreichen genannten (und in dieser Besprechung ungenannt gebliebenen) thematischen Feldern, namentlich in der Erforschung der reformierten Tradition, der Theologie Karl Barths, der gegenwartssensiblen Ekklesiologie und der Gottesdiensttheorie.

Angesichts der damit deutlich gewordenen Breite ist es unumgänglich, dass dem Band in der Aufnahme von Gesprächspartner:innen gewisse Grenzen gesetzt sind. Es wäre weder möglich noch sinnvoll, in jedem Aufsatz die betreffenden Debatten erschöpfend darzustellen. Dadurch verschärft sich jedoch die Frage nach der Auswahl der Stimmen, mit denen man in den Dialog tritt, die man in der eigenen

Forschung zu Wort kommen lässt. Und hier merkt man dem Band über viele Texte hinweg – und vielleicht doch in leichter Spannung zu den durchaus traditionskritischen Gehalten des Buches – eine gewisse Tendenz zum Klassischen, Traditionellen an. Diese Tendenz führt nicht nur zu, global und auf das breite Feld der Theologie gesehen, relativ homogenen Gesprächspartnern, sondern gelegentlich auch zu Wir-Formulierungen, die aus feministischer oder postkolonialer Perspektive wohl zu partikularisieren wären. Dass „wir" in einer Welt leben, die bis in ihre „letzte, bittere Konsequenz" vom Satz „Ich gehöre mir selbst" geprägt ist, wie Zeindler an einer Stelle schreibt (295), trifft sicher für viele individuelle (westlich-modern-autonome) Lebensgeschichten zu – aber lange nicht für alle. An solchen Stellen legt sich der Gedanke nahe, dass eine noch diverser zusammengesetzte Gruppe von Gesprächspartner:innen auch eine pluralere Integration von Perspektiven ermöglicht hätte.

Insgesamt bieten die besprochenen Studien originelle, sehr gut lesbare, an zahlreichen Stellen weiterführende und horizonterweiternde Einblicke in historische und gegenwärtige reformierte Theologie. Man wünscht diesem Buch viele Leser:innen, die die dargebotenen Gedanken mit ihren je eigenen, sehr unterschiedlichen Kontexten verknüpfen – ganz im Sinne von Zeindlers einleitender (und auf die ansprechend gestaltete Titelseite bezugnehmende) Formulierung, der „kirchliche Diskurs" verdiene seinen Namen nur, wenn er „kein geschlossener Kreis" bleibt, sondern „wenn seine Lücke möglichst zahlreich und vielfältig besetzt wird" (26).

Michael Pfenninger

Hans Martin Dober, Rosenzweig und die Theologie. Gesammelte Beiträge, Würzburg 2025.

Im selben Jahr 1886 geboren wie Karl Barth, beide Hörer Hermann Cohens in Marburg, beide kritisch gegen einen verwässerten Religionsbegriff antretend, in dem – so Franz Rosenzweig – alle „Unterschiedenheit von Gott und Mensch [...] beseitigt" scheint (im Aufsatz „Atheistische Theologie" gegen jüdische Volkstumsideologien, auch gegen Buber; und nicht minder scharf Barth im „Römerbrief II": „In Jesus erwehrt sich Gott aller zudringlichen Vertraulichkeit, aller religiösen Unverschämtheit" zu Rö 3,22). Man hätte eine Art von unterirdischer oder überkonfessioneller Kampfgenossenschaft erwarten können, zumal es über den Patmoskreis der Gebrüder Ehrenberg, Rosenstock-Huessys, Weismantels und Viktor von Weizsäckers persönliche Verbindungen gab. Nicht nur das, es war offenbar Rosenzweig, der dem Patmos-Verleger für die

Drucklegung von Barths wichtigem Vortrag „Der Christ in der Gesellschaft" den Untertitel „Eine Tambacher Rede" vorschlug (Weismantel an Barth, 21. Oktober 1919). 1921 dann erschien Rosenzweigs fulminantes Buch „Der Stern der Erlösung", nach Barths „Römerbrief I" und kurz vor dessen „Römerbrief II". Beide, Rosenzweig wie Barth, waren historisch exzellent gebildete Denker, beide verfügten über hinreißende Schreibkünste. Aber während Barths „Römerbrief II" schon bald zum vieldiskutierten Buch wurde (für Heidegger, so berichtet Karl Löwith, „eines der wenigen Anzeichen für ein echtes geistiges Leben", nach Löwith, Sämtliche Schriften Bd.8, S. 295), blieb Rosenzweig „lange ein fast unbekannter Philosoph" (Stéphane Mosès, System und Offenbarung. Die Philosophie Franz Rosenzweigs, S. 19). Das hängt mit den Zeitumständen – einer zunehmenden Verdrängung und Ächtung jüdischen Lebens und Denkens – zusammen, sicherlich auch mit Rosenzweigs früher Erkrankung 1922 an Amyotropher Lateralsklerose, der er 1929 erlag. Barth hingegen konnte von 1921 an als Professor in Göttingen, dann in Münster und in Bonn bis zu seiner Entlassung 1935 durch die Nazis eine stupende Wirkung entfalten.

Diese Sachlage bildet für Leser und Leserinnen der „ZDTh" vermutlich den Interessenshorizont, vor dem man das Buch „Rosenzweig und die Theologie" von Hans Martin Dober, apl. Professor für praktische Theologie in Tübingen und Pfarrer i.R., in die Hand nimmt. Ein gutes Dutzend seiner Beiträge zu diesem bedeutendsten jüdischen Philosophen und Theologen der ersten Hälfte des 20. Jahrhunderts hat er für diesen Sammelband überarbeitet und neu publiziert. Sie alle entfalten wichtige Aspekte von Rosenzweigs Œuvre: dessen radikalen Neuansatz in der postidealistischen, philosophischen Theologie und Anthropologie des Hauptwerks „Der Stern der Erlösung" (1921), dessen Arbeiten zur Bibel-Hermeneutik und zum liturgietheoretisch konzipierten Zeitverständnis, zu den Grundbegriffen des „neuen Denkens", des „Bundes", der „Offenbarung" und zum dialogisch-theologischen Sprachdenken. All das wird von Hans Martin Dober in Beziehung gesetzt nicht nur zu Karl Barths Theologie, sondern auch zu der Luthers, Schleiermachers und – überraschenderweise auch – zu Blumenbergs Denken. Die zutiefst biographisch verankerte, einzigartige Doppelperspektive Rosenzweigs, der 1913 knapp davor stand, zum Christentum zu konvertieren, und dann an Rudolf Ehrenberg seinen „Ich-bleibe-also-Jude"-Brief schrieb (31. Oktober 1913, Briefe, S. 71), diese doppelte Sensibilität wird von Dober zum Anlass genommen, Rosenzweigs kühne Sicht auf den „Sinn der Entzweiung" von Christentum und Judentum, aber auch auf die bleibende

Verbindung von Kreuz und Stern, zweier sich wechselseitig beleuchtender, aber eigenständiger Formen des Gottesglaubens zu thematisieren (der praktische Theologe Dober spricht lieber von „gelebter Religion“). Im letzten Beitrag des Bandes fragt Dober dann kritisch: Weshalb trägt der Islam nicht gleichermaßen zur Trias des Monotheismus bei? Eine neu für diesen Sammelband geschriebene, exzellente Einleitung skizziert auf knappem Raum einen „biographischen Zugang“ und den sachlichen Zusammenhang seiner Beiträge.

Zu der erwähnten Kampfgenossenschaft zwischen Rosenzweig und Barth ist es, wie gesagt, nie gekommen. Dies, obwohl Rosenzweig 1924 in einem Brief an Buber rückblickend vom „Anschauungskreis“, in dem er damals gelebt habe, als einer „Art Barthianismus“ (16.7.24, Briefe, S. 504) sprechen konnte, bewundernd und zugleich kritisch angesichts der „Barthschen Kolossalnegationen“ (20.12.22, Briefe S. 469). Vermutlich auch, weil Barth sich gegenüber dem Drängen Miskottes, endlich Rosenzweigs „Stern“ zu lesen, bis zuletzt verweigerte („Die Sache ist nur die, daß ich eine Hemmung gegen die ganze Geistigkeit des Kreises habe, dem er einst angehörte oder nahestand [‚Patmosverlag‘, die beiden Ehrenberg, Rosenstock ...], der mich um 1919/20 mit seiner Gnosis überschwemmen und ersticken wollte: eines von den Phänomenen, gegen die ich mich im Römerbrief II zur Wehr setzte.“ (12.7. 1956, Barth-Miskotte Briefwechsel, S. 81).

Gerade deshalb aber ist es ein Gewinn, dass Hans Martin Dober die Konvergenzen und Divergenzen von Rosenzweig und Barth in zwei Texten dieses Sammelbandes intensiv analysiert: „Wie ist das Drama des Bundes zu denken?“ (S. 147ff.) und „Das Sprachspiel göttlicher Liebe bei Rosenzweig und Barth“ (169ff.). Im ersten Aufsatz erörtert er, nach einem kritischen Blick auf zu einfache Formen vermittlungstheologischen Denkens, die Grundfigur des „Bundes“ bei Barth, Cohen und Rosenzweig. Er fragt sich, ob Barths Abschied von der „Dialektik“ und sein Wechsel zu einem Denken in „Analogien“ nicht letztlich genau in dieser Frage des „Widerstreits von altem und neuem Bund“ zur Vereinnahmung jüdischer Perspektiven geführt habe. Gerade die Barthsche These, „dass das Juden und Christen Trennende das sie in Wahrheit Verbindende sei, nämlich der ‚Jude am Kreuz von Golgatha‘“, zeigt für Dober ein Beispiel solcher Vereinnahmung, die im Hinblick auf die Shoa ihre tiefe Problematik offenbare. Ob nicht die Cohen'sche und Rosenzweig'sche Denkform der Korrelation hier angemessener gewesen wäre? Im zweiten Text versucht Dober zu zeigen, „dass das Sprachspiel der Kirchlichen Dogmatik mehr mit dem neuen Denken gemein“ habe, als man bei der Lektüre von Rosenzweigs brieflichen Äußerungen an Buber denken könnte, die neben der Faszination eine deutliche Distanzierung von Barths „dialektischem Negativismus“ anzeige. Hier entfaltet Dober eine kritische Deutung von Barths theologischem Bundesdenken und seiner Israeltheologie, in dem der „ungekündigte Bund“ jedoch bei Barth aufgrund seiner Christologie nicht zu einer „wechselseitigen Anerkennung unterschiedlicher Wahrheitsansprüche in Juden- und Christentum“ geführt habe.

Damit verfehle Barth genau das, was Hans Martin Dober an Rosenzweigs „gross angelegtem Versuch“ so anspricht, nämlich dies, den „zwei Wegen zur einen Wahrheit der jüdischen und christlichen Version des Bundesdramas das gleiche Recht einzuräumen.“ (S. 181).

Niklaus Peter

Verzeichnis der Autorin und der Autoren

Dr. des. Dario Colombo, Pastor in der Freikirche BewegungPlus Grenchen und Studienleiter im International Seminary of Theology and Leadership, dario.colombo@unifr.ch

Dr. Kai-Ole Eberhardt, z.Zt. Vertretungsprofessor für Systematische Theologie am Institut für Evangelische Theologie an der TU Dortmund, kai.eberhardt@tu-dortmund.de

Prof. Dr. Gregor Etzelmüller, Professor für Systematische Theologie, Universität Osnabrück, gregor.etzelmueller@uni-osnabrueck.de

Prof. Dr. Ralph Kunz, Professor für Praktische Theologie an der Universität Zürich, ralph.kunz@theol.uzh.ch

Dr. Niklaus Peter, Pfarrer em. am Fraumünster und ehemaliger Dekan Pfarrkapitel Zürich, niklaus.e.peter@gmail.com

Prof. Dr. Michael Pfenninger, Assistenzprofessor für Dogmatik, Religionsphilosophie und Theologie der Religionen an der Universität Bern, michael.pfenninger@unibe.ch

Prof. Dr. Georg Plasger, Professor für Systematische und ökumenische Theologie, Seminar für evangelische Theologie, Universität Siegen, plasger@evantheo.uni-siegen.de

Dr. Frank Pritzke, Lektor für Latein an der Theologischen Fakultät der Georg-August-Universität Göttingen, frank.pritzke@t-online.de

Prof. Dr. Lisanne Teuchert, Professorin für Systematische Theologie (Dogmatik) an der Friedrich-Alexander-Universität Erlangen, lisanne.teuchert@fau.de

Prof. Dr. William Schweiker, Professor für Theologische Ethik an der Universität von Chicago, w-schweiker@uchicago.edu

Prof. Dr. Matthias Wüthrich, Professor für Systematische Theologie, Theologische Fakultät der Universität Zürich, matthias.wuethrich@theol.uzh.ch